JN018008

30日間完成

2024年度版

マンション管理士・管理業務主任者

論点学習＋横断整理

TACマンション管理士・
管理業務主任者講座主任講師
吉田 佳史

TAC出版
TAC PUBLISHING Group

　本書は，2024年2月現在施行されている法令等（2024年4月1日まで施行が明らかなものを含む）に基づいて執筆されています。

法改正等については，『**法律改正点レジュメ**』を Web 登録で無料でご提供いたします（2024年9月上旬頃発送予定）。

【登録方法】お手元に本書をご用意の上，インターネットの「情報会員登録ページ」からご登録ください（**要・パスワード**）。

| TAC 情報会員 | 検索 |

【登録用パスワード】025-2024-0943-25

【登録期限】2024年11月1日まで

は し が き

　近年（令和4年末）の日本全国の分譲マンションストック総数は，約694.3万戸と推計され，約1,500万人の人々が居住しているといわれています。また，築40年以上のマンションは現在約125.7万戸であり，10年後には約2.1倍の約260.8万戸，20年後には約3.5倍の約445.0万戸となる見込みとなっています。さらに，区分所有者による適切な管理が行われていない空き家が増加を続けているため，マンション管理についての知識・資質の向上がますます強く求められています。それゆえ，マンション管理士・管理業務主任者資格を取得しようとする方々がたくさんいらっしゃいます。

　このような状況のなかで，これら資格試験に短期で合格を果たすためには，まず重要な項目についての重要語句・キーワードについて，正確な知識を記憶する必要があります。そのうえで「試験科目の共通点」や「重要な項目の類似点・相違点」について，横断的な知識の整理をし，試験直前における効率的な時間配分を行い，無駄のない学習を行わなければなりません。

　そのために本書は，次のような方針で執筆されています。

---

① 　マンション管理士・管理業務主任者の本試験出題傾向を分析し，重要な論点に絞って編集しています。本書をマスターすることにより，両試験に共通する基礎力は十分に身につく内容となっています。なお、**マンション管理士のみの**論点（都市計画法）には「▽」、**管理業務主任者のみの**論点（アフターサービス）には「⊕」と表記しています。

② 　前半は「**論点学習**」編とし，後半は「**横断整理**」編としています。ねらいは，前半で基本的個別論点を学習し，後半で横断的に整理し応用力を身につけることです。

③ 　「重要語句，数字などを記入」　⇒**重要語句や数字等を正確に覚え，ストレートに答えられる実力を養成。**
　　「与えられた語句，数字を選ぶ」⇒**ひっかけ問題に対応できる実力を養成。**

④ 　見開きページの両端に解答欄をとり，解答をそのまま書き込めるスタイルにしています。この解答欄には，メモや補足事項の書き込みも可能です。各解答は，各ページの下方に記載しています。

⑤ 　「過去問にチャレンジ！」では，実際にマンション管理士（「▽」）と管理業務主任者（「⊕」）試験に出題された問題を書き込み式スタイルにしています。

　本書を利用し，多くの方々が短期合格を勝ち取られ，マンション管理の世界でご活躍されることを願ってやみません。

2024年5月
ＴＡＣマンション管理士・管理業務主任者講座
主任講師　吉　田　佳　史

CONTENTS

＜法令名省略一覧＞

区分所有法	→	建物の区分所有等に関する法律
被災マンション法	→	被災区分所有建物の再建等に関する特別措置法
建替え等円滑化法	→	マンションの建替え等の円滑化に関する法律
品確法	→	住宅の品質確保の促進等に関する法律
住宅瑕疵担保履行法	→	特定住宅瑕疵担保責任の履行の確保等に関する法律
宅建業法	→	宅地建物取引業法
標準管理委託契約書	→	マンション標準管理委託契約書
標準管理規約	→	マンション標準管理規約
個人情報保護法	→	個人情報の保護に関する法律
耐震改修法	→	建築物の耐震改修の促進に関する法律
省エネ法	→	エネルギーの使用の合理化等に関する法律
建築物省エネ法	→	建築物のエネルギー消費性能の向上等に関する法律
マンション管理適正化法	→	マンションの管理の適正化の推進に関する法律
暴力団員不当行為防止法	→	暴力団員による不当な行為の防止等に関する法律
バリアフリー法	→	高齢者，障害者等の移動等の円滑化の促進に関する法律

第1日目～第20日目

論点学習編

1 制限行為能力者

1 制限行為能力者の権利

（○→あり，×→なし）

	取消権	追認権
成 年 被 後 見 人	○	（① ○・×）
未 成 年 者	（② ○・×）	△（※2）
被 保 佐 人	（③ ○・×）	△（※2）
被 補 助 人（※1）	○	△（※2）

※1　審判で定められた特定の法律行為のみ補助される。

※2　保護者の同意を得れば追認できる。

2 保護者の権限

（○→あり，×→なし）

	取消権	追認権	同意権	代理権
成年被後見人の成年後見人	○	○	（④ ○・×）	○
未成年者の法定代理人	○	○	○	○
被 保 佐 人 の 保 佐 人	（⑤ ○・×）	○	○	△（※）
被 補 助 人 の 補 助 人	△（※）	△（※）	△（※）	△（※）

※　審判で定められた特定の法律行為については，あり。

3 成年後見人は，成年被後見人に代わって，その居住の用に供する建物またはその敷地について，売却，賃貸，賃貸借の解除または抵当権の設定その他これらに準ずる処分をする場合，家庭裁判所の許可を得（⑥ なければならない・なくてもよい）。

4 保佐人の同意を得なければならない行為について，保佐人が被保佐人の利益を害するおそれがないにもかかわらず同意をしないときは，家庭裁判所は，被保佐人の請求により，保佐人の同意に代わる許可を与えることが（⑦ できる・できない）。

5 制限行為能力者の取消しは，善意の第三者に対抗することが（⑧ できる・できない）。

6 取消権は，追認できるときから（⑨ 3・5）年，または，行為のあったときから（⑩ 10・20）年を経過すると，時効で消滅する。

①×　②○　③○　④×　⑤○　⑥なければならない　⑦できる　⑧できる　⑨5　⑩20

2 意思表示

1 意思表示の不存在・問題ある意思表示

種　　類	当事者間	第三者に対して
心裡留保	【原則】　有効 【例外】　無効（相手方が悪意または有過失の場合）	善意の第三者に対抗できない
虚偽表示	（① 有効・無効）	善意の第三者に対抗（⑥ できる・できない）
錯　　誤	（② 無効・取り消すことができる）〈(ア)重要な錯誤(イ)表意者に（③ 軽過失・重過失）なし〉	取消し前の善意無過失の第三者に対抗（⑦ できる・できない）
強　　迫	（④ 無効・取り消すことができる）	取消前の善意無過失の第三者に対抗（⑧ できる・できない）
詐　　欺	（⑤ 無効・取り消すことができる）	取消前の善意無過失の第三者に対抗（⑨ できる・できない）

2 　第三者の強迫の場合は，相手方が善意無過失のとき取り消すことが（⑩ できる・できない）。では，第三者の詐欺の場合は，相手方が（⑪ 悪意または有過失のときに限り・善意無過失でも）取り消すことができる。

3 　追認は，「取消しの原因となっていた状況が消滅し，かつ，取消権を有することを知った後」にすることができるが，これは，詐欺の場合，だまされた（⑫ 日・ことに気付きかつ取消権の存在を知った後）をいい，強迫の場合，強迫（⑬ された日・の状態が終わりかつ取消権の存在を知った後）をいう。

4 　追認をすることができる時以後に，追認権を有する者が，異議をとどめることなく，債務の履行や相手方に請求等を行うことによって，（⑭ 取消し・追認）とみなされる。

5 　**法律行為・公序良俗違反**

　公の秩序または善良の風俗に反する法律行為は，（⑮ 無効・取消しできる行為）となる。

①＿＿＿＿＿
②＿＿＿＿＿
③＿＿＿＿＿
④＿＿＿＿＿
⑤＿＿＿＿＿
⑥＿＿＿＿＿
⑦＿＿＿＿＿
⑧＿＿＿＿＿
⑨＿＿＿＿＿
⑩＿＿＿＿＿
⑪＿＿＿＿＿
⑫＿＿＿＿＿
⑬＿＿＿＿＿
⑭＿＿＿＿＿
⑮＿＿＿＿＿

①無効　②取り消すことができる　③重過失　④取り消すことができる　⑤取り消すことができる　⑥できない　⑦できない　⑧できる　⑨できない　⑩できる　⑪悪意または有過失のときに限り　⑫ことに気付きかつ取消権の存在を知った後　⑬の状態が終わりかつ取消権の存在を知った後　⑭追認　⑮無効

3 代理制度

(1) 代　理

1. 代理人は本人に代わって，本人のためにすることを示して代理行為を行うが，この代理行為の効果は，すべて（① 本人・代理人）に帰属する。

2. 任意代理人は，制限行為能力者がなることは（② できる・できない）。本人はそのことを理由に，契約を取り消すことは（③ できる・できない）。

3. 法定代理と任意代理の消滅事由と復任権

	代理権の消滅原因	復代理人選任が可能な場合
法定代理	(ｱ)本人の死亡 (ｲ)代理人の死亡・破産手続開始の決定・後見開始の審判	いつでもできる
任意代理	上記原因，委任契約の終了〈本人の破産手続開始の決定・解除〉	(ｱ)本人の許諾あるとき（④ または・および） (ｲ)やむを得ない事情のあるとき

4. 自己契約，双方代理は，原則として（⑤ 有権・無権）代理行為となる。本人があらかじめ許諾しているときや本人に不利益を与えるおそれのない債務の履行について，行うことが（⑥ できる・できない）。

5. 意思表示の瑕疵・善悪等は，（⑦ 本人・代理人）を基準に判断する。また，取消権は，（⑧ 本人・代理人）に帰属する。

6. 復代理人は，（⑨ 本人・代理人）の代理人であって，その行為の効果は（⑩ 本人・代理人）に帰属する。また，代理人の代理権が消滅した場合，復代理人の代理権は消滅（⑪ する・しない）。

①本人　②できる　③できない　④または　⑤無権　⑥できる　⑦代理人　⑧本人　⑨本人　⑩本人　⑪する

⑵　無権代理

7　表見代理が成立すると，無権代理人の行った行為の効果は（⑫　本人・無権代理人）に及び，相手方は本人と有効に取引をしたことに（⑬　なる・ならない）。

【表見代理の成立要件】

（ア）相手方が（⑭　善意・善意無過失）であり，かつ

（イ）次のいずれかにあたる場合である。

ⓐ　実際には代理権を与えていないのに，代理権を与えたと本人が表示した場合

ⓑ　代理人が，与えられた代理権の範囲を越えて代理行為をした場合

ⓒ　代理権が消滅した後，代理人だった者が代理行為をした場合

8　無権代理人が行った代理行為は，表見代理が成立する場合を除き，本人に効果は及ばない。本人が追認をした場合，原則として，（⑮　無権代理行為・追認）のときに契約が確定的に（⑯　無効・有効）となる。

9　相手方〈善意・悪意を（⑰　問う・問わない）〉は催告することができ，期間内に本人の確答がない場合は，本人は（⑱　追認・追認を拒絶）したものとみなされる。

10　行為時　　　　　　　　　　　　　本人の追認

この間，（⑲　善意の・善意無過失に限り）相手方は，契約を取り消すことができる。

11　他人の代理人として契約をした者は，自己の代理権を証明したとき，または本人の追認を得たときを除き，（⑳　無権代理人の立場にある者・相手方）の選択に従い，相手方に対して履行または損害賠償の責任を負うが，次の場合には，適用されない。

（ア）他人の代理人として契約をした者が代理権を有しないことを相手方が知っていたとき➡相手方が悪意

（イ）他人の代理人として契約をした者が代理権を有しないことを相手方が過失によって知らなかったとき。ただし，他人の代理人として契約をした者が自己に代理権がないことを知っていたときは，その責任を免（㉑　れる・れない）。➡（原則）相手方が善意・無過失

（ウ）他人の代理人として契約をした者が行為能力の制限を受けていたとき

⑫本人　⑬なる　⑭善意無過失　⑮無権代理行為　⑯有効　⑰問わない　⑱追認を拒絶　⑲善意の　⑳相手方
㉑れない

4｜時　効

（1）　取得時効

1　取得時効は，占有開始の状態が，善意無過失であれば（①　　　）年，悪意または善意有過失であれば（②　　　）年で完成する。あくまで占有開始の時の状態であり，善意無過失で占有を開始した者がその後事実を知ったとしても（③　　　）年で時効取得できる。

（2）　消滅時効

2　消滅時効にかかる期間は，所有権以外の財産権（地上権・地役権等）は20年，一般の債権は㋐債権者が権利を行使できることを知った時から（④　　　）年，㋑権利を行使できる時から（⑤　　　）年（人の生命または身体の侵害による損害賠償請求権については20年）である。

※　「権利を行使できる時」とは，客観的起算点のこと。

3　消滅時効の起算点と履行遅滞となる時期の比較

	履行期による債権分類	消滅時効の起算点	履行遅滞の時期
㋐	**確定期限ある債権** 【例】令和5年10月21日に管理費を支払う	その期限到来時	その期限到来時
㋑	**不確定期限の債権** 【例】Aが死んだら管理費を支払う	その期限（⑥　到来時・到来を知った時）	期限到来（Aが死亡）後に，債務者が，履行請求を受けた時，または，期限到来を知った時のいずれか早い時
㋒	**期限を定めない債権** 【例】引渡時期を定めないでマンションを売買した際の引渡請求権	債権成立・発生時（売買契約を締結した時）	債務者がその履行請求を受けた時（債権者が履行請求をした時）

4　10年より短い時効期間のものであっても，確定判決または確定判決と同一の効力を有するものによって確定した債権の時効期間は（⑦　　　）年となる。

---

①10　②20　③10　④5　⑤10　⑥到来時　⑦10

(3)　時効の完成猶予・更新

5　債権は，(ｱ)債権者が権利を行使できることを知った時から（⑧
　　　　）年間行使しないとき，(ｲ)権利を行使できる時から（⑨　　　　）
年間行使しないときは，時効によって消滅する。

6　マンションの管理費の滞納者が死亡し，その相続人が当該区分所
有権を承継した場合は，管理費債権の時効は更新（⑩　する・しない）。

7　管理組合が区分所有者に対して行う支払督促により，時効の完成
猶予は（⑪　生じる・生じない）。一方，申立てができる時から（⑫
　　　　）以内に仮執行の宣言の申立てをしないことによりその効力
を失うときは，時効は更新しない。

8　管理組合と区分所有者との民事調停により，時効の完成猶予は
（⑬　生じる・生じない）。一方，確定判決または確定判決と同一の
効力を有するものによって権利が確定したときは，時効は，民事調
停法による民事調停等の事由が（⑭　終了した時・終了した時より
１ヵ月後）から時効が更新する。

9　破産手続参加により，債権者が破産債権の届出をした場合には，
債権の消滅時効は完成猶予が（⑮　生じる・生じない）。

10　管理組合が，理事長を管理組合の代表として，管理費を滞納して
いる区分所有者に支払請求訴訟を提起し，確定判決または確定判決
と同一の効力を有するものによって権利が確定したときは，この事由
が（⑯　終了した時・終了した時より６ヵ月後）から時効が更新する。

11　管理費を滞納している区分所有者が，破産手続開始の決定を受け
た場合，管理組合がその破産手続に参加をすることにより，確定判
決または確定判決と同一の効力を有するものによって権利が確定し
たときは，時効は更新（⑰　する・しない）。

12　管理費を滞納している区分所有者が，管理組合あてに滞納してい
る事実を認める書面を提出（承認）したときは，時効は（⑱　完成
猶予・更新）する。

(4)　時効完成の効力

13　時効の利益は，時効完成により直接に利益を受ける者が援用（⑲
しなくても受けることができる・しなければ受けることができない）。

14　時効を援用すると，その効果は，（⑳　時効完成時・起算日）にさ
かのぼる。

15　時効の利益の放棄は，時効完成前にすることは（㉑　できる・で
きない）。

---

⑧5　⑨10　⑩しない　⑪生じる　⑫30日　⑬生じる　⑭終了した時　⑮生じる　⑯終了した時　⑰する
⑱更新　⑲しなければ受けることができない　⑳起算日　㉑できない

5 共 有

① _____

② _____

③ _____

④ _____

⑤ _____

⑥ _____

⑦ _____

⑧ _____

⑨ _____

⑩ _____

⑪ _____

⑫ _____

⑬ _____

⑭ _____

⑮ _____

⑯ _____

1 共有物について持分が不明な場合は，（①　　　　）と推定される。

2 各共有者は，持分の割合に応じて，共有物の全部の使用が（② できる・できない）。したがって，共有者の１人が，他の共有者との協議に基づかずにマンションの住戸等の共有物を占有している場合，他の共有者は，当然にその明渡しを請求（③ できる・できない）。

3 各共有者は，単独で，共有物の保存に必要な行為（修繕等）が（④ できる・できない）。損害賠償請求については，持分割合（⑤ についてのみ・と関係なく）することができる。

4 共有物の管理に関する事項（共有物の管理者の選任・解任を含み，共有物変更を加えるものを除く）は，各共有者の（⑥　　　　）に従い，その（⑦　　　　）で決する。

5 共有者は，共有物に，一定の賃借権等であって，一定の期間を超えないもの（短期の賃貸借等）を設定（⑧ できる・できない）。

6 共有物の管理者は，共有物の管理に関する行為ができるが，共有者の（⑨　　　　）の同意を得なければ，共有物に変更（その形状または効用の著しい変更を伴わないものを除く）を加えることができない。

7 各共有者は，その持分に応じて共有物の管理費用を支払い，共有物に関する負担をする（⑩ 必要がある・必要がない）。

8 共有者が（⑪ ６ヵ月・１年）以内に共有物に関する義務を履行しないときは，他の共有者は，相当の償金を支払ってその者の持分を取得できる。

9 他の共有者に対して債権を有する共有者は，その特定承継人に対しても権利を行使（⑫ できる・できない）。

10 共有者が自己の持分を放棄したとき，または相続人なくして死亡したときは，その持分は（⑬ 国庫・他の共有者）に帰属する。

11 共有者は共有物について，（⑭　　　　）年以内の期間を定めて不分割特約を締結できる。

12 裁判所は，次の方法により，共有物の分割を命ずることができる。

(ア) 共有物の（⑮　　　　）分割方法

(イ) 共有者に債務を負担させ，他の共有者の持分の全部または一部を取得させる方法

13 上記12の方法により共有物を分割できないとき，または分割によってその価格を著しく減少させるおそれがあるときは，裁判所は，その競売を命ずることが（⑯ できる・できない）。

①相等しいもの　②できる　③できない　④できる　⑤についてのみ　⑥持分価格　⑦過半数　⑧できる　⑨全員　⑩必要がある　⑪１年　⑫できる　⑬他の共有者　⑭５　⑮現物　⑯できる

6 担保物権の内容

(1) 被担保債権の範囲

1 抵当権によって担保される被担保債権には，特別の登記をしなければ，利息等について満期となった最後の（①　　　）年分しか含まれない。ただし，他に後順位抵当権者などがいない場合には制限されない。

(2) 抵当不動産の処分

2 抵当権設定者や物上保証人は，抵当権者等の承諾を得ることなく，抵当不動産を譲渡（② できる・できない）。なぜなら，抵当権者は，抵当目的物の売却代金に物上代位ができるし，抵当権の登記をしておけば，抵当目的物の譲渡を受けた者に対しても，抵当権を対抗できるからである。

(3) 抵当権消滅請求等

3 （③ 抵当権者・第三取得者）は，自ら代価または一定の金額を支払うことで，抵当権を消滅させるよう（④ 抵当権者・第三取得者）に請求できる。そして，登記したすべての債権者の承諾を得た額を支払うことで，抵当権を消滅させることができる。

4 抵当権消滅請求の時期について，（⑤ 抵当権者・第三取得者）は，抵当権の実行としての競売による差押えの効力発生（⑥ 前・後）に，抵当権消滅請求をする必要がある。

5 買受けた不動産について抵当権の登記があるときは，第三取得者（買主）は，抵当権消滅請求の手続が終わるまで，代金の支払いを拒絶（⑦ できる・できない）。

①　　　
②　　　
③　　　
④　　　
⑤　　　
⑥　　　
⑦　　　

①2　②できる　③第三取得者　④抵当権者　⑤第三取得者　⑥前　⑦できる

6 抵当権等がある場合の買主による費用の償還請求

　　買い受けた不動産について契約の内容に適合しない抵当権，先取特権または（⑧　　　）が存していた場合，買主が費用を支出してその不動産の所有権を保存したときは，買主は，（⑨　　　）に対し，その費用の償還を請求（⑩　できる・できない）。

(4) 建物明渡し猶予制度

7 抵当権者に対抗できない賃貸借により，抵当権の目的である建物の使用・収益をする者で，次の建物使用者に該当する者は，その建物の競売の場合に，買受人の買受時より（⑪　　　）ヵ月を経過するまでは，その建物を買受人に引き渡す必要はない。

(ア)　競売手続の開始（⑫　前・後）から，使用・収益をする者

(イ)　強制管理・担保不動産収益執行の管理人が，競売手続の開始（⑬　前・後）に行った賃貸借により，使用・収益をする者

8 上記7は，買受人の買受時後に建物の使用を行ったことの対価について，買受人が建物使用者に対し，相当の期間を定めてその（⑭　　　）ヵ月分以上の支払いを催告し，その相当の期間内に履行がない場合は，適用されない。

過去問にチャレンジ！

＜⚥平成16年第15問改題＞

　　Ａは，甲マンションの201号室の購入に際してＢ銀行から融資を受け，令和３年10月３日に，同室にＢのために抵当権を設定してその登記をした後，同月16日に，Ｃに同室を賃貸したが，Ａが事業に行き詰まってＢに対する返済ができなくなったため，Ｂの申立てにより同室が競売に付され，令和５年４月20日，Ｄがその買受人になった。ＡＣ間の賃貸借契約の期間が５年でその登記がされていた場合，Ｃは，Ｄから201号室の明渡しを請求されても，令和（⑦　　　）年（⑦　　　）月（⑨　　　）日までは，その明渡しが猶予される（ただし，ＡＣ間の賃貸借契約には，特約はないものとする）。

⑧質権　⑨売主　⑩できる　⑪6　⑫前　⑬後　⑭1　⑦5　⑦10　⑨20

7 | 売買契約

(1)　債務不履行

1　履行遅滞の場合，定期行為等を除いては，（① 相当・1ヵ月以上）の期間を定めて（②　　　）をし，その期間内に履行がなされないときに，契約を解除できる。

　　履行遅滞のなかでも，たとえば，父が死んだら代金を支払うとした場合，債務者の父が死んだ（③ 日・後に債務者が履行の請求を受けた時またはその期限の到来したことを知った時のいずれか早い時）から遅滞となる。

2　履行不能の場合は，（④ 直ちに・催告後）契約を解除できる。

3　損害賠償額の予定が定められているときは，債権者は損害の発生とその額を証明しなくても，予定した賠償額を請求（⑤ できる・できない）。

4　金銭債務の特則

　(ア)　履行不能とはならず，（⑥ 履行遅滞のみ・履行遅滞をはじめそれ以外も）認められる。

　(イ)　金銭債務の不履行については，その損害賠償の額は，債務者が遅滞の責任を負った最初の時点における法定利率によって定められる。ただし，約定利率が法定利率を超えるときは，（⑦ 約定・法定）利率による。

(2)　契約の解除

5　解除は相手方（⑧ に対する一方的・との合意による）意思表示によってなされるが，それを撤回（⑨ できる・できない）。

6　解除による原状回復において返還すべきものが金銭の場合は，（⑩ 受領のとき・解除のとき）からの利息を付して返還しなければならない。

7　解除による原状回復によって，第三者の権利を害することはできない。第三者が悪意である場合，その第三者の権利を害することは（⑪ できる・できない）。

①_____
②_____
③_____
④_____
⑤_____
⑥_____
⑦_____
⑧_____
⑨_____
⑩_____
⑪_____

①相当　②催告　③後に債務者が履行の請求を受けた時またはその期限の到来したことを知った時のいずれか早い時
④直ちに　⑤できる　⑥履行遅滞のみ　⑦約定　⑧に対する一方的　⑨できない　⑩受領のとき　⑪できない

(3) 手付

8　手付について特に約定がないときは，解約手付と（⑫ 推定・みな）される。

9　解約手付を交付しているときは，相手方が契約の履行（⑬ に着手する前・を終了する前）であれば，買主からは手付金の放棄，売主からは手付金の（⑭ 額・倍額）を現実に提供することによって契約の解除ができる。

　また，解約手付による契約の解除の場合は，別に損害賠償を請求（⑮ できる・できない）。

(4) 売主の担保責任

10　売主の担保責任

（○→できる，×→できない）

場　合	買主の帰責事由	責 任 の 内 容				権利の期間制限
		追完請求	代金減額請求	損害賠償請求	契約解除	
(1) 引渡目的物が種類・品質に関し契約不適合	なし	○	○	（⑱　　）	○	（㉔　　）
	あり	×	×	×	×	×
(2) 引渡目的物が数量に関し契約不適合	なし	（⑯　　）	○	○	（㉑　　）	（㉕　　）
	あり	×	×	×	×	×
(3) 移転した権利が契約不適合	なし	（⑰　　）	○	○	（㉒　　）	（㉖　　）
	あり	×	×	×	×	×
備　考	契約不適合の発生原因が買主にあれば責任追及不可			・売主の帰責事由が（⑲必要・不要）・履行利益は（⑳含まれる・含まれない）	不履行が軽微の場合，（㉓可・不可）	

11　民事執行法その他の法律の規定に基づく競売（担保権の実行としての競売も含む）における取得者は，権利について契約不適合があった場合，債務者に対し，売買契約における売主と同様に担保責任を追及（㉗ できる・できない）。

⑫推定　⑬に着手する前　⑭倍額　⑮できない　⑯○　⑰○　⑱○　⑲必要　⑳含まれる　㉑○　㉒○　㉓不可
㉔○　㉕×　㉖×　㉗できる

12 特約で，売主は担保責任の軽減が（㉘ できる・できない）。また，売主が知っていながら買主に告げなかった契約不適合や，第三者に対して自ら設定または譲渡した権利については，責任を（㉙ 免れる・免れない）。

㉘ _____

_____

㉙ _____

_____

_____

(5)　危険負担

13 売買契約の当事者双方の責めに帰することができない事由によって債務を履行できなくなったときは，原則として，債権者（買主）は，反対給付の履行を拒むことが（㉚ できる・できない）。債務者（売主）が危険を負担することに（㉛ なる・ならない）。

㉚ _____

㉛ _____

14 債権者（買主）の帰責事由によって債務を履行できなくなった場合，債権者は，反対給付の履行を拒むことが（㉜ できる・できない）。この場合，債務者（売主）は，自己の債務を免れたことによって利益を得たときは，これを債権者に償還（㉝ しなければならない・しなくてもよい）。

㉜ _____

㉝ _____

_____

15 売主が買主に，売買の目的として特定した物を引き渡した場合，その引渡時以後にその目的物が当事者双方の責めに帰することができない事由によって滅失・損傷したときは，買主は，その滅失・損傷を理由として，履行の追完の請求，代金減額請求，損害賠償請求および契約の解除が（㉞ できる・できない）。この場合，買主は，代金の支払を拒むことが（㉟ できる・できない）。つまり，危険が移転する基準時は，目的物の引渡時となる。

㉞ _____

㉟ _____

16 売主が契約内容に適合する目的物をもって，その引渡しの債務の履行を提供したにもかかわらず，買主がその履行を受けることを拒み，または受けることができない（「受領遅滞」という）場合，その履行の提供があった時以後に当事者双方の責めに帰することができない事由によってその目的物が滅失・損傷したとき，買主は，代金の支払いを拒むことが（㊱ できる・できない）。

㊱ _____

_____

_____

_____

㉘できる　㉙免れない　㉚できる　㉛なる　㉜できない　㉝しなければならない　㉞できない　㉟できない
㊱できない

8 債権の譲渡

AはBに1,000万円を貸し付けた。Aはこの債権を900万円でC
に譲渡した。この譲渡は有効だろうか？

（債権者）　　　　　　　　　　　（債務者）

A　────────────→　B
（譲渡人）　　　1,000万円

譲
　　　渡　　↘
　　　　　　　C
　　　　　（譲受人）

1 債権は，原則として，自由に譲渡できるが，次のような債権は譲
渡できない。

(ア) **譲渡禁止・制限特約がついている場合**

当事者間（上記ＡＢ間）に債権譲渡禁止・制限特約が取り交わ
されている場合でも，その債権譲渡は，その効力を妨げられない。
つまり，（① 有効・無効）である。ただし，譲渡禁止・制限特約
がついているにもかかわらずAがCに譲渡し，Cが譲渡禁止・制
限特約に関して悪意であり，または，（②　　　　）があったとき
はBは，その債務の履行を拒むことができ，かつ，Aに対する弁
済等の債務を消滅させる事由をもってCに対抗できる。

(イ) 債権の性質が譲渡に適さない場合

(ウ) 法律上禁止されているとき

2 債権譲渡の対抗要件

(ア) **債務者への対抗要件**

債権譲渡はAとCとの合意によって成立するが，Cが新債権者
であることをBに主張するためには，次の対抗要件（いずれか1
つでよい）を備えることが必要である（将来の債権の譲渡の場合
も同様）。

ⓐ　A（譲渡人）からB（債務者）への（③　　　　）

ⓑ　B（債務者）からの（④　　　　）➡Aに対してでもCに対し
てでもよい。

①　　①

②　　②

③　　③

④　　④

①有効　②重大な過失（重過失）　③通知　④承諾

㈦　二重譲渡の場合の譲受人間の対抗要件

> 　AはBに対する1,000万円の債権（弁済日は11月1日）をCへ900万円で譲渡した後，Dに対しても900万円で譲渡した。11月1日が到来し，CおよびDはそれぞれBに対し弁済を要求した。CとDのどちらがBから弁済を受けることができるだろうか？

　上記のような債権の二重譲渡の場合は，確定日付のある証書による通知か承諾が対抗要件である。
　ⓐ　一方のみが確定日付のある証書による通知か承諾がある場合
　　　確定日付のある証書による通知か承諾のある方が弁済を受けられる。
　　・AからBへの通知の場合 ➡ 内容証明郵便で通知する。
　　・Bからの承諾の場合　　 ➡ Bの承諾書に公証人役場で確定日付をもらう。
　　ⓑ　両方とも確定日付のある証書による通知か承諾を受けている場合
　　・AからBへの通知の場合
　　　確定日付のある通知（⑤　の日時・が債務者に到達した日）の早い方が弁済を受けられる（判例）。
　　・Bからの承諾の場合
　　　確定日付のある債務者Bの承諾（⑥　の日時・が債権者または譲受人に到達した日）の早い方が優先する（判例）。
　　・通知が同時に到達した場合
　　　各譲受人は，債務者に対して全額の弁済を請求することができる。債務者は，他の譲受人に弁済したなど債務の消滅事由がない限り，弁済を拒絶することはできない（判例）。

③　通知・承諾の効果
㈠　通知（または承諾）の効果
　　通知を受けた（または承諾をした）債務者(B)は，通知を受ける（または承諾。「対抗要件具備時」）までに譲渡人(A)に対して主張できたことを，譲受人(C)に対して主張することが（⑦　できる・できない）。

⑤　⑥　⑦

⑤が債務者に到達した日　⑥の日時　⑦できる

⑧

⑨

⑩

㋐

(イ)　債権譲渡における債務者の相殺権

ⓐ　債務者(B)は，対抗要件具備時より「前」に取得した譲渡人(A)に対する債権による相殺をもって，譲受人(C)に対抗（**⑧**　できる・できない）。

ⓑ　債務者(B)が，対抗要件具備時より「後」に取得した譲渡人(A)に対する債権であって，その債権が対抗要件具備時より前の原因に基づいて生じた債権であるとき等は，相殺をもって譲受人(C)に対抗（**⑨**　できる・できない）。ただし，債務者(B)が対抗要件具備時より後に他人の債権を取得したときは，相殺をもって譲受人(C)に対抗（**⑩**　できる・できない）。

過去問にチャレンジ！　＜(主)平成18年第６問改題＞

管理組合法人Ａが，建設会社Ｂとの間でマンションの外壁補修工事を内容とする請負契約を締結した。この場合，ＢのＡに対する補修工事代金債権について，ＡＢ間においてその譲渡を禁止・制限する旨の特約がないとき，Ｂは，Ａの承諾を得ないで，当該債権を第三者に譲渡することが（㋐　できる・できない）。

⑧できる　⑨できる　⑩できない　㋐できる

9 債権の消滅

(1) 弁 済

1 **弁済できる者**

　債務の弁済は，債務者以外の第三者でもできるが，次の場合は第三者弁済は許されない。

(ア) 債務の性質が許されないとき

(イ) 当事者間で第三者には弁済させないという特約があるとき

(ウ) 弁済をすることにつき「正当な利益を有しない」第三者による弁済で，次のとき

　　ⓐ 債務者の意思に反するとき

　　　ただし，債務者の意思に反することを債権者が知らなかったときは，その弁済は（① 有効・無効）となる。

　　ⓑ 債権者の意思に反するとき

　　　ただし，その第三者が債務者の委託を受けて弁済をする場合，そのことを債権者が知っていたときは，その弁済は（② 有効・無効）となる。

　なお，「正当な利益を有する」第三者とは，自己所有の財産を他人の債務の担保に供する人（物上保証人）や担保に入れられた不動産の取得者（第三取得者）である。兄や親友というだけでは，正当な利益を有する第三者にはあたらない。

2 **弁済の相手**

　弁済は，原則として，弁済受領権者（債権者および法令の規定または当事者の意思表示によって弁済を受領する権限を付与された第三者）に対して行わなければならない。ただし，次のように，弁済受領権者以外の者に対して行った弁済が有効になる場合もある。

①_____

②_____

---

①有効　②有効

(ア)　**受領権者としての外観を有する者に対する弁済**

受領権者以外の者であって取引上の社会通念に照らして受領権者としての外観を有するものに対してした弁済をいい，たとえば他人の預金通帳と印鑑の所持人や受取証書の持参人などへの弁済である。この場合，弁済をした者が（③　　　　）であれば，その弁済は有効となる。

(イ)　**(ア)以外の弁済受領権者以外の者に対する弁済**

原則として無効であるが，債権者がこれによって利益を得た場合は，その（④　　　　）において有効となる。

③　**弁済による代位**

(ア)　**正当な利益を有する者が弁済した場合**

この場合，債権者に代位し，債務者に対して権利を行使（⑤　できる・できない）。

(イ)　**正当な利益を有する者以外の者が弁済した場合**

この場合，代位（⑥　できる・できない）。ただ，このときは，債権者から債務者への（⑦　　　　）または債務者からの（⑧　　　　）がなければ，債務者に対抗できない。

④　**弁済の提供**

弁済の提供とは，債務者単独では債務が履行できない場合（債務の履行に債権者の協力が必要な場合）に，債務者が債務の履行に必要な準備をして債権者の協力を求めることをいう。債務者は，弁済の提供を行った場合，以後，債務を履行しないことによって生ずる責任を（⑨　負う・負わない）。また，相手方の同時履行の抗弁権を（⑩　失わせる・失わせない）。

⑤　**弁済の充当**

(ア)　**指定充当**

債務者が，同一の債権者に対して，同種の給付を目的とする数個の債務を負担している場合（【例】借金が数口ある場合），弁済として提供した給付（【例】金銭）がその債務全額を消滅させるに足りないときは，弁済者は，給付時に，一方的意思表示によって，その弁済をどの債務に充当するかについて指定できる。

(イ)　**法定充当**

当事者が弁済の充当を指定しないときは，法定充当になる。

(ア)(イ)とも（⑪　　　　）➡（⑫　　　　）➡（⑬　　　　）の順に充当。

---

③善意無過失　④利益を受けた限度　⑤できる　⑥できる　⑦通知　⑧承諾　⑨負わない　⑩失わせる　⑪費用
⑫利息　⑬元本

(2) 相　殺

　AはBに自己所有のマンションを売却し，1,000万円の代金債権を有している。一方BはAに対して1,200万円の貸金債権を有している。BはAに1,000万円を，AはBに1,200万円を現実に支払わなければならないだろうか？

代金債権──── 1,000万円 ────▶

Ａ　　　　　　　　　　　Ｂ

◀──── 1,200万円 ──── 貸金債権

　上記の場合，AがBにまたはBがAに「相殺する」旨の意思表示（⑭　　　）をするだけで・と相殺を受ける意思表示が合致して），AとBの債権債務は対当額（重なり合う限度で）で消滅する（結局BがAに200万円を請求することになる）。こうすれば，AとBは簡単に決済できる。

⑭_____

6 自働債権と受働債権

　「相殺しよう」と言う側の有する債権を自働債権，その反対債権を受働債権という。上記のケースで，Aの方から「相殺しよう」という意思表示をする場合，代金債権が（⑮　　　）債権，貸金債権が（⑯　　　）債権となる。

⑮_____
⑯_____

7 相殺適状（相殺の要件）

　次の事由すべてに該当すれば相殺をすることができる。

(ア)　双方の債権が弁済期にあること。

　　ただし，（⑰　　　）債権が弁済期にあれば，（⑱　　　）債権については弁済期が到来していなくても，（⑲　　　）債権の期限の利益を放棄して相殺できる。

⑰_____
⑱_____
⑲_____

(イ)　それぞれが互いに同種の対立した債権を有していること。

　　ただし，時効が完成した債権であって，完成前に相殺適状になっている場合，相殺（⑳　できる・できない）。

⑳_____

(ウ)　債権の性質が相殺を許すものであること。

　　自働債権に抗弁権（同時履行の抗弁権など）が付いている場合，相手の抗弁権を奪うことになるので，相殺（㉑　できる・できない）。

㉑_____

⑭をするだけで　⑮自働　⑯受働　⑰自働　⑱受働　⑲受働　⑳できる　㉑できない

19

(3) 相殺できない場合

次の事由のいずれかに該当する場合は，相殺をすることができない。

(ア) 当事者間に相殺禁止・制限特約があり，そのことにつき第三者が悪意または（㉒　　　）の場合

(イ) （㉓　　　）債権が一定の不法行為等によって発生した債権である場合

次の債務の債務者は，相殺をもって債権者に対抗できないが，その債権者がその債務に係る債権を他人から譲り受けたときは，相殺をもって対抗できる。

ⓐ 悪意による不法行為に基づく損害賠償の債務

ⓑ 人の生命または身体の侵害による損害賠償の債務（ⓐに該当すればⓐ）

(ウ) 自動債権が受働債権の差押「後」に取得された債権である場合

8　相殺の方法

(ア) 相殺は相手方に対する一方的な意思表示によって行われる。また，相殺の意思表示に条件や期限を付けることは（㉔　できる・できない）。

(イ) 履行地が異なる場合，相殺（㉕　できる・できない）。また，それによって相手方に損害を与えた場合は，相殺をした者が損害賠償責任を負う。

9　相殺の効力

相殺をすると，その効力は相殺適状になったときにさかのぼって効力が（㉖　生じる・生じない）。

> **過去問にチャレンジ！**
>
> <㊤平成23年第11問改題>
>
> マンションの管理組合Aとマンション管理業者Bとの間で管理委託契約が締結されたが，同契約では，Bが管理費等の滞納組合員に対する同契約所定の督促を行っても，当該滞納組合員が支払わないときは，Bは責めを免れ，その後の収納の請求はAが行うものとされている。この場合，Aは，「滞納組合員が，Aに対して金銭債権（不法行為を理由とする以外の債権）を有しているときは，滞納額と同債権にかかる債権額とを対等額にて相殺したい。」と検討していることは，適切で（㋐　ある・ない）。

㉒重過失　㉓受働　㉔できない　㉕できる　㉖生じる　　㋐ある

10 人的担保

(1) 不可分債権・不可分債務

> 　A・Bが，甲マンションのある部屋の区分所有権を各 $\frac{1}{2}$ の割合で共有している場合，この部屋をA・BからC・Dが共同で購入したとき，Dは，単独でこの部屋の引渡しを請求することができるだろうか？

　数人の債権者または債務者がある場合，別段の意思表示がないときは，各債権者または各債務者は，それぞれ等しい割合で権利を有し，または義務を負う。つまり，多数当事者の債権債務関係は，「分割債権・分割債務」となるのが原則である。

1 債権の目的が，その性質上不可分（社会通念により判断）である場合で，数人の債権者があるときは，各債権者はすべての債権者のために履行を請求し，債務者はすべての債権者のために各債権者に対して履行（① できる・できない）。たとえば，専有部分の引渡し請求は，性質上の不可分債権であるので，区分所有権を共有しているDは，単独で専有部分の引渡し請求が（① できる・できない）。

2 不可分債権が可分債権となった場合は，各債権者は（② 自己が権利を有する部分についてのみ・すべての債権者のために）履行を請求でき，不可分債務が可分債務となったときは，各債務者は（③ その負担部分についてのみ・すべての債権者のために各債権者に対して）履行の責任を負う。たとえば，A・Bが，過失でこの部屋を焼失させた場合，C・DのA・Bに対するこの部屋の引渡請求権は，履行不能による損害賠償請求権へと変更することになる。

> 　A・Bが，甲マンションのある部屋の区分所有権を各 $\frac{1}{2}$ の割合で共有している場合，この部屋をCに売却したとき，Cは，AだけまたはBだけに対して，この部屋の引渡しを請求することができるだろうか？

①_____
②_____
③_____

①できる　②自己が権利を有する部分についてのみ　③その負担部分についてのみ

　　A・BがCに対して負うこの部屋の引渡債務の関係については，その性質上不可分なものであるから，不可分債務となる。

　　したがって，Cは，AだけまたはBだけに対して，専有部分の引渡し請求ができる。

【不可分債務の例】

・マンションを共有する者が負う管理費等の支払債務（判例）

・共同賃借人の賃料債務

・管理組合が，管理会社に対して支払うべき管理委託契約に基づく委託業務費の支払債務

・マンションを共有する２人が，当該マンションを賃貸する場合に負う引渡債務

3　不可分債務者の対外的効力については，後述の(2)連帯債務の規定が準用されている。つまり，債権者は，各不可分債務者のうちの１人に対して，または，同時にもしくは順次にすべての不可分債務者に対して，全部または一部の履行を請求（④ できる・できない）。そして，不可分債務者のうちの１人が弁済すれば，すべての不可分債務者の債務は消滅（⑤ する・しない）。

4　不可分債務の目的である不可分給付が可分給付に変更したときは，分割債務に変化（⑥ する・しない）。

(2)　連帯債務

> 　A・B・Cは，１人400万円ずつ出して，Dからマンションを買うことにした。特約で，Dは，A・B・Cの誰に対しても全額請求できるとした。Dは，誰に，いくら請求できるだろうか？

【特約がない場合】➡ **分割債務**

　　Dは，原則どおり，A・B・C各自に400万円ずつ請求できる。

【特約がある場合】➡ **連帯債務**

5　Dは，A・B・Cのいずれにも1,200万円の全部または一部の支払いを求めることが（⑦ できる・できない）。

　　また，誰かが1,200万円を支払った場合，３人すべてがDに対して，支払義務を負わなくなる。

---

④できる　⑤する　⑥する　⑦できる

6 連帯債務の絶対的効力（1人の連帯債務者について生じた事由の効力が，他の連帯債務者に対して影響を（⑧ 与える・与えない）もの）は，弁済・代物弁済・供託等，（⑨　　　），（⑩　　　），（⑪　　　）である。

7 連帯債務の相対的効力（1人の連帯債務者について生じた事由の効力が，他の連帯債務者に対して影響を（⑫ 与える・与えない）もの）は，取消し，無効，（⑬　　　），（⑭　　　），（⑮　　　），（⑯　　　），期限の猶予等である。

8 【絶対的効力の例】 相殺

　　A・B・Cのいずれか1人が，Dに対して反対債権（債務者でありながら逆に債権を持っている）を有している場合，相殺をすると，弁済をしたのと同じ効果が生じる。よって，その分だけ他の連帯債務者は，債務を免れる。

　　また，他の連帯債務者は，反対債権を有する連帯債務者の（⑰ 全額・負担部分）について，それを用いて債権者に対して債務の履行を拒むことが（⑱ できる・できない）。

> 　　A・B・Cは，Dに対して1,200万円の連帯債務（負担部分は等しい）を負っている。他方，Aは，Dに対して1,000万円の貸金債権（反対債権）を有している。A・B・Cはどんなことができるだろうか？
>
> 　　　　　　　　　　　　　　　　　　　　　　負担部分
> D ──1,000万円──→ A（400万円）
> 1,200万円 ────→ B（400万円）
> ────→ C（400万円）

(ア) Aが反対債権全額で相殺をした場合

　　B・Cは，1,000万円について債務を免れ，残り（⑲　　　）万円についてA・B・Cが連帯債務を（⑳ 負う・負わない）。

(イ) Aが相殺をしない場合

　　B・Cは，Aの負担部分（㉑　　　）万円について債務の履行を拒むことができる。

9 債権者が連帯債務者の1人に対してその債務の全額を免除すると，その者の負担部分について他の連帯債務者は債務を（㉒ 免れる・免れない）。

10 連帯債務者の1人Aが，債権者の死亡により相続した場合，混同によりAの負っていた債務は消滅し，他の連帯債務者はこの連帯債務について債務を（㉓ 免れる・免れない）。

⑧
⑨
⑩
⑪
⑫
⑬
⑭
⑮
⑯

⑰

⑱

⑲
⑳

㉑

㉒

㉓

---

⑧与える　⑨〜⑪更改，相殺，混同（順不同）　⑫与えない　⑬〜⑯請求，承認，免除，時効（の）完成（順不同）　⑰負担部分　⑱できる　⑲200　⑳負う　㉑400　㉒免れない　㉓免れる

(3) 保証・連帯保証

11 保証人となるには，保証人と（㉔ 債権者・債務者）との間で保証契約を締結していることが必要である。この保証契約は，書面か，その内容を記録した電磁的記録で（㉕ しなければその効力を生じない・しなくてもその効力を生じる）。

12 保証債務の範囲は，元本のほか，その利息，損害賠償金，違約金等を（㉖ 含む・含まない）。また，保証債務についてのみ，損害賠償の額または違約金を約定（㉗ できる・できない）。

13 主たる債務が減縮された場合，保証債務は（㉘ 減縮される・変わらない）。

14 保証人になった後で，主たる債務が増えると，原則として保証債務は（㉙ 増える・変わらない）。ただし，根保証の場合は除かれる。

15 （普通の）保証人は，催告の抗弁権，検索の抗弁権を（㉚ 有する・有しない）。

16 主たる債務者Aが債権者に対して相殺権を有する場合，この権利行使によってAがその債務を免れるべき限度において，保証人は，債権者に対し債務の履行を拒むことが（㉛ できる・できない）。

17 主たる債務者について生じた事由は，原則として保証人に（㉜ 及ぶ・及ばない）。

18 保証人について生じた事由は，主たる債務を消滅させる行為（弁済，相殺，更改等）を除いては，主たる債務者に（㉝ 及ぶ・及ばない）。

19 連帯保証人は，催告・検索の抗弁権を（㉞ 有する・有しない）。

20 連帯保証人について生じた事由は，主たる債務を消滅させる事由（弁済，相殺，更改等）の他，混同について効力を（㉟ 及ぼす・及ぼさない）。

21 共同保証の場合，保証人は分別の利益を（㊱ 有する・有しない）が，連帯保証人は分別の利益を（㊲ 有する・有しない）。

22 保証人Aが主たる債務者Bの委託を受けて保証をした場合，Bにあらかじめ（㊳　　　）せず債務の消滅行為をしたときは，Bは債権者Cに対抗できた事由をもってAに対抗できる。この場合，相殺をもってAに対抗したとき，AはCに対し，相殺によって消滅すべきだった債務の履行を請求できる。他方，Aが債務の消滅行為後にBが債務の消滅行為をした場合，AがBの意思に反して保証をしたときや，Aが債務の消滅行為をしたことをBに（㊳　　　）しなかったため，Bが善意で債務の消滅行為をしたときも，Bは，その債務の消滅行為を有効とみなすことができる。

㉔債権者　㉕しなければその効力を生じない　㉖含む　㉗できる　㉘減縮される　㉙変わらない　㉚有する
㉛できる　㉜及ぶ　㉝及ばない　㉞有しない　㉟及ぼす　㊱有する　㊲有しない　㊳通知

11 不法行為

1 使用者責任

(ア)　被用者がその業務につき不法行為を行い他人に損害を与えた場合（使用者がその被用者の選任や監督について相当の注意を払っていた場合等を除く），使用者はその損害を（① 賠償しなければならない・賠償しなくてもよい）。

(イ)　使用者が損害を賠償したときは，不法行為をした被用者に対して求償権を行使（② できる・できない）。

2 共同不法行為

数人の者が共同して，不法行為により他人に損害を与えた場合，それらの者は各自連帯して，その賠償の責任を（③ 負う・負わない）。

3 工作物責任

土地の工作物の設置または保存に瑕疵があったために他人に損害を与えた場合，第1次的に，その工作物の（④ 所有者・占有者）が，（⑤ 所有者・占有者）が損害の発生を防止するのに必要な注意を尽くしていたことを証明したときは，第2次的に，その工作物の（⑥ 所有者・占有者）が損害を賠償しなければならない。

また，損害の原因について他に責任を負う者があるときは，占有者や所有者は，その者に対して求償権を行使（⑦ できる・できない）。

4 動物の占有者等の責任

動物の占有者は，その動物が他人に加えた損害を賠償する責任を負う。ただし，動物の種類および性質に従い相当の注意をもってその管理をしたときは，責任を負わない。なお，占有者に代わって動物を管理する者は，この責任を（⑧ 負う・負わない）。

5 不法行為による損害賠償請求権の期間の制限

不法行為による損害賠償請求権は，被害者またはその法定代理人が損害および加害者を知ったときより（⑨　　　）年間，または，不法行為のときから（⑩　　　）年間，行使しないことによって時効消滅する。

①_____
②_____
③_____
④_____
⑤_____
⑥_____
⑦_____
⑧_____
⑨_____
⑩_____

①賠償しなければならない　②できる　③負う　④占有者　⑤占有者　⑥所有者　⑦できる　⑧負う　⑨3　⑩20

12 委 任

[1] 委任契約は，特約がある場合を除き，片務・（① 有償・無償）
の契約である。

[2] 受任者には報酬を受ける旨の特約の有無にかかわらず，（②　　）
注意義務がある。

[3] 受任者は，委任者の請求（③ があるときはいつでも・の有無に
かかわらず定期的に），委任事務の処理状況を報告し，また委任事
務終了後は遅滞なく，その結果を報告しなければならない。

[4] 受任者は，委任事務を行うにあたって受け取った金銭，物等を委
任者に（④ 引き渡さなければならない・請求がなければ引き渡さ
なくてもよい）。

　　また，委任者のために受任者の名前で取得した権利は移転（⑤
しなければならない・しなくてもよい）。

[5] 受任者は，委任者に引き渡すべき金銭等を自分のために使ったと
きは，（⑥ 第三者から受領した日・その使った日）以後の利息を支
払わなければならない。この場合において，なお損害があるときは，
その賠償の責任を負う。

[6] 履行割合型の委任の場合，報酬の支払いは，当事者間に特に定め
がなければ，（⑦ 前・後）払いとなる。

[7] 履行割合型の委任の場合，受任者は，委任者の責めに帰すること
ができない事由によって委任事務の履行ができなくなったときや，
委任が履行の中途で終了したときは，既にした履行の割合に応じて
報酬を請求（⑧ できる・できない）。

[8] 受任者が委任事務のため費用を要する場合は，受任者からの請求
があったときは，委任者は（⑨ 前・後）払いをもって受任者に支
払わなければならない。

[9] 必要費について受任者が立替払いをしたような場合，受任者はそ
の費用および支出した日からの利息の償還を請求（⑩ できる・で
きない）。

①無償　②善管（善良なる管理者としての）　③があるときはいつでも　④引き渡さなければならない
⑤しなければならない　⑥その使った日　⑦後　⑧できる　⑨前　⑩できる

10　委任契約は相手方に債務不履行等がない場合，委任者・受任者双方からいつでも自由に解除（⑪　できる・できない）。

　　相手方が不利な時期に解除（⑫　できない・する場合はやむを得ないときを除き，損害の賠償をする必要がある）。

11　委任契約の終了事由は，一般の契約共通の事由のほか，次の事由によっても終了する。

(ｱ)　委任者⇒死亡・破産手続開始の決定

(ｲ)　受任者⇒死亡・破産手続開始の決定・（⑬　　　　　）

過去問にチャレンジ！

＜㊗平成16年第2問改題＞

1　委任契約は，契約当事者間の信頼関係を基礎としているから，受任者は，自ら事務の処理を（ｱ　しなければならない・しなくてもよい）。

2　受任者が自己の過失によらず委任事務を処理するについて損害を受けたときは，委任者はその賠償をする義務を（ｲ　負う・負わない）。

3　委任契約において，受任者が委任者にとって不利な時期に当該契約を解除したときには，受任者は，委任者に生じた損害を賠償しなければならない。委任者が受任者にとって不利な時期に当該契約を解除したときには，委任者は，受任者に生じた損害を賠償する必要（ｳ　がある・はない）。

過去問にチャレンジ！

＜㊗令和4年第1問改題＞

　受任者は，①委任が終了した後に，遅滞なくその経過及び結果を報告すればよい。②委任者の請求があればいつでも委任事務の処理の状況を報告する義務は（ｴ　ある・ない）。

---

⑪できる　⑫する場合はやむを得ないときを除き，損害の賠償をする必要がある　⑬後見開始の審判
ｱしなければならない　ｲ負う　ｳがある　ｴある

13|請　負

① _____

② _____

③ _____

④ _____
⑤ _____

⑥ _____

⑦ _____
⑧ _____

⑨ _____

1 請負契約では，報酬は（① 前・後）払いが原則である。
2 注文者は，請負人が仕事を完成させる前である場合，いつでも損害を賠償して請負契約を解除（② できる・できない）。
3 注文者が破産手続開始の決定を受けたときは，請負人または破産管財人は，契約の解除が（③ できる・できない）。この場合，請負人は，すでにした仕事の報酬およびその中に含まれていない費用について，破産財団の配当に加入できる。
4 **割合的報酬請求権**
　　注文者の帰責事由によらず仕事の完成ができなくなったときや，請負が仕事完成前に解除されたときは，請負人が既にした仕事の結果のうち，可分な部分の給付により注文者が利益を受けるとき，その部分は得られた成果と（④ みなされ・みなされず），請負人は，注文者が受ける利益の割合に応じて報酬を請求（⑤ できる・できない）。
5 **追完請求権**
　　請負人が注文者に，種類・品質に関して契約不適合である仕事の目的物を引き渡した場合，注文者は請負人に対し，原則として，①目的物の（⑥　　　），②代替物の引渡し，③不足分の引渡しによる履行の追完請求ができる。
6 **報酬減額請求権**
　　注文者は，請負人に対し，相当の期間を定めて履行の追完の催告をし，その期間内に履行の追完がない場合，原則として，その不適合の程度に応じて報酬減額請求が（⑦ できる・できない）。
7 担保責任を負わないという特約は，（⑧ 有効・無効）である。
　　また，特約があった場合，知っていて告げなかった事実について，請負人は責任を免れることが（⑨ できる・できない）。

過去問にチャレンジ！　＜令和元年第16問改題＞

　　甲マンションの305号室を所有するAは，同室のキッチンの設備が老朽化したことから，業者Bとの間で，その設備を報酬100万円でリニューアルする旨の請負契約を締結した。Bは当該工事を完成させたがその工事の品質に関して契約不適合な仕事の目的物をAに引き渡した。この場合，Bがその材料が不適当であることを知りながら告げなかったとき等を除き，Aは，Aの供した材料の性質によって生じた不適合を理由として，履行の追完請求をすることが（㋐ できる・できない）。

①後　②できる　③できる　④みなされ　⑤できる　⑥修補　⑦できる　⑧有効　⑨できない
㋐できない

14 相　続

⑴　法定相続人

1　相続人となることができるのは，配偶者と（①　　　　），（①　　　　）
がいなければ配偶者と直系尊属，直系尊属もいなければ配偶者と
（②　　　　）となる。

⑵　法定相続分

2　配偶者の相続分は，第一順位の者（子・孫等）がいる場合は（③　　　），第二順位の者（直系尊属）がいる場合は（④　　　），第
三順位の者（兄弟姉妹）がいる場合は（⑤　　　　）である。

3　第一順位の子のうち，「嫡出子」と「嫡出でない子」の相続分は
（⑥　　　　）だが，第三順位の兄弟姉妹のうち，「父母の双方を同じ
くする者」と「父母の一方のみを同じくする者」の相続分は（⑥
　　）ではない。

4　相続を受けるべき子がすでに死亡している場合，代襲相続（⑦
される・されない）。

5　相続を受けるべき兄弟姉妹がすでに死亡している場合，代襲相続
されるが，この代襲相続は一代に（⑧ 限られる・限られない）。

⑶　欠格・廃除

6　相続の欠格事由に該当すると，その者は当然に相続権を（⑨ 失
う・失わない）。これに該当した者の子は代襲相続ができる。

7　被相続人は，生前，家庭裁判所に廃除の請求をすることにより，
遺留分を有する相続人の相続権を奪うことが（⑩ できる・できな
い）。これに該当した者の子は代襲相続ができる。

⑷　相続の承認・放棄

8　相続の承認，限定承認，放棄は，相続の開始のあった（⑪ 日・こ
とを知った時）から（⑫　　　　）ヵ月以内に家庭裁判所に申述しな
ければならず，申述がないと（⑬ 承認・放棄）したものとみなされる。

①
②
③
④
⑤
⑥
⑦
⑧
⑨
⑩
⑪
⑫
⑬

①子　②兄弟姉妹　③$\frac{1}{2}$　④$\frac{2}{3}$　⑤$\frac{3}{4}$　⑥同等（同じ）　⑦される　⑧限られる　⑨失う　⑩できる
⑪ことを知った時　⑫3　⑬承認

⑭ _____

_____

⑮ _____

_____

⑯ _____

_____

⑰ _____

⑱ _____

⑲ _____

⑳ _____

_____

㉑ _____

_____

_____

㉒ _____

_____

_____

_____

_____

㉓ _____

㉔ _____

㉕ _____

_____

_____

_____

㉖ _____

_____

_____

㉗ _____

_____

_____

_____

_____

_____

㉘ _____

㉙ _____

_____

㉚ _____

⑨ 限定承認を行う場合は，相続人全員が共同で行う（⑭ 必要がある・必要がない）。

⑩ 相続開始前に相続放棄は（⑮ できる・できない）。

⑪ 相続放棄の効力は，登記等の有無を問わず，何人に対してもその効力を（⑯ 生ずる・生じない）（判例）。よって，相続放棄した相続人Ａの債権者が，相続放棄前にＡの持分を差し押さえていた場合でも，他の共同相続人は，相続放棄の効果を差押債権者に主張（⑰　　　　）。

⑫ 相続放棄をした者について，代襲相続は（⑱ 生じる・生じない）。

⑬ 遺言は，（⑲　　　　）歳以上の者ができ，被保佐人・被補助人は，それぞれ保佐人・補助人の同意を得ないで行うことが（⑳ できる・できない）。

⑭ 遺言者は，いつでも，その遺言の全部または一部を撤回（㉑ できる・できない）。

⑮ 遺言の効力は，原則として，遺言者の（㉒ 死亡の時・死亡を相続人が知った時）から生ずる。

(5) 遺留分

⑯ 遺留分の割合は，直系尊属のみが相続人であるときは（㉓　　　　），その他（ただし兄弟姉妹を（㉔ 含む・除く））のときは（㉕　　　　）である。

⑰ 遺留分権利者およびその承継人は，受遺者（特定財産承継遺言により財産を承継しまたは相続分の指定を受けた相続人を含む）または受贈者に対し，遺留分侵害額に相当する金銭の支払いを請求（㉖ できる・できない）。

⑱ 遺留分は，相続開始前に，家庭裁判所の許可を受けて放棄（㉗ できる・できない）。

(6) 相続財産の帰属

⑲ 相続人が数人いるときは，相続財産は原則としてその者たちの共有に（㉘ なる・ならない）。

⑳ 遺産の分割は，相続開始のときにさかのぼってその効力が（㉙ 生ずる・生じない）。

㉑ 相続人がいない場合で，特別縁故者もいない場合は，その相続財産は（㉚　　　　）に帰属する。

---

⑭必要がある　⑮できない　⑯生ずる　⑰できる　⑱生じない　⑲15　⑳できる　㉑できる
㉒死亡の時　㉓$\frac{1}{3}$　㉔除く　㉕$\frac{1}{2}$　㉖できる　㉗できる　㉘なる　㉙生ずる　㉚国庫

15 物権変動の対抗要件

(1) 物権変動の対抗要件

1 不動産の物権変動は，（① 　　　 ）がなければ第三者に対抗できない。

①_____

2 ［登記がなくても，対抗できる第三者］

次の者は，対抗できない「第三者」に含まれず，これらの者に対しては，登記がなくても，対抗できる。

(ア) 全くの無権利者

(イ) 不法行為者・不法占拠者

(ウ) （② 　　　 ）悪意者

単なる「悪意者」ではなく，信義則に反するような悪意者をいう。

②_____

(エ) （③ 　　　 ）または（④ 　　　 ）によって登記申請を妨げた者

③_____

④_____

(オ) 他人のために登記申請をする義務のある者

(2) 登記が必要な物権変動

3 解除（⑤ 前・後）の第三者との関係は，二重譲渡があったのと同様に考え，対抗問題として処理する。

⑤_____

4 取消（⑥ 前・後）の第三者との関係は，二重譲渡があったのと同様に考え，登記がなければ対抗できない。

⑥_____

5 時効完成（⑦ 前・後）に不動産が第三者に譲渡され登記がされると，時効取得者は，登記なくして時効による所有権取得を主張できない。

⑦_____

6 Aが死亡しBとCが共同相続した場合において，Bが遺産分割によりCの法定相続分を取得したとき，法定相続分を取得しなかったCからその相続分を譲り受けた遺産分割（⑧ 前・後）の第三者DとBとの関係は，対抗問題となる。

⑧_____

①登記　②背信的　③・④詐欺，強迫（順不同）　⑤後　⑥後　⑦後　⑧後

16 賃貸借契約

(1) 賃貸人の義務

1. 賃貸人は，賃借人の責めに帰すべき事由によってその修繕が必要となったときを除き，目的物の使用および収益に必要な修繕を行う義務があり，賃借人は，目的物の保存に必要な修繕を拒むことが（① できる・できない）。

2. 賃借人は，必要費を（② 直ち・賃貸借契約終了時）に償還請求することができる。これに対して，有益費については，（③ 直ち・賃貸借契約終了時）に，賃（④ 貸・借）人の選択により，支出額または価値の増加額のいずれかを償還しなければならない。

(2) 賃借人の義務

3. 賃借人は，賃借物を受け取った後にこれに生じた損傷（通常の使用および収益によって生じた賃借物の損耗ならびに賃借物の経年変化を除く）がある場合，賃貸借契約が終了したときは，その損傷を原状に回復する義務が（⑤ ある・ない）。ただし，その損傷が賃借人の責めに帰することができない事由によるものであるときは，賃借人は，原状に復する義務を負わない。

(3) 賃借権の対抗要件

4. 民法における不動産の賃借権の対抗要件は，賃借権の（⑥　　）である。

5. 借地において地主が第三者へ土地を譲渡したり，借家において建物の賃貸人が第三者へ建物を譲渡した場合，賃借人が賃借権の対抗要件を備えているときは，賃貸人の地位が，（⑦ 当然に・一定の合意があるときを除き）新所有者に移転する。

6. 賃借権が設定されている土地や建物を譲り受けた者は，その（⑧　　）を備えなければ，賃借人に対し賃料の請求はできない。

①　②　③　④　⑤　⑥　⑦　⑧

①できない　②直ち　③賃貸借契約終了時　④貸　⑤ある　⑥登記　⑦一定の合意があるときを除き
⑧（所有権移転）登記

(4)　存続期間

7　民法において，賃貸借契約の最長期間は（⑨　　　）年であり，（⑨　　　）年を超えて定めた場合は（⑩　　　）年に短縮される。

8　民法における，期間の定めのない賃貸借契約については，当事者はいつでも解約の申入れができ，建物は（⑪　　　）ヵ月，土地は（⑫　　　）年経過後に終了する。

9　賃貸借契約は，目的物の全部が滅失その他の事由により使用および収益ができなくなった場合，（⑬　終了する・終了しない）。

(5)　賃借権の譲渡・転貸

10　賃貸人の承諾を得て賃借権を譲渡した場合，譲渡人は賃貸借関係から離脱する。この場合，譲渡後に発生した賃料について，賃貸人は譲渡人に請求（⑭　できる・できない）。

11　賃借人が賃貸人の承諾を得て賃借権を転貸した場合，転借人は，賃貸人と賃借人との間の賃貸借に基づく（⑮　　　）の債務の範囲を限度として，賃貸人に対して転貸借に基づく債務を直接履行する義務を（⑯　負う・負わない）。

12　賃貸人は転借人に対し，（⑰　賃借料・賃借料と転借料）の範囲内で支払いを請求できる。

13　転借人は，賃借人への賃料の前払いをもって賃貸人に対抗（⑱　できる・できない）。

14　賃貸人と賃借人が賃貸借契約を合意解除した場合，賃貸人は，その解除の効果を転借人に対抗（⑲　できる・できない）。

(6)　敷　金

15　賃貸人が目的物を第三者に譲り渡して賃貸人の地位が移転した場合，敷金返還債務は，旧賃貸人に対する未払賃料等を控除した残額について，新賃貸人に承継（⑳　される・されない）。

16　賃貸人の承諾を得て賃借権が旧賃借人から新賃借人に移転した場合，敷金に関する権利義務関係は，原則として，新賃借人に承継（㉑　される・されない）。

---

⑨50　⑩50　⑪3　⑫1　⑬終了する　⑭できない　⑮賃借人　⑯負う　⑰賃借料と転借料　⑱できない
⑲できない　⑳される　㉑されない

1 区分所有建物

(1) 建物の区分所有

1 **区分所有建物の定義**

区分所有建物とは，一棟の建物に（① 　　　）上区分された数個の部分があり，（② 　　　）上も独立した部分があるとき，各部分にそれぞれ独立の所有権が認められるものをいう。

2 区分所有建物が住居を含まない店舗のみの用途に供されている場合，区分所有法は適用（③ される・されない）。

3 **一棟の建物の判断**

(ア) 一棟の建物であるか否かは社会通念に従って決定される。

(イ) 建物の規模，区分所有者数は（④ 問われる・問われない）。

(ウ) 建物の堅固・非堅固の別，鉄骨造・鉄筋コンクリート造・木造の別は（⑤ 問われる・問われない）。

(エ) 平屋・低層・中高層の別は（⑥ 問われる・問われない）。

4 **構造上の独立性の判断**

(ア) 隔離する設備の存在が必要である。

(イ) 単にふすまや障子で仕切られているだけの場合，構造上の独立性は（⑦ ある・ない）。

(ウ) 巻き上げ式シャッターのように通常の利用においては遮閉しなくても，遮閉することが可能な設備である場合，構造上の独立性は（⑧ ある・ない）。

(エ) ガラスなどで仕切られ，外部から内部が見える場合，構造上の独立性は（⑨ ある・ない）。

(オ) 独立した物的支配に適する程度に他の部分と遮断され，その範囲が明確であることをもって足りる。周囲すべてが完全に遮閉されていることを（⑩ 要する・要しない）。

①構造　②利用　③される　④問われない　⑤問われない　⑥問われない　⑦ない　⑧ある　⑨ある　⑩要しない

34

5 利用上の独立性の判断

　㋐　隣室を通行しなければ外部や廊下へ出入りができないような建物の部分は，単独で専有部分と（⑪　なる・ならない）。

　㋑　内部の設備が使用目的に適した状態で具備されていることが必要である。

　㋒　当該建物内部に，共用設備など他人の具体的利用に供されるべき設備が存在して（⑫　よい・はならない）。

6 一棟の建物の全部が1人の所有に属する場合，その中に構造上および利用上独立する数個の部分が存在するとき，分譲または賃貸前において，各部分を区分所有権の目的と（⑬　できる・できない）。

7 区分所有権が成立するためには，建物の客観的な状態も考慮される。これ以外に，当事者の建物を区分して所有するという意思は必要と（⑭　なる・ならない）。

(2)　専有部分

8 専有部分とは，区分所有権の目的となっている建物の部分をいい，構造上の独立性と利用上の独立性を備え，かつ，規約共用部分とされて（⑮　いる・いない）建物の部分をいう。

9 地下または建物内の駐車場について，構造上区分され，利用上独立性がある場合で，共用設備が存在する地下駐車場であるときに，排他的使用によって共用設備に支障をきたすことがなければ（⑯　専有・共用）部分である。

(3)　共用部分

10 共用部分とは，（⑰　　）部分以外の建物の部分および（⑰　　）部分に属しない建物の（⑱　　）物のほか，本来専有部分となる部分であっても，（⑲　　）により共用部分とできるものも含む。

11 地下機械室に設置された給湯，暖房等のボイラーをはじめとする機械設備について，これらは，搬出・撤去の容易な動産であり，建物の附属物と（⑳　いえる・はいえない）。

12 共用部分（一部共用部分を除く）は，法定共用部分か規約共用部分かを問わず，区分所有者全員の共有に（㉑　属する・属さない）。

⑪
⑫
⑬
⑭
⑮
⑯
⑰
⑱
⑲
⑳
㉑

⑪ならない　⑫はならない　⑬できる　⑭なる　⑮いない　⑯専有　⑰専有　⑱附属　⑲規約　⑳はいえない　㉑属する

13 区分所有者の 1 人（原告）が，階下の天井裏を通っている排水管から発生した漏水事故につき階下の区分所有者に対し同排水管の修理を余儀なくされたことから，管理組合（被告）に対して，同排水管が区分所有者全員の共用部分であることの確認と同修理費用の求償を求めた事案について，判例では，(ｱ)点検・修理等のためには階下の居室に立ち入る必要があり，原告だけでそれを行うことは困難である，(ｲ)天井裏の空間は階下の専有部分に属する，ことを前提に，(ｳ)本件排水管は，その構造および設置場所に照らし（㉒ 専有・共用）部分である，としている。

14 管理室・管理人室について，管理人室（居住部分）が管理事務室（事務所部分）との一体的利用を予定され機能的に分離できない場合，利用上の独立性は（㉓ あり専有部分である・なく管理人室は管理事務室と共に共用部分である）。

15 専有部分に属する建物の附属物のみを規約によって共用部分と（㉔ できる・できない）。

16 管理所有者となった特定の区分所有者が死亡したり，その者の専有部分が譲渡されて，その者が区分所有者でなくなったときに，専有部分の承継人はその共用部分の所有者たる地位を（㉕ 受け継ぐ・受け継がない）。

17 区分所有者であり，かつ，管理者でもある者を規約によって共用部分の所有者と定めた場合に，その者が管理者の資格を失ったとき，原則として共用部分の管理所有者の地位を（㉖ 失う・失わない）。

18 一部共用部分（附属の建物を除く）で床面積を有するものがあるときは，その一部共用部分の床面積は，これを共用すべき各区分所有者の（㉗　　　）部分の（㉘　　　）の割合により配分して，各区分所有者の（㉗　　　）部分の（㉘　　　）に算入して計算する。

19 共用部分の管理について，規約に特別の定めがあるときは，共用部分を管理者の所有とすることが認め（㉙ られる・られない）。また管理者には，区分所有者以外の者（管理業者等）がなることが（㉚ できる・できない）ので，区分所有者以外の者でも所有（㉛ できる・できない）。

20 専有部分の床面積は，壁その他の区画の（㉜　　　）線で囲まれた部分の水平投影面積によることとされるが，規約により，壁その他の区画の中心線とすることが（㉝ できる・できない）。

㉒共用　㉓なく管理人室は管理事務室と共に共用部分である　㉔できない　㉕受け継がない　㉖失う　㉗専有　㉘床面積　㉙られる　㉚できる　㉛できる　㉜内側　㉝できる

21　共用部分の持分は，区分所有法に別段の定めがある場合を除き，専有部分と分離して処分（㉞ できる・できない）。

㉞ _____

22　一部共用部分の管理については，これを共用すべき（㉟　　　）のみが行うものと，一定の場合，（㉟　　　）全員で行うものとがある。

㉟ _____

23　各共有者は，規約に別段の定めがない限り，その（㊱　　　）に応じて共用部分に関する費用を負担する。共用部分に利益があったときは，（㊱　　　）に応じて取得する。

㊱ _____

24　管理費の半分以上がエレベーター関連に使用されているマンションにおいて，1階部分の区分所有者の管理費と2階以上のそれとを区別せずに，一律に専有部分および専用使用部分の面積に応じて管理費を算定していた事例について，合理的な方法として（㊲ 認められる・認められない）。

㊲ _____

25　専有部分が譲渡担保権の目的となっている場合，管理費は譲渡担保権者が負担（㊳ する・しない）。

㊳ _____

26　共用部分から生じた利益について，区分所有者に分配せずに，規約や集会の決議に基づいて管理費用に充当したり，次年度への繰越処理をすることは，（㊴ 認められる・認められない）。

㊴ _____

27　管理所有者は，共用部分の重大な変更が（㊵ できる・できない）。

㊵ _____

28　区分所有者等は，債務者の区分所有権（不動産）および建物に備え付けた動産の上に，先取特権を（㊶ 有する・有しない）。

㊶ _____

29　債権を有する者は，債務者たる区分所有者の特定承継人に対して，その権利を行使（㊷ できる・できない）。

㊷ _____

(4) 共用部分の管理等

30　保存行為は，各区分所有者が単独で（㊸ できる・できない）。また，規約で別段の定めは（㊹ できる・できない）。

㊸ _____

㊹ _____

31　共用部分の保存行為とは，共用部分の滅失・損傷を防止して現状の維持を図る行為であり，月々の管理費でまかなえる範囲内のものをさす。修繕積立金を取り崩す必要がある修繕や分担金を要する修繕は（㊺ 保存行為・狭義の管理）に属する。

㊺ _____

㉞できない　㉟区分所有者　㊱持分　㊲認められる　㊳する　㊴認められる　㊵できない　㊶有する　㊷できる　㊸できる　㊹できる　㊺狭義の管理

㉜　共用部分についての住宅火災保険，地震保険，施設賠償責任保険等の損害保険契約は，「狭義の管理」に関する事項とみなされ，規約でこの事項と異なる定めは（㊻　できる・できない）。

㉝　共用部分の変更（その形状・効用の著しい変更を伴わないものを除く）を行うためには，区分所有者および議決権の各（㊼　　　）分の（㊽　　　）以上の多数による集会の決議が必要であるが，区分所有者の定数は，規約で（㊾　　　）まで減ずることができる。

㉞　階段室をエレベーター室に変えたり，集会室を廃止して賃貸店舗に転用する行為は，上記㉝の変更に（㊿　当たる・当たらない）。

㉟　階段室に手すりを設けたり，集会室を集会以外の目的でも使用させることを認めたり，大規模修繕工事を含む共用部分の改良行為（給水管・排水管の全部または一部の交換・増設や，エレベーターの交換等）は，上記㉝の変更に（51　当たる・当たらない）。

㊱　共用部分の変更の可否についての集会の決議は，個々の変更ごとに各別に（52　行う必要はなく・行わなければならず），変更の可否を一括して決議することは（53　できる・できない）。

㊲　共用部分を専有部分とすることは，共用関係の廃止（共用部分の処分）に（54　当たる・当たらない）。

㊳　共用部分である廊下の一部を改造して専有部分としたり分譲したりすることは，共用部分の変更で（55　ある・はない）。

㊴　屋上に更に一階を増築してこれを専有部分とすることは，共用部分たる屋上空間の廃止に（56　当たる・当たらない）。

㊵　建物の設置・保存に瑕疵があることで他人に損害が生じた場合，その瑕疵は，（57　　　）部分の設置・保存にあるものと（58　みな・推定）され，区分所有者全員で賠償責任を（59　負う・負わない）。

(5) 敷地利用権

㊶　敷地利用権を有しない区分所有者がある場合，その専有部分の収去を請求する権利を有する者は，その区分所有者に対し，区分所有権を時価で（60　　　）べきことを請求できる。

㊷　敷地利用権の対象となる「建物の敷地」には，一棟の建物が所在する土地（法定敷地）および規約敷地があるが，道路を隔てて存する駐車場は規約により敷地と（61　できる・できない）。

㊻できない　㊼4　㊽3　㊾過半数　㊿当たる　51当たらない　52行わなければならず　53できない　54当たる　55はない　56当たる　57共用　58推定　59負う　60売り渡す　61できる

43 敷地利用権は，原則として専有部分と分離して処分することが（62 できる・できない）。

　　また，規約で専有部分と分離処分できる旨を定めることが（63 できる・できない）。

44 時効取得，不動産の先取特権の成立については，上記43の処分に該当（64 する・しない）。

45 敷地利用権が，不動産登記法に定める敷地権として登記された後，専有部分と敷地利用権が分離処分された場合，当該処分は（65 有効・無効）である。また，処分により取得した者は，善意である旨を主張することが（66 できる・できない）。

46 区分所有者が数個の専有部分を所有するときは，各専有部分に係る敷地利用権の割合は，原則として建物の（67　　　　）部分の（68　　　　）に応じた割合となる。また，規約によりこの割合と異なる割合を定めることが（69 できる・できない）。

62 _____

63 _____

64 _____

65 _____

66 _____

67 _____

68 _____

69 _____

過去問に　チャレンジ！　＜▽令和4年第1問改題＞

　専有部分のある建物の敷地は，「共用部分」で（㋐ ある・ない）。

㋐ _____

過去問に　チャレンジ！　＜▽平成21年第1問改題＞

　建物が所在する土地が一筆のうちの一部である場合，法律上当然に一筆全体が建物の敷地と（㋑ なる・ならない）。

㋑ _____

過去問に　チャレンジ！　＜㊤平成19年第35問改題＞

　敷地利用権は，数人で有する所有権（共有）で（㋒ なければならない・なくてもよい）。

㋒ _____

62できない　63できる　64しない　65無効　66できない　67専有　68床面積　69できる
㋐ない　㋑なる　㋒なくてもよい

2 | 管理者・管理組合法人

(1) 管理者

1　区分所有者は，全員で（①　　　）を構成し，（②　　　）を開き，（③　　　）を定め，管理者を（④ 置くことができる・置かなければならない）。

2　管理者には資格制限が（⑤ ある・ない）。よって，補助開始の審判を受けた者（被補助人）は，管理者に選任（⑥ できる・できない）。

3　管理者は，区分所有者以外のものから選任できる。また，自然人に限らず，法人を管理者として選任（⑦ できる・できない）。

4　管理者は，（⑧　　　）または（⑨　　　）の決議により，その職務に関して区分所有者のために，原告または被告になることが（⑩ できる・できない）。規約により，原告または被告になった場合，遅滞なく，（⑪　　　）にその旨を（⑫　　　）しなければならない。

5　管理者がその職務の範囲内で第三者とした行為の効果は，区分所有者に帰属（⑬ する・しない）。また，規約で管理者の代理権に制限を加えた場合，これを善意の第三者に対抗（⑭ できる・できない）。

6　管理者が，その職務の範囲内において，第三者との間にした行為について，各区分所有者がその責めに任ずべき割合は，その有する（⑮　　　）部分の（⑯　　　）の割合による。しかし，規約で建物ならびにその敷地および附属施設の管理に要する経費につき，負担割合が定められているときは，その負担割合による。

7　区分所有法および規約に定めるもののほか，管理者の権利義務は，民法に定めるところの（⑰　　　）の規定が準用される。したがって，管理者が後見開始の審判を受けた場合，委任契約は終了（⑱ する・しない）。

8　管理者は，個々の区分所有者の請求に対して，直接報告をする義務を負担すべき（⑲ である・とはいえない）。

---

①管理組合　②集会　③規約　④置くことができる　⑤ない　⑥できる　⑦できる　⑧規約　⑨集会　⑩できる
⑪区分所有者　⑫通知　⑬する　⑭できない　⑮専有　⑯床面積　⑰委任　⑱する　⑲とはいえない

(2)　管理組合法人

9　区分所有者および議決権の各（⑳　　　）以上の多数の集会の決議で法人となる旨，その名称・事務所を定めて，その（㉑ 各・主たる）事務所の所在地で，（㉒　　　）をすれば，管理組合は法人となることができる。

10　財産目録・区分所有者名簿

(ア)　管理組合法人は，設立の時および毎年（㉓ 1月から3月まで・2月から4月まで）の間に財産目録を作成し，常にこれをその主たる事務所に備え置かなければならない。ただし，特に事業年度を設けるものは，設立の時および毎事業年度の終了の時に財産目録を作成しなければならない。

(イ)　管理組合法人は，（㉔　　　）を備え置き，区分所有者の変更があるごとに必要な変更を加えなければならない。

11　管理組合法人には，理事と監事を（㉕ 置かなければならない・置くことができる）。

12　管理組合法人には，管理者を（㉖ 選任しなければならない・選任できない）。

13　管理組合法人・理事の代理権に加えた制限は，善意の第三者に対抗（㉗ できる・できない）。

14　理事は，規約または集会の決議によって禁止されていない場合，特定の行為の代理を他人に委任（㉘ できる・できない）。

15　理事が数人ある場合の管理組合法人の事務について，規約に別段の定めがないときは，理事の（㉙ 過半数・$\frac{3}{4}$以上）で決する。

16　理事が数人あるときは，原則として（㉚　　　）が管理組合法人を代表する。

17　監事は，理事または管理組合法人の使用人と兼ねることが（㉛ できる・できない）。

18　理事の任期は（㉜　　　）年であるが，規約で（㉝　　　）年以内において別段の期間を定めた場合その期間となる。したがって，任期を4年と定めることが（㉞ できる・できない）。

---

⑳$\frac{3}{4}$　㉑主たる　㉒（法人）登記　㉓1月から3月まで　㉔区分所有者名簿　㉕置かなければならない
㉖選任できない　㉗できない　㉘できる　㉙過半数　㉚各自　㉛できない　㉜2　㉝3　㉞できない

19　仮理事の選任

　理事が欠けた場合，事務が遅滞することにより損害を生ずるおそれがあるときは，裁判所は，利害関係人または検察官の請求により，仮理事を選任（㉟　しなければならない・することができる）。

20　解散した管理組合法人の財産は，（㊱　規約に別段の定めがある場合を除いて・必ず），14条に定める割合（共用部分の持分の割合）と同一の割合で各区分所有者に帰属する。

㉟

㊱

過去問にチャレンジ！　　　　　＜㊦令和5年第34問改題＞

1　管理組合法人において，規約で，数人の理事のみが共同して管理組合法人を代表する旨を定めることは（㋐　できる・できない）。

2　管理組合法人において，理事の任期を，規約で（㋑　3・5）年と定めることができる。

3　管理組合法人の成立前の集会の決議，規約および管理者の職務の範囲内の行為は，成立後の管理組合法人について効力を（㋒　生ずる・生じない）。

4　管理組合法人の代表理事に管理者を兼任させることが（㋓　できる・できない）。

㋐

㋑

㋒

㋓

㉟しなければならない　㊱規約に別段の定めがある場合を除いて
㋐できる　㋑3　㋒生ずる　㋓できない

3 | 集会および規約

1 管理者（管理組合法人では，「理事」をいう。以下同じ）が選任されている場合，（①　　　　）は，少なくとも毎年（②　　　　）回集会を招集しなければならない。

2 区分所有者の（③　　　　）以上で議決権の（④　　　　）以上を有する者は，管理者に対し，集会の招集を請求できる。この定数は，規約によって減ずることが（⑤　できる・できない）。増やすことは（⑥　できる・できない）。

3 集会（建替え決議を会議の目的とするものを除く）の招集通知は，会日より少なくとも（⑦　　　　）週間前に，（⑧　　　　）を示して，各区分所有者に発しなければならない。この期間は，規約で伸長することも短縮することも（⑨　できる・できない）。

4 集会の招集の通知は，区分所有者が管理者に対して通知を受けるべき場所を通知したときは，その（⑩　　　　）に，これを通知しなかったときは，区分所有者の所有する（⑪　　　　）が所在する場所にあててすれば足りる。この通知は，通常それが（⑫　　　　）すべき時に（⑬　　　　）したものとみなされる。

5 集会において，規約に別段の定めがある場合および別段の決議をした場合を除いては，（⑭　　　　）または集会を招集した（⑮　　　　）の1人が議長となる。

6 管理者は，集会において，毎年（⑯　　　　）回一定の時期に，その事務に関する報告をしなければならないが，これは，（⑰　強行・任意）規定であり，規約でその適用を排除（⑱　できる・できない）。

7 占有者は，会議の目的たる事項につき利害関係を有する場合，集会に出席して意見を述べることが（⑲　できる・できない）。また，占有者は議決権を有して（⑳　いる・いない）ので，これを行使（㉑　できる・できない）。

①
②
③
④
⑤
⑥

⑦
⑧
⑨

⑩
⑪
⑫
⑬

⑭
⑮

⑯
⑰
⑱

⑲
⑳
㉑

---

①管理者　②1　③$\frac{1}{5}$　④$\frac{1}{5}$　⑤できる　⑥できない　⑦1　⑧会議の目的たる事項　⑨できる
⑩通知していた場所　⑪専有部分　⑫到達　⑬到達　⑭管理者　⑮区分所有者　⑯1　⑰強行　⑱できない
⑲できる　⑳いない　㉑できない

⑧　⑦の利害関係について，

(ア)　専有部分の居住目的以外の使用禁止やペットの飼育禁止について集会で決議をする場合，利害関係を（㉒ 有する・有しない）。

(イ)　共用部分の大規模修繕や管理費の増額について集会で決議する場合，利害関係を（㉓ 有する・有しない）。

⑨　建物またはその敷地もしくは附属施設の管理または使用に関する区分所有者相互間の事項は，区分所有法に定めるもののほか，（㉔　　　）以外の者の権利を害さない範囲で，（㉕　　　）で定めることができる。

⑩　区分所有者相互間の所有権に関わるもの（専有部分，共用部分等の範囲および権利など）や管理に関わるもの（費用の負担，管理者の選任・解任および職務など）の効力は，占有者に（㉖ 及ぶ・は及ばない）。賃借人に対して，管理費等の支払義務を規約や集会の決議で義務付けた場合，その効力は（㉗ 生じる・生じない）。

⑪　最初に建物の専有部分の全部を所有する者は，（㉘ 公正証書・書面）により，次の4つについての規約を設定できる。

(ア)　（㉙　　　）に関する定め

(イ)　（㉚　　　）に関する定め

(ウ)　敷地利用権の（㉛　　　）ができる旨の定め

(エ)　敷地利用権の（㉜　　　）

⑫　規約が変更された場合，区分所有権を譲渡により取得した者に対する当該変更についての規約の効力は，当該変更が譲渡の（㉝ 前に限り・前後を問わず）及ぶ。

⑬　規約は，（㉞　　　）〈（㉞　　　）がいない場合は，建物を使用している区分所有者またはその代理人で規約や集会の決議で定められた者〉が保管しなければならない。

⑭　区分所有法または規約により集会で決議をすべき場合，区分所有者の（㉟ $\frac{3}{4}$ 以上・全員）の書面・電磁的方法による合意があったときは，書面・電磁的方法による決議があったものとみなされる。この場合，当該書面または電磁的方法による書面・電磁的記録については，規約と同様に保管・閲覧をさせる（㊱ 必要がある・必要はない）。

⑮　規約の（㊲　　　）は，建物内の見やすい場所に掲示しなければならない。

㉒有する　㉓有しない　㉔区分所有者　㉕規約　㉖は及ばない　㉗生じない　㉘公正証書

㉙・㉚規約共用部分，規約敷地（順不同）　㉛分離処分　㉜持分割合　㉝前後を問わず　㉞管理者　㉟全員

㊱必要がある　㊲保管場所

4 義務違反者に対する措置

(1) 措置の方法

1　区分所有者または占有者が共同の利益に反する行為をした場合，他の各区分所有者は，差止請求を単独ですることが（① できる・できない）。当該差止請求を裁判上で行う場合は，区分所有者および議決権の各（②　　　）による集会の決議によらなければならない。

2　区分所有者が共同の利益に反する行為をした場合，区分所有者へ使用禁止を請求するためには，区分所有者および議決権の各（③　　　）以上の多数による集会の決議によらなければならないが，当該請求は必ず（④　　　）をもって行う必要がある。

3　専有部分を複数の区分所有者で共有している場合，（⑤ 使用禁止の判決を受けた区分所有者の使用のみ・共有している区分所有者全員の使用）が禁止される。家族や使用人等の占有補助者・占有機関による使用は禁止（⑥ される・されない）。

4　共同利益背反行為者自身も，上記2の決議において議決権を行使（⑦ できる・できない）。

5　使用禁止の判決を受けた区分所有者は，当該専有部分を第三者に譲渡（⑧ できる・できない）し，第三者に賃貸して使用させることも（⑨ できる・できない）。

6　使用禁止の判決を受けた区分所有者は，区分所有権は失わない。専有部分の使用が禁止されている間は，管理費の負担など区分所有者としての義務を免れることは（⑩ できる・できない）。

7　使用禁止の判決を受けた区分所有者は，使用禁止中，空気を入れ替えたり，防カビ・防虫の措置を講じるなど専有部分の維持・管理のために必要な範囲での専有部分への立入りが（⑪ できる・できない）。

①_____

②_____

③_____

④_____

⑤_____

⑥_____

⑦_____

⑧_____

⑨_____

⑩_____

⑪_____

---

①できる　②過半数　③$\frac{3}{4}$　④訴え　⑤使用禁止の判決を受けた区分所有者の使用のみ　⑥される
⑦できる　⑧できる　⑨できる　⑩できない　⑪できる

⑫
⑬
⑭

⑧　共同の利害に著しく反する行為をした者等の義務違反者がいる場合，他の方法によっては，区分所有者の共同生活の維持を図ることが困難なときは，他の区分所有者の全員および管理組合法人は，区分所有者および議決権の各（⑫　　　　）以上の集会の決議に基づき，（⑬　　　　）をもって，義務違反者の区分所有権および敷地利用権の競売を請求できる。この規定について，規約で別段の定めは（⑭　できる・できない）。

⑮

⑨　競売の請求に対して判決をするには，口頭弁論終結時において共同利益背反行為者が当該区分所有権を有していることが必要であるが，すでにこれを第三者に譲渡していた場合，当事者適格を（⑮　欠くことはない・欠き訴えは却下される）。

⑯
⑰
⑱

⑩　占有者が，共同の利益に反する行為を行った場合，区分所有者の全員または管理組合法人は，集会の決議に基づき，（⑯　　　　）をもって，当該占有者の賃貸借契約を（⑰　　　　）し，専有部分の（⑱　　　　）を請求できる。

⑲

⑪　管理組合法人が，共同の利益に反する行為をした占有者に対して，占有者が使用している専有部分の契約解除および引渡請求の訴えを提起する場合，（⑲　その賃貸人である区分所有者・理事）が当該管理組合法人を代表して行う。

⑳

⑫　上記⑩の場合の請求の相手方は，占有権原のある占有者であるとき，専有部分の区分所有者と占有者の（⑳　両者・いずれか）である。

㉑

⑬　上記⑩の場合の請求の相手方は，転借人であるとき，転貸人と転借人を共同被告とすべきであるが，原貸主たる区分所有者は，被告と（㉑　なる・はならない）。

㉒

⑭　上記⑩の場合の判決確定後の手続は，占有権原のある占有者であるとき，貸主たる区分所有者と借主たる占有者とを共同被告としてその契約の解除を求めると共に，占有者に対して当該専有部分を（㉒　貸主・原告）たる区分所有者に引き渡すことを求める。

㉓

⑮　上記⑩の場合の判決確定後の手続は，無権原占有者であるとき，当該占有者（㉓　のみ・および占有されている区分所有者）を被告として，当該専有部分の引渡しを求める。

㉔

⑯　上記⑩の場合の引渡し請求等を決する集会の決議において，当該専有部分の区分所有者は，共同被告となっているかどうかを問わず，議決権を（㉔　有する・有しない）。

---

⑫$\frac{3}{4}$　⑬訴え　⑭できない　⑮欠き訴えは却下される　⑯訴え　⑰解除　⑱引渡し　⑲理事　⑳両者
㉑はならない　㉒原告　㉓のみ　㉔有する

17 上記10の場合の引渡請求等を決する集会の決議において，当該専有部分の区分所有者を共同被告とする場合，当該区分所有者に対し，弁明の機会を与える必要は（㉕ ある・ない）。

18 上記10の場合の判決後の専有部分の引渡しを受けた者は，その後遅滞なく，それを占有する権原を有する者，すなわち当該専有部分の所有者〈転貸借の場合は（㉖ 専有部分の所有者・転貸人）〉に引き渡さなければならない。

㉕ _____

㉖ _____

過去問にチャレンジ！　＜マ平成22年第10問改題＞

　組合員Ａの甥Ｂが酒を飲み過ぎて錯乱し，金属バットで共用部分である玄関ドアを破損させた。ＢがＡからマンションを借りて居住している場合には，Ｂは，管理組合に対してドアの原状回復義務を（⑦ 負う・負わない）。

⑦ _____

過去問にチャレンジ！　＜マ平成24年第26問改題＞

　甲マンションの301号室は，区分所有者Ａが賃借人Ｂに賃貸し，Ｂから転借人Ｃに転貸されている。この場合におけるＣの共同利益背反行為に対する管理者の区分所有法第60条の規定に基づく契約の解除および301号室の引渡しを請求する勝訴判決が確定した後，Ｃが共同利益背反行為を中止したとき，Ｃは，301号室を引き渡す必要（① がある・はない）。

① _____

㉕ない　㉖転貸人　⑦負う　①がある

5 区分所有建物の復旧・建替え

(1) 復旧

1 建物の価格の $\frac{1}{2}$ 以下に相当する部分が滅失（小規模滅失）したときは，各区分所有者は，滅失した共用部分および自己の専有部分を復旧（① できる・できない）。

2 小規模滅失した場合，各区分所有者は，滅失した共用部分について，復旧決議，建替え決議または団地内の建物の（②　　　）決議がなされるまでの間，単独で復旧（③ できる・できない）。なお，この復旧の決議は，区分所有者および議決権の各（④　　　）の賛成により成立する。

3 小規模滅失の場合の復旧工事の手続は，規約で別段の定めが（⑤ できる・できない）。

4 専有部分が滅失した場合，当該滅失が建物価格の $\frac{1}{2}$ を超えるか否かに係わらず，当該復旧決議の区分所有者は，他の区分所有者の同意を（⑥ 得て・得ることなく），自ら費用を負担して単独で，復旧工事ができる。

5 自己の専有部分は，復旧決議に関係なく，単独で復旧工事が（⑦ できる・できない）。

6 大規模滅失の復旧決議があった場合，その決議の日から（⑧　　　）週間を経過したときは，一定の場合を除き，決議（⑨ 反対者・賛成者）は，決議（⑩ 賛成者・反対者）に対し，建物およびその敷地に関する権利を時価で（⑪ 売り渡す・買い取る）べきことを請求できる。

(2) 建替え

7 建替え決議は，集会において，区分所有者および議決権の各（⑫　　　）以上の多数により行うことができるが，この定数は，規約によって別段の定めが（⑬ できる・できない）。

8 建替え決議においては，「再建建物の設計の（⑭　　　）に関する事項」を定めなければならない。

①できる　②一括建替え　③できる　④過半数　⑤できる　⑥得ることなく　⑦できる　⑧２　⑨反対者　⑩賛成者
⑪買い取る　⑫ $\frac{4}{5}$ 　⑬できない　⑭概要

⑨　建替え決議においては,「再建建物の区分所有権の（⑮　　　）に関する事項」を定めなければならない。

⑩　建替え決議においては,「建物の取壊しおよび再建建物の建築に要する費用の（⑯　　　）ならびに費用の分担に関する事項」を定めなければならない。

⑪　建替え決議後,集会を招集した者は,遅滞なく,建替え決議に参加しなかった区分所有者（その承継人を含む）に対して,建替えに参加するか否かを回答すべき旨を（⑰　口頭・書面）で催告しなければならないが,当該催告日から（⑱　　　）ヵ月以内に回答しなかった区分所有者は,建替えに参加（⑲　する・しない）旨を回答したものとみなされる。

⑫　上記⑪の場合の撤回の可否について,

（ア）いったん不参加の回答をした者は,回答期間内であれば,これを撤回して新たに参加の回答をすることが（⑳　できる・できない）。

（イ）いったん参加の回答をした者は,参加の回答を撤回（㉑　できる・できない）。

⑬　いったん建替え決議に賛成した者や,いったん参加の回答をした者は,建替え決議に拘束され,事業に協力する義務を負うが,自己の区分所有権等を第三者に譲渡（㉒　できる・できない）。

⑭　集会を招集した者は,建替えに参加するか否か回答すべき旨を催告しなければならず,この催告日から（㉓　　　）ヵ月の期間が経過し,その期間満了日からさらに（㉔　　　）ヵ月以内に,その者の区分所有権および敷地利用権を時価で（㉕　　　）よう請求できる。

⑮　建替え決議の日から（㉖　　　）年以内に,正当理由なく,建物の取壊しの工事に着手しない場合,区分所有権または敷地利用権を売り渡した者は,この期間の満了日から（㉗　　　）ヵ月以内に,買主が支払った代金に相当する金銭をその区分所有権または敷地利用権を現在有する者に提供して,これらの権利を（㉘　　　）べきことを請求できる。

⑯　区分所有権または敷地利用権を買い受けた各買受指定者（これらの者の承継人を含む）は,建替え決議の内容により建替えを（㉙　行う・行わない）旨の合意をしたものとみなされる。

| ⑮ |
| ⑯ |
| ⑰ |
| ⑱ |
| ⑲ |
| ⑳ |
| ㉑ |
| ㉒ |
| ㉓ |
| ㉔ |
| ㉕ |
| ㉖ |
| ㉗ |
| ㉘ |
| ㉙ |

⑮帰属　⑯概算額　⑰書面　⑱2　⑲しない　⑳できる　㉑できない　㉒できる　㉓2　㉔2　㉕売り渡す　㉖2　㉗6　㉘売り渡す　㉙行う

6 団　地

(1)　団地建物所有者の団体

1　団地管理組合は，一団の土地の区域内に数棟の建物があって，その団地内の（①　　　）または（②　　　）が，それらの建物の所有者（専有部分のある建物にあっては，区分所有者）の共有に属する場合に成立する。この（①　　　）については，「一筆」のみに（③ 限定される・限定されない）。

　　なお，団地内の数棟の建物が区分所有建物である場合，区分所有建物ごとに棟管理組合が成立（④ する・しない）。また，この場合，（⑤　　　）管理組合と（⑥　　　）管理組合とが成立する。

2　団地管理組合が成立する団地内の数棟の建物は，区分所有建物である（⑦ 必要がある・必要はない）。たとえば，1戸建ての住宅団地に管理組合は成立（⑧ する・しない）。この場合，住宅の所有者全員で道路・集会所・テニスコート等を共有していれば，団地管理組合は成立（⑨ する・しない）ので，それらの管理について区分所有法が適用（⑩ される・されない）。

(2)　団地管理と区分所有に関する規定との関係

3　団地の管理には，建物の区分所有に関する規定の一部が準用（⑪ される・されない）。

　　他方，敷地利用権，管理所有，共用部分の持分の割合，義務違反者に対する措置ならびに復旧および建替え等については，準用（⑫ されない・される）。

(3)　団地内建物の建替え承認決議

4　団地内建物の全部・一部が専有部分のある建物であり，かつ，その団地内の特定建物の所在する土地（これに関する権利を含む）が当該団地内建物の団地建物所有者の共有に属する場合

①土地　②附属施設　③限定されない　④する　⑤・⑥団地全体の，棟（順不同）　⑦必要はない　⑧する　⑨する
⑩される　⑪される　⑫されない

次の場合で当該土地（これに関する権利を含む）の団地管理組合・団地管理組合法人の集会において（⑬　　　　）の（⑭　　　　）以上の多数による建替え承認決議を得たとき

(ア)　特定建物が専有部分のある建物である場合，その建替え決議またはその区分所有者の全員の同意があること。

(イ)　特定建物が専有部分のある建物以外の建物である場合，その所有者の同意があること。

　特定建物の団地建物所有者は，特定建物を取り壊し，かつ，当該土地またはこれと一体として管理・使用をする団地内の土地（当該団地内建物の団地建物所有者の共有に属するものに限る）に新たに建物を建築できる。

(4)　団地内の建物の一括建替え決議

⑤　次の場合，団地内建物の団地管理組合・団地管理組合法人の集会で，団地内建物の（⑮　　　　）の各（⑯　　　　）以上の多数で団地内建物につき一括して，その全部を取り壊し，かつ，団地内建物の敷地（これに関する権利を除く。以下同じ）やその一部の土地または団地内建物の敷地の全部・一部を含む土地（再建団地内敷地）に新たに建物を建築する旨の決議（一括建替え決議）ができる。

(ア)　団地内建物の全部が専有部分のある建物であること。

(イ)　団地内建物の敷地（団地内建物が所在する土地および規約により団地内建物の敷地とされた土地をいい，これに関する権利を含む）が当該団地内建物の区分所有者の共有に属すること。

(ウ)　団地内建物について団地規約が定められていること。

　ただし，この集会で，各団地内建物ごとに，それぞれその区分所有者および議決権の各（⑰　　　　）以上のものがその一括建替え決議に賛成した場合でなければならない。

⑬議決権　⑭$\frac{3}{4}$　⑮区分所有者および議決権　⑯$\frac{4}{5}$　⑰$\frac{2}{3}$

1 区分所有建物の全部が滅失した場合の措置

1 敷地共有者等の集会等

大規模な火災・震災等の災害で，政令で定めるものにより専有部分が属する一棟の建物の全部が滅失した場合（その災害により区分所有建物の一部が滅失した場合（復旧等の場合を除く），当該区分所有建物が取壊し決議または区分所有者全員の同意に基づき取り壊されたときを含む）において，その建物に係る敷地利用権が数人で有する所有権等の権利であったときは，その権利（「敷地共有持分等」という）を有する者（「敷地共有者等」という）は，その政令施行日から（①　　　　）が経過する日までの間は，当該法の定めるところにより，集会を開き，および管理者を置くことができる。

2 敷地共有者等が置く管理者および敷地共有者等集会に関する区分所有法の準用等

(ア) 議事録等は，（②　　　　）が保管しなければならない。ただし，（②　　　　）がないときは，敷地共有者等またはその代理人で敷地共有者等集会の決議で定めるものが保管しなければならない。

(イ) （②　　　　）がないときは，議決権の $\frac{1}{5}$ 以上を有する敷地共有者等は，敷地共有者等集会を招集できる。

(ウ) 各敷地共有者等の議決権は，（③　　　　）の価格の割合による。

(エ) 敷地共有者等集会の議事は，当該法に別段の定めがない限り，議決権の（④　　　　）で決する。

3 掲示による招集通知

敷地共有者等集会を招集する者が，敷地共有者等（招集通知を受けるべき場所を通知したものを除く）の所在を知ることができない場合，招集通知は，滅失した区分所有建物に係る建物の（⑤　　　　）内の見やすい場所に掲示してできる。

①3年　②管理者　③敷地共有持分等　④過半数　⑤敷地

4　再建決議

　　敷地共有者等の集会においては，敷地共有者等の議決権の（⑥
　　　　）以上の多数の賛成で，建物の再建を決議（「再建決議」とい
う）することができる。

5　敷地売却決議

　　敷地共有者等集会においては，敷地共有者等の議決権の（⑦
　　　　）以上の多数で，敷地共有持分等に係る土地（これに関する権利
を含む）を売却する旨の決議（「敷地売却決議」という）ができる。
この敷地売却決議においては，次の事項を定めなければならない。
　　ⓐ　売却の相手方となるべき者の氏名・名称
　　ⓑ　売却による代金の見込額

過去問にチャレンジ！

＜マ令和 3 年第11問＞

1　敷地共有等の集会において，決議手続きや説明会の開催等
　　について規約を定めることが（㋐ できる・できない）。
2　区分所有建物の全部が滅失した場合，区分所有建物におい
　　て管理者として定められていた者は，敷地共有者等によって
　　管理者と定められていなくても，再建決議をするための集会
　　を招集することが（㋑ できる・できない）。

過去問にチャレンジ！

＜マ平成26年第11問＞

　　マンションの建物の全部が滅失した場合における「敷地売却
決議」は，敷地共有者等集会において，敷地共有者等の議決権
の（㋒ $\frac{3}{4}$・$\frac{4}{5}$）以上の多数でしなければならない。

⑥ $\frac{4}{5}$　　⑦ $\frac{4}{5}$　　　㋐できない　㋑できない　㋒ $\frac{4}{5}$

⑥＿＿＿＿＿＿＿＿＿＿

⑦＿＿＿＿＿＿＿＿＿＿

㋐＿＿＿＿＿＿＿＿＿＿

㋑＿＿＿＿＿＿＿＿＿＿

㋒＿＿＿＿＿＿＿＿＿＿

2 ｜ 区分所有建物の一部が滅失した場合の措置

1 区分所有者集会の特例

　政令指定災害により，区分所有建物の一部が滅失した場合，区分所有者は，その政令施行日から（①　　　）を経過する日までの間は，当該法および区分所有法の定めるところにより，区分所有者集会（区分所有法34条の規定による集会）を開くことができる。

2 区分所有者集会の招集通知に関する特例

(ア)　政令施行日から（②　　　）以内の日を会日とする区分所有者集会を招集する場合，集会招集の通知（区分所有法35条1項）については，通知場所（同3項）と掲示による通知（同4項）の規定は，適用されない。

(イ)　集会招集の通知は，区分所有者が，政令指定災害が発生した時以後に管理者に対して通知を受けるべき場所を通知した場合，その場所に宛ててすれば足りる。この場合，この通知は，通常それが（③　　　）に到達したものとみなされる。

(ウ)　集会招集の通知をする場合，会議の目的たる事項が，次の決議事項であるときは，その（④　　　）をも通知しなければならない。

　ⓐ　建物敷地売却決議

　ⓑ　建物取壊し敷地売却決議

　ⓒ　取壊し決議

3 建物敷地売却決議

(ア)　上記 1 の場合，区分所有建物に係る敷地利用権が数人で有する所有権その他の権利であるときは，区分所有者集会において，区分所有者，議決権および当該敷地利用権の持分の価格の各（⑤　　　）以上の多数で，当該区分所有建物およびその敷地（これに関する権利を含む）を売却する旨の決議（「建物敷地売却決議」という）ができる。

(イ)　区分所有者集会を招集した者は，当該区分所有者集会の会日より少なくとも（⑥　　　）までに，当該招集の際に通知すべき事項について，区分所有者に対し説明を行うための説明会を開催しなければならない。

---

　①1年　②1年　③到達すべき時　④議案の要領　⑤$\frac{4}{5}$　⑥1ヵ月前

(ｳ)　建物敷地売却決議をした区分所有者集会の議事録には，その決議についての各区分所有者の（⑦　　　　）をも記載し，または記録しなければならない。

4　建物取壊し敷地売却決議

(ｱ)　前記3(ｱ)の場合，区分所有者集会において，区分所有者，議決権および敷地利用権の持分の価格の各（⑧　　　　）以上の多数で，当該区分所有建物を取り壊し，かつ，これに係る建物の敷地（これに関する権利を含む）を売却する旨の決議（「建物取壊し敷地売却決議」という）ができる。

(ｲ)　建物取壊し敷地売却決議においては，次の事項を定めなければならない。

ⓐ　区分所有建物の（⑨　　　　）に要する費用の概算額

ⓑ　費用の分担に関する事項

ⓒ　建物の敷地の売却の相手方となるべき者の氏名・名称

ⓓ　建物の敷地の売却による代金の見込額

5　取壊し決議

(ｱ)　前記1の場合，区分所有者集会において，区分所有者および議決権の各（⑩　　　　）以上の多数で，当該区分所有建物を取り壊す旨の決議（「取壊し決議」という）ができる。

(ｲ)　取壊し決議においては，次の事項を定めなければならない。

ⓐ　区分所有建物の（⑨　　　　）に要する費用の概算額

ⓑ　費用の分担に関する事項

6　取壊し決議に関する一定規定の準用の例

取壊し決議があったときは，集会を招集した者は，遅滞なく，取壊し決議に賛成しなかった区分所有者（その承継人を含む）に対し，一定の場合を除き，取壊し決議の内容により取壊しに参加するか否かを回答すべき旨を（⑪　　　　）で催告しなければならない。

過去問にチャレンジ！　　＜⑦平成26年第11問＞

マンションの建物の一部が滅失した場合における建物の「取壊し決議」は，区分所有者集会において，（⑦ 区分所有者および議決権・区分所有者，議決権および敷地利用権の持分の価格）の各 $\frac{4}{5}$ 以上の多数でしなければならない。

右欄メモ：
⑦
⑧
⑨
⑩
⑪
⑦

⑦賛否　⑧$\frac{4}{5}$　⑨取壊し　⑩$\frac{4}{5}$　⑪書面　⑦区分所有者および議決権

3 団地内の建物が滅失した場合の措置

1 団地建物所有者等集会等

　一団地内にある数棟の建物（「団地内建物」という）の全部または一部が区分所有建物であり，かつ，その団地内の土地（これに関する権利を含む）が当該団地内建物の所有者（区分所有建物では，区分所有者）の共有に属する場合，政令指定災害によりその団地内の全部または一部の建物が滅失した（取壊し決議や区分所有者全員の同意に基づき取り壊された）ときは，当該団地内建物の所有者，敷地共有者等および区分所有建物以外の建物であって，その災害により滅失したものの所有に係る建物の敷地に関する権利を有する者（「団地建物所有者等」という）は，その政令施行日から（①　　　　）を経過する日までの間は，当該法の定めるところにより，集会を開き，および管理者を置くことができる。

2 団地建物所有者等集会に関する区分所有法の準用の例

　㋐　団地建物所有者等は，団地建物所有者等集会の決議によって，（②　　　　）を選任，または解任できる。

　㋑　（②　　　　）は，土地を保存し，および団地建物所有者等集会の決議を実行する権利を有し，義務を負う。

　㋒　（②　　　　）は，その職務に関し，団地建物所有者等を代理する。土地について生じた損害賠償金および不当利得による返還金の請求・受領について，代理（③ する・しない）。

　㋓　（②　　　　）は，団地建物所有者等集会の決議により，その職務に関し，団地建物所有者等のために，原告または被告となることが（④ できる・できない）。

　㋔　議決権の（⑤　　　　）以上を有する団地建物所有者等は，（②　　　　）に対し，会議の目的たる事項を示して，団地建物所有者等集会の招集を請求できる。

3 掲示による招集通知

　団地建物所有者等集会を招集する者が，団地建物所有者等（通知を受けるべき場所を通知したものを除く）の所在を知ることができない場合，通知は，（⑥　　　　）内の見やすい場所に掲示してできる。

①3年　②管理者　③する　④できる　⑤$\frac{1}{5}$　⑥団地

4 **団地内の建物が滅失した場合における再建承認決議**

(ア)　滅失した建物のうち，特定の建物（「特定滅失建物」という）が所在していた土地（関係権利を含む）が，当該団地内建物（災害により滅失したものを含む）の団地建物所有者等の共有に属し，かつ，次の区分に応じてそれぞれに定める要件に該当する場合，当該土地（これに関する権利を含む）の共有者である当該団地内建物の団地建物所有者等で構成される団地建物所有者等集会において議決権の（⑦　　　）以上の多数による承認の決議を得たときは，当該特定滅失建物の団地建物所有者等は，当該土地またはこれと一体として管理・使用をする団地内の土地（当該団地内建物の団地建物所有者等の共有に属するものに限る）に，新たに建物を建築できる。

　　　ⓐ　当該特定滅失建物が区分所有建物であった場合，その再建決議またはその敷地共有者等の（⑧　　　）の同意があること

　　　ⓑ　当該特定滅失建物が区分所有建物以外の建物であった場合，当該特定滅失建物の所有に係る建物の敷地に関する権利を有する者の同意があること

(イ)　団地建物所有者等集会における各団地建物所有者等の議決権は，当該特定滅失建物が所在していた土地（関係権利を含む）の（⑨　　　）の割合によるものとする。

(ウ)　団地建物所有者等集会を招集する場合，区分所有法35条1項本文の通知は，この規定にかかわらず，当該団地建物所有者等集会の会日より少なくとも（⑩　　　）前に，議案の要領のほか，新たに建築する建物の設計の概要（当該建物の当該団地内における位置を含む）をも示して発しなければならない。

5 **特定滅失建物の再建**

(ア)　再建承認決議に係る再建が，当該特定滅失建物以外の建物（滅失した建物を含む。「当該他の建物」という）の建替えまたは再建に特別の影響を及ぼすべき場合，次の区分に応じて，それぞれに定める者が当該再建承認決議に賛成しているときに限り，当該特定滅失建物の再建ができる。

　　　ⓐ　当該他の建物が区分所有建物である場合 → 団地建物所有者等集会において当該他の建物の区分所有者全員の議決権の（⑪　　　）以上の議決権を有する区分所有者

⑦　　　　　　　　　　　　

⑧

⑨

⑩

⑪

⑦$\frac{3}{4}$　⑧全員　⑨持分　⑩2ヵ月　⑪$\frac{3}{4}$

ⓑ　当該他の建物が滅失した建物であって，滅失した当時におい
て区分所有建物であった場合 → 団地建物所有者等集会におい
て当該他の建物に係る敷地共有者等全員の議決権の（⑫　　　）
以上の議決権を有する敷地共有者等

ⓒ　当該他の建物が区分所有建物以外の建物である場合 → 当該
他の建物の所有者

ⓓ　当該他の建物が滅失した建物であって，滅失した当時におい
て区分所有建物以外の建物であった場合 → 当該他の建物の所
有に係る建物の敷地に関する権利を有する者

(イ)　特定滅失建物が 2 以上ある場合，当該 2 以上の特定滅失建物の
団地建物所有者等は，各特定滅失建物の団地建物所有者等の合意
により，当該 2 以上の特定滅失建物の再建について，一括して再
建承認決議に付することが（⑬ できる・できない）。

(ウ)　(イ)の場合，当該特定滅失建物が区分所有建物であったときは，
当該特定滅失建物の再建を会議の目的とする敷地共有者等集会に
おいて，当該特定滅失建物に係る敷地共有者等の議決権の
（⑭　　　）以上の多数で，当該 2 以上の特定滅失建物の再建に
ついて，一括して再建承認決議に付する旨の決議ができる。

6 **団地内の建物が滅失した場合における建替え承認決議**

滅失した建物以外の特定の建物（以下「特定建物」という）が所
在する土地（関係権利を含む）が，当該団地内建物の団地建物所有
者等の共有に属し，かつ，次の区分に応じて，それぞれに定める要
件に該当する場合に当該土地（関係権利を含む）の共有者である当
該団地内建物の団地建物所有者等で構成される団地建物所有者等集
会において，議決権の（⑮　　　）以上の多数による承認の決議を
得たときは，当該特定建物の団地建物所有者等は，当該特定建物を
取り壊し，かつ，当該土地またはこれと一体として管理・使用をす
る団地内の土地（当該団地内建物の団地建物所有者等の共有に属す
るものに限る）に，新たに建物を建築できる。

ⓐ　当該特定建物が区分所有建物である場合 → その建替え決議
またはその区分所有者の全員の同意があること

ⓑ　当該特定建物が区分所有建物以外の建物である場合 → その
所有者の同意があること

---

⑫ $\frac{3}{4}$　⑬できる　⑭ $\frac{4}{5}$　⑮ $\frac{3}{4}$

7　団地内の建物が滅失した場合における建替え再建承認決議

(ア)　前記1の場合，特定建物が所在する土地（関係権利を含む）および特定滅失建物が所在していた土地（関係権利を含む）が，いずれも当該団地内建物の団地建物所有者等の共有に属し，かつ，当該特定建物および当該特定滅失建物（「当該特定建物等」という）につき，次の区分に応じて，それぞれ次の要件に該当する場合に，これらの土地（関係権利を含む）の共有者である当該団地内建物の団地建物所有者等で構成される団地建物所有者等集会において議決権の（⑯　　　）以上の多数により，当該特定建物の建替えおよび当該特定滅失建物の再建について，一括して承認する旨の決議（「建替え再建承認決議」という）を得たときは，当該特定建物等の団地建物所有者等は，当該特定建物を取り壊し，かつ，これらの土地またはこれらと一体として管理・使用をする団地内の土地（当該団地内建物の団地建物所有者等の共有に属するものに限る）に新たに建物を建築できる。

　　ただし，当該特定建物等の団地建物所有者等が，それぞれ当該特定建物の建替えおよび当該特定滅失建物の再建について，建替え再建承認決議に付する旨の合意をした場合でなければならない。

　ⓐ　当該特定建物が区分所有建物である場合 ➡ その建替え決議またはその区分所有者の（⑰　　　）の同意があること

　ⓑ　当該特定滅失建物が区分所有建物であった場合 ➡ その再建決議またはその敷地共有者等の（⑰　　　）の同意があること

　ⓒ　当該特定建物が区分所有建物以外の建物である場合 ➡ その所有者の同意があること

　ⓓ　当該特定滅失建物が区分所有建物以外の建物であった場合 ➡ 当該特定滅失建物の所有に係る建物の敷地に関する権利を有する者の同意があること

(イ)　前記(ア)の本文の場合，当該特定建物等が区分所有建物（滅失した区分所有建物を含む）であり，かつ，次の区分に応じて，それぞれ次のⓐⓑの要件に該当するときは，ⓐⓑに定める集会において，当該特定建物の建替えおよび当該特定滅失建物の再建について建替え再建承認決議に付する旨の決議ができる。この場合，その決議があったときは，当該特定建物等の団地建物所有者等（特定建物にあっては区分所有者に限り，また，特定滅失建物にあっ

⑯＿＿＿＿＿＿＿

⑰＿＿＿＿＿＿＿

---

⑯$\frac{3}{4}$　⑰全員

ては敷地共有者等に限る）の「(ア)のただし書に規定する合意」があったものとみなされる。

ⓐ　特定建物である場合 ➡ 当該特定建物の建替えを会議の目的とする区分所有法62条１項の集会において，当該特定建物の区分所有者および議決権の各（⑱　　　）以上の多数の同意があること

ⓑ　特定滅失建物である場合 ➡ 当該特定滅失建物の再建を会議の目的とする敷地共有者等集会において，当該特定滅失建物に係る敷地共有者等の議決権の（⑲　　　）以上の多数の同意があること

4 20万円以下の過料

[1] 規約，議事録または書面決議による合意書面もしくは電磁的記録の（①　　　）をしなかったとき

[2] 議事録等の（①　　　）をする者が，利害関係人からの請求があったにもかかわらず，正当な理由がないのに，議事録等の（②　　　）を拒んだとき

[3] 敷地共有者等集会または団地建物所有者等集会の（③　　　）が，議事録を作成せず，または議事の経過の要領およびその結果を議事録に記載・記録すべきであるにもかかわらず，それらの事項を記載・記録せず，もしくは虚偽の記載・記録をしたとき

過去問に
チャレンジ！

＜平成23年第10問改題＞

　再建決議においては，新たに建築する建物の設計の概要，再建建物の建築に要する費用の概算額，費用の分担に関する事項および再建建物の区分所有権の（(ア)　　　）に関する事項を定めなければならない。

⑱ $\dfrac{4}{5}$　⑲ $\dfrac{4}{5}$　①保管　②閲覧　③議長　(ア)帰属

1 マンション建替事業等

(1) 個人施行者

1 マンションの区分所有者またはその同意を得た者は，1人で，または数人共同して，当該マンションについてマンション建替事業を施行（① できる・できない）。

2 施行マンションについて，個人施行者の有する区分所有権または敷地利用権の全部または一部を施行者以外の者が承継した場合，その者は，施行者と（② なる・ならない）。

3 個人施行によりマンション建替事業を施行しようとする者は，1人で施行しようとする者にあっては（③ 　　）および事業計画を定め，数人共同して施行しようとする者にあっては（④ 　　）および事業計画を定め，そのマンション建替事業について（⑤ 　　）の認可を受けなければならない。

4 施行の認可を申請しようとする者は，その者以外に施行マンションとなるべきマンションまたはその敷地（隣接施行敷地を含む）について権利を有する者がある場合，原則として事業計画についてこれらの者の同意を（⑥ 得なければならない・得る必要はない）。

(2) マンション建替組合

5 マンション建替組合は，（⑦ 　　）からの設立（⑧ 　　）により成立する。

6 （⑨ 　　）は，マンション建替組合設立の認可をしたときは，遅滞なく，組合の名称，施行マンションの名称・その敷地の区域，施行再建マンションの敷地の区域，事業施行期間その他一定事項を（⑩ 　　）し，かつ，関係（⑪ 　　）に施行マンションの名称・その敷地の区域，施行再建マンションの設計の概要・その敷地の区域その他一定事項を表示する図書を送付しなければならない。

7 マンション建替組合の設立認可を申請しようとする者は，組合の設立について，建替え合意者の（⑫ 　　）以上の同意を得なけれ

①
②
③
④
⑤
⑥
⑦
⑧
⑨
⑩
⑪
⑫

①できる　②なる　③規準　④規約　⑤知事（市の区域内では市長。以下「知事等」という）　⑥得なければならない
⑦知事等　⑧認可　⑨知事等　⑩公告　⑪市町村長　⑫$\frac{3}{4}$

ばならない。

8 　施行マンションとなるべきマンションまたはその敷地（隣接施行敷地を含む）について権利を有する者は，縦覧に供された事業計画について意見があるときは，縦覧期間満了日の翌日から起算して（⑬　　　）週間を経過する日までに，（⑭　　　）に意見書を提出することができる。

9 　施行マンションの区分所有権または敷地利用権を有する者は，認可の公告から（⑮　　　）日以内に，権利の変換を希望せず，金銭の給付を希望する旨を申し出ることができる。

(3)　その他

10 　施行マンションについて借家権を有する者（転貸借が行われている場合は、転借人を含む）は，事業認可の公告のあった日から起算して（⑯　2週間・30日）以内に，施行者に対し，借家権の取得を希望しない旨を申し出ることができる。

11 　（⑰　　　）は，施行再建マンションの建築工事が完了したときは，遅滞なく，施行再建マンションおよび施行再建マンションに関する権利について必要な登記を申請しなければならない。

12 　権利変換手続開始の登記があった後は，区分所有者は，区分所有権を処分するには（⑱　　　）の承認を受けなければならず，未承認の処分は（⑲　　　）に対抗できない。

13 　施行者は，権利変換計画の認可を申請しようとする場合，総会の議決を経る必要が（⑳　ある・ない）。また，施行マンションまたはその敷地について権利を有する者（組合員を除く）および隣接施行敷地がある場合における当該隣接施行敷地について，権利を有する者の（㉑　　　）を得なければならない。

14 　施行者は，施行マンションに関する権利またはその敷地利用権を有する者で，権利変換期日において当該権利を失い，かつ，当該権利に対応して，施行再建マンションに関する権利またはその敷地利用権を与えられないものに対し，（㉒　　　）までに補償金の支払いをしなければならない。

15 　権利変換期日において，施行マンションは（㉓　　　）に帰属し，施行マンションを目的とする区分所有権以外の権利は，この法律に別段の定めがあるものを除き，（㉔　消滅・存続）する。

16 　権利変換期日において，施行再建マンションの敷地利用権は，

⑬

⑭

⑮

⑯

⑰

⑱

⑲

⑳

㉑

㉒

㉓

㉔

⑬2　⑭知事等　⑮30　⑯30日　⑰施行者　⑱施行者　⑲施行者　⑳ある　㉑同意　㉒権利変換期日　㉓施行者
㉔消滅

（㉕ ）が取得する。

17 施行マンションの建替え合意者〈その承継人（組合を除く）を含む〉は，（㉖ すべて・組合の設立に同意したものに限り）組合の組合員とする。

18 マンション建替組合には，建替え円滑化法および定款で定める権限を行わせるため，審査委員（㉗ ）人以上を置くこととされている。

19 建替え合意者のほか，組合が施行するマンション建替事業に参加することを希望し，かつ，それに必要な（㉘ ）および信用を有する者であって，（㉙ ）で定められたもの（参加組合員）は，組合の組合員となる。

20 マンションの一の専有部分が数人の共有に属するときは，その数人は（㉚ 1人・数人）の組合員とみなされる。

21 組合，組合を設立しようとする者，個人施行者または個人施行者となろうとする者は，国土交通大臣，知事および市町村長に対し，マンション建替事業の施行の準備または施行のために，それぞれマンション建替事業に関し専門的知識を有する職員の技術的援助を求めることができ，知事および市町村長は，技術的援助を行うために必要があると認めるときは，マンション管理適正化法91条に規定する（㉛ ）に必要な協力を要請することができる。

22 マンションの管理者等〔管理者（管理者がないときは区分所有者）または理事をいう〕は，（㉜ ）に対し，当該マンションを除却する必要がある旨の認定を申請できる。また，都市再生機構は，都市再生機構法に規定する業務のほか，マンションを除却する必要がある旨の認定を申請しようとする者または要除却認定マンションの管理者等からの委託に基づき，マンションの建替え，（㉝ ）または（㉞ ）を行うために必要な調査・調整・技術の提供の業務を行うことができる。

過去問にチャレンジ！ ＜㋐平成22年第19問改題＞

マンション建替組合は，（㋐ 建替組合設立認可の公告があった・権利変換計画の認可を受けた）ときは，遅滞なく，登記所に，施行マンションの区分所有権および敷地利用権について，権利変換手続開始の登記を申請しなければならない。

㉕新たに敷地利用権を与えられるべき者 ㉖すべて ㉗3 ㉘資力 ㉙定款 ㉚1人
㉛マンション管理適正化推進センター ㉜特定行政庁 ㉝マンション敷地売却 ㉞敷地分割
㋐建替組合設立認可の公告があった

2 マンション敷地売却事業

(1) 敷地売却決議

1 マンションの耐震性が不足して除却する必要がある旨の認定を受けた場合，要除却認定マンションの区分所有者は，建替え等円滑化法および（①　　　）法の定めるところにより，区分所有者集会を開くことができる。

2 要除却認定マンションに係る敷地利用権が，数人で有する所有権または借地権であるときは，区分所有者集会において，区分所有者，議決権および当該敷地利用権の持分の価格の各（②　　　）以上の多数で，当該要除却認定マンションおよびその敷地（当該敷地利用権が借地権であれば，その借地権）を売却する旨のマンション敷地売却決議をすることができる。

3 マンション敷地売却決議では，「買受人となるべき者の氏名・名称」「売却による代金の（③　　　）」「売却によって各区分所有者が取得できる分配金の額の算定方法に関する事項」を定める必要がある。

(2) マンション敷地売却組合

4 マンション敷地売却合意者は，（④　　）人以上共同して，定款および資金計画を定め，知事等の認可を受けてマンション敷地売却組合を設立できる。

5 マンション敷地売却組合設立の認可を申請しようとするマンション敷地売却合意者は，組合の設立について，マンション敷地売却合意者の（⑤　　　）以上の一定の同意を得る必要がある。

(3) 分配金取得手続

6 マンション敷地売却組合は，知事等から（⑥ 認可・認可の公告）があったときは，遅滞なく，登記所に，売却マンションの区分所有権および敷地利用権（既登記のものに限る）について，分配金取得手続開始の登記を申請しなければならない。

7 分配金取得手続開始の登記後は，組合員は，当該登記に係る売却マンションの区分所有権または敷地利用権を処分する場合，組合の（⑦　　　）を得る必要がある。

①区分所有　②5分の4　③見込額　④5　⑤4分の3　⑥認可の公告　⑦承認

3 敷地分割事業

(1)　敷地分割事業

1　（①　　　　　）を受けた場合，団地内建物を構成する（①　　　　　）マンションの敷地〔当該敷地利用権が借地権であるときはその借地権〕の共有者である当該団地内建物の団地建物所有者（特定団地建物所有者）は，建替え等円滑化法および区分所有法の定めるところにより，団地建物所有者集会を開くことができる。また，団地建物所有者集会において，特定団地建物所有者および議決権の各（②　　　　　）以上の多数で，当該特定団地建物所有者の共有に属する団地内建物の敷地またはその借地権を分割する旨の決議（敷地分割決議）ができる。

2　敷地分割決議においては，次の事項を定めなければならない。
- ㈠　（③　　　　　）マンション敷地となるべき土地の区域および（④　　　　　）マンション敷地となるべき土地の区域
- ㈡　敷地分割後の土地またはその借地権の帰属に関する事項
- ㈢　敷地分割後の（⑤　　　　　）の共有持分の帰属に関する事項
- ㈣　（⑥　　　　　）に要する費用の概算額・費用の分担に関する事項
- ㈤　団地内の駐車場，集会所その他の生活に必要な共同利用施設の敷地分割後の管理および使用に関する事項

(2)　敷地分割組合

3　敷地分割決議の内容により敷地分割を行う旨の合意をしたものとみなされた者（特定団地建物所有者で一定の同意者を含む。以下「敷地分割合意者」という）は，（⑦　　　　　）人以上共同して，定款および事業計画を定め，知事等の認可を受けて組合を設立できる。

4　認可を申請しようとする敷地分割合意者は，組合の設立について，敷地分割合意者の（⑧　　　　　）以上の同意〔同意者の議決権合計が敷地分割合意者の議決権合計の（⑧　　　　　）以上となる場合に限る〕を得なければならない。

(3)　敷地権利変換手続等

5　組合は，知事等の認可を申請しようとするときは，敷地権利変換計画について，あらかじめ，総会の議決を経るとともに，組合員以外に分割実施敷地について所有権を有する者があるときは，原則として，その者の（⑨　　　　　）を得なければならない。

①_____
②_____
③_____
④_____
⑤_____
⑥_____
⑦_____
⑧_____
⑨_____

①特定要除却認定　②5分の4　③除却　④非除却　⑤団地共用部分　⑥敷地分割　⑦5
⑧4分の3　⑨同意

① 不動産登記法

(1) 権利に関する登記の申請義務

① 法令に別段の定めがある場合を除き，当事者の申請または官庁もしくは公署の嘱託がなければすることができない。物権変動が生じても，次の「一定の場合^(※)」等を除き，申請義務はない。

※ 所有権の登記名義人について相続開始があったときは，当該（① ）により所有権を取得した者は，原則として，自己のために（① ）開始があったことを知り，かつ，当該所有権を取得したことを知った日から（② 3・5）年以内に，所有権移転登記申請をしなければならない。

(2) 区分所有建物の登記申請

② 区分建物についての（③ ）登記の申請は，原始取得者が，当該新築された一棟の建物に属する他の区分建物についての表題登記の申請と一括して申請しなければならない。

③ 「新築した建物」「区分建物以外の表題登記がない建物」の所有権を取得した者は，その所有権取得日から（④ ）以内に，表題登記を申請しなければならない。

(3) 共用部分の登記

④ （⑤ 法定・規約）共用部分は登記できないが，（⑥ 法定・規約）共用部分は登記をしなければ第三者に対抗できない。専有部分となるべき部分を（⑦ 法定・規約）共用部分とした場合の共用部分である旨の登記は，共用部分となった区分建物の（⑧ 表題・権利）部になされる。

(4) 敷地権の登記

⑤ 敷地権の表示の登記は，（⑨ 土地・建物）の登記記録の表題部に

---

①相続　②3　③表題　④1ヵ月　⑤法定　⑥規約　⑦規約　⑧表題　⑨建物

なされる。

6　敷地権の表示の登記がなされると，敷地権の目的である土地の登記記録の（⑩ 表題部・権利部中相当区）に敷地権である旨の登記がなされる。

7　敷地権の表示の登記後に，建物になした所有権または担保権に係る権利に関する登記は，原則として，敷地権である旨の登記をした土地の敷地権にされた登記としての効力を（⑪ 有する・有しない）。

8　敷地権の登記後は，原則として，建物のみまたは土地のみを目的とする登記はすることが（⑫ できる・できない）。

過去問にチャレンジ！ ＜令和 3 年第18問＞

1　所有権の登記がある区分建物が，これと接続する所有権の登記がある区分建物と合体して 1 個の建物となった場合には，当該各区分建物の所有権の登記名義人は，（⑦ 合体前の区分建物について表題部の変更の登記・合体後の建物の表題登記および合体前の建物の表題部の抹消登記）を申請しなければならない。

2　表題登記がある区分建物の部分であって区分建物に該当する建物を，登記記録上別の区分建物とする建物の区分の登記は，当該建物部分の所有権を（⑦ 新たに取得した者・表題部所有者または所有権の登記名義人）が，申請することができる。

3　抵当権の登記がある区分建物の附属建物を，当該区分建物から分割して登記記録上別の 1 個の建物とする建物の分割の登記は，当該区分建物の（⑦ 抵当権の登記名義人・表題部所有者または所有権の登記名義人）が，申請することができる。

4　表題登記がある区分建物を，これと接続する表題登記がある他の区分建物に合併して登記記録上 1 個の建物とする区分建物の合併の登記は，各区分建物の表題部所有者が相互に（⑦ 異なるときでもすることができる・異なるときはすることができない）。

⑩ ⑪ ⑫ ⑦ ⑦ ⑦ ⑦

⑩権利部中相当区　⑪有する　⑫できない
⑦合体後の建物の表題登記および合体前の建物の表題部の抹消登記　⑦表題部所有者または所有権の登記名義人
⑦表題部所有者または所有権の登記名義人　⑦異なるときはすることができない

② 借地借家法

1 借地権

(1) 借地権の存続期間

1 借地権の法定年数

	最初の契約	初回の更新	2 回目以降
法 定 年 数	30年	20年	10年
法定年数以上の期間を定めた場合	定めた期間	定めた期間	定めた期間
法定年数未満または定めなかった場合	(①　　)年	(②　　)年	(③　　)年

(2) 借地権の更新

2 借地上に建物が残って（④ いれば・いなくても），更新請求による更新および法定更新が認められる。

3 地主が更新を拒絶する場合は，正当事由が（⑤ 必要・不要）である。

(3) 借地権の譲渡・転貸

4 裁判所は，借地権者の申立てにより，賃借権の譲渡・転貸について，地主の承諾に代わる許可を与えることが（⑥ できる・できない）。

(4) 建物買取請求権

5 存続期間が満了し，契約の更新がなされなかった場合の借地権者や，借地権者から借地上の建物を譲り受けたが賃借権の譲渡を承諾されなかった建物の譲受人は，地主に対して建物買取請求権を行使（⑦ できる・できない）。

①30　②20　③10　④いれば　⑤必要　⑥できる　⑦できる

①
②
③
④
⑤
⑥
⑦

⑸　借地権の対抗要件

6　借地権の対抗要件は，借地権の登記または借地上の（⑧　　　　）
である。この（⑧　　　　）は，建物の登記名義人と借地権者が同一
であった場合，表題登記（表示の登記）で（⑨　足りる・足りない）。

⑹　定期借地権

7　一般の定期借地権は，存続期間を（⑩　　　　）年以上で定め，（⑪
公正証書・公正証書等の書面）によって契約しなければならない。
　この特約がその内容を記録した電磁的記録（電子的方式，磁気的
方式その他人の知覚によっては認識できない方式で作られる記録で
あって，電子計算機による情報処理の用に供されるものをいう）に
よってされたときは，その特約は，（⑪　　　　）によってされたも
のとみなされ，この規定が適用される。

8　建物譲渡特約付借地権は，存続期間を（⑫　　　　）年以上で定め
なければならない。

9　事業用定期借地権等は，存続期間を(ア)（⑬　　　　）年以上50年未
満または(イ)（⑭　　　　）年以上（⑮　　　　）年未満の間で定め，か
つ，目的は（⑯　　　　）に限定した上で，（⑰　公正証書・公正証書
等の書面）によって契約しなければならない。

⑧
⑨
⑩
⑪
⑫
⑬
⑭
⑮
⑯
⑰

過去問にチャレンジ！
＜(▽)平成20年第3問改題＞

1　マンションの敷地の空き地部分について借地権を設定する
ことは（ア　できる・できない）。

2　敷地利用権が賃借権である場合，敷地利用権の譲渡につき
借地権設定者の承諾（イ　またはこれに代わる裁判所の許可
が必要である・もこれに代わる裁判所の許可も必要でない）。

ア
イ

⑧建物登記　⑨足りる　⑩50　⑪公正証書等の書面　⑫30　⑬30　⑭10　⑮30　⑯事業用　⑰公正証書
ア できる　イ またはこれに代わる裁判所の許可が必要である

2 借家権

(1) 存続期間と更新

① 借家権の存続期間は，50年を超えることが（①　できる・できない）。（②　　）年未満と定めた場合は，期間の定めのない契約となる。

② 期間を定めた借家契約においては，当事者が期間満了の（③　　）年前から（④　　）ヵ月前までの間に更新を拒絶する旨の通知をしなければ，前と同じ条件（ただし期間を除く）で更新されたものとみなされる。賃貸人からの更新拒絶には，正当事由は（⑤　必要・不要）である。

③ 期間を定めない借家契約において，賃借人が解約の申入れを行うとその契約は，（⑥　　）ヵ月経過後に終了し，賃貸人から解約の申入れを行うときは，正当事由は（⑦　必要・不要）であり，その契約は，（⑧　　）ヵ月経過後に終了する。

④ 借家契約が期間満了または解約申入れによって終了する場合において，賃借人が使用を継続し，賃貸人が遅滞なく異議を述べないときは，更新（⑨　された・されなかった）ものとみなされる。

(2) 借家権の譲渡・転貸

⑤ 賃貸人からの承諾を得て建物の転貸借がなされた場合，賃貸借契約が期間の満了または解約の申入れによって終了するときは，賃貸人は，（⑩　　）にその旨を通知しなければ，その終了を転借人に対抗できず，通知した際は，通知がなされた日から（⑪　　）ヵ月経過後に転貸借契約が終了する。

(3) 借家権の対抗要件・造作買取請求権

⑥ 借家権の対抗要件は，（⑫　　）の登記または建物の（⑬　　）である。

⑦ 賃貸人の同意を得て付加した造作，または賃貸人から買い受けた

①できる　②1　③1　④6　⑤必要　⑥3　⑦必要　⑧6　⑨された　⑩転借人　⑪6　⑫賃借権　⑬引渡し

造作につき，建物の賃借人は，（⑭ 契約終了・造作）時に時価で買
い取るよう請求できる。なお，これを特約で排除（⑮ できる・で
きない）。

(4)　借地上のマンション専有部分等の賃貸借

⑧　借地上の建物の賃貸借は，地主の承諾が（⑯ なくてもできる・
なければできない）。

(5)　専有部分の賃貸借の承継

⑨　居住用建物の借家人が相続人なくして死亡した場合，事実上の夫
婦関係にある同居者は，借家人の権利義務を承継（⑰ できる・で
きない）。ただし，同居者が，相続人なしに借家人が死亡したこと
を知ったときから（⑱　　　）ヵ月以内に，賃貸人に対し反対の意
思表示をすれば，借家人の権利義務は承継（⑲ される・されない）。

(6)　定期建物賃貸借等

⑩　期間の定めのある建物の賃貸借をする場合，（⑳ 公正証書・公正
証書等の書面）によってする場合に限り，契約の更新がないことと
する定めができる。この規定による建物の賃貸借の契約がその内容
を記録した電磁的記録によってされたときは，その契約は，（⑳ 公
正証書・公正証書等の書面）によってされたものとみなされ，この
規定が適用される。

⑪　⑩の契約の締結にあたっては，賃貸人は賃借人に対し，あらかじ
め，契約の更新がなく，期間満了によって賃貸借が終了することに
つき，その旨を記載した（㉑　　　）を交付して（㉒　　　）する
必要がある。この（㉒　　　）がないとき，更新がないものとする
旨の定めは（㉓ 有効・無効）である。

⑫　賃貸人は，⑪による（㉔　　　）の交付に代えて，建物の賃借人
の（㉕　　　）を得て，当該（㉔　　　）に記載すべき事項を電磁
的方法（電子情報処理組織を使用する方法等であって法務省令で定
めるものをいう）により提供できる。この場合，当該建物の賃貸人
は，当該（㉔　　　）を交付したものとみなされる。

⑭契約終了　⑮できる　⑯なくてもできる　⑰できる　⑱１　⑲されない　⑳公正証書等の書面　㉑書面
㉒説明　㉓無効　㉔書面　㉕承諾

③ 品確法

(1) 住宅性能評価

1 日本住宅性能表示基準

住宅の性能に関し次の10分野については，（①　　　）や数値等で表示され，（①　　　）では，数字が大きいものほど性能が（② 高い・低い）ことを表す。

日本住宅性能表示基準（10分野）	必須分野	選択分野
(ア)　構造の安定に関すること	●	
(イ)　火災時の安全に関すること		○
(ウ)　劣化の軽減に関すること	●	
(エ)　維持管理・更新への配慮に関すること	●	
(オ)　温熱環境に関すること	●	
(カ)　空気環境に関すること		○
(キ)　光・視環境に関すること		○
(ク)　音環境に関すること		○
(ケ)　高齢者等への配慮に関すること		○
(コ)　防犯に関すること		○

2 住宅性能評価の制度は，新築住宅および既存住宅を対象と（③ する・しない）。この制度は，任意の制度であり，これを利用するか否かは当事者の判断に委ねられている。

3 登録住宅性能評価機関は，住宅性能評価を行うときは，国土交通省令で定める要件を備える（④ マンション管理士・評価員）に住宅性能評価を実施させなければならない。

4 住宅性能評価の制度について，新築住宅は対象と（⑤ なる・ならない）。また，既存住宅は対象と（⑥ なる・ならない）。

5 共同住宅では，専有部分に比べ共用部分の占める割合が高いため，住宅の性能評価は，住戸（専有）部分と住棟（共用）部分の（⑦　　　）が評価される必要がある。

①等級　②高い　③する　④評価員　⑤なる　⑥なる　⑦両方

⑵　担保責任の特例

6　品確法の担保責任の特例の対象となるのは，住宅の（⑧　　　）
　上主要な部分（基礎・壁・柱・梁など）と（⑨　　　）の浸入を防
　止する部分（屋根・外壁など）（政令で定められ，これらをまとめ
　て基本構造部分と呼ぶ）の瑕疵〈（⑧　　　）または（⑨　　　）
　の浸入に影響のないものを除く〉に限られる。

7　品確法の担保責任の特例は，（⑩　新築・新築および中古）住宅の
　（⑪　　　）契約と（⑫　　　）契約に適用される。

8　品確法でいう担保期間は，特約で（⑬　　　）年まで伸長できる
　（この特約は，基本構造部分に限らない）。

9　品確法の担保責任の特例は，基本的構造部分に関して（⑭　　　）
　から（⑮　　　）年間の担保責任が義務づけられており，これに反す
　る特約で，買主・注文者に不利なものは，（⑯　無効・有効）となる。

⑧
⑨

⑩
⑪
⑫
⑬
⑭
⑮
⑯

過去問に チャレンジ！

<主平成29年第40問>

1　既存の共同住宅に係る建設住宅性能評価を受ける場合，共
　用部分と専有部分の両方の評価が必要で（㋐　ある・ない）。

2　指定住宅紛争処理機関が行う，建設住宅性能評価書が交付
　された住宅の建設工事の請負契約または売買契約に関する紛
　争処理の対象は，新築住宅（㋑　のみである・のみならず，
　既存住宅も含まれる）。

3　「新築住宅」とは，新たに建設された住宅で，建設工事の
　完了の日から起算して１年を経過していないものをいい，既
　に人の居住の用に供したことがないものに（㋒　限られる・
　限られない）。

㋐

㋑

㋒

過去問に チャレンジ！

<主令和５年第41問改題>

　新築住宅の売買契約において，特約により，構造耐力上主要
な部分および雨水の浸入を防止する部分だけでなくその他の部
分も含め，瑕疵担保責任の期間を引き渡した時から20年以内と
することが（㋓　できる・できない）。

㋓

---

⑧構造耐力　⑨雨水　⑩新築　⑪・⑫売買，請負（順不同）　⑬20　⑭引渡し　⑮10　⑯無効
㋐ある　㋑のみならず，既存住宅も含まれる　㋒限られる　㋓できる

1 住宅瑕疵担保履行法

1 法の内容

(1) 事業者の担保責任

1 新築住宅を供給する宅建業者等（売買契約で自ら売主の宅建業者や請負契約で請負人の建設業者）は，住宅のなかでも特に重要な部分である，構造耐力上主要な部分および雨水の浸入を防止する部分の契約不適合に対し，（① 10年・20年）間の担保責任を負っている。

(2) 担保責任の履行の確保

2 住宅瑕疵担保履行法は，この担保責任を確実に履行するため，資力確保措置である保険加入（② または・かつ）供託を義務付けている。これにより，消費者が安心して新築住宅を取得できる。

(3) 義務付けの対象となる事業者

3 新築住宅に関わる（③ 宅建業者等・消費者）に対して，契約不適合の補修等が確実に行われるように，保険加入または供託が義務付けられる。

(4) 保　険

4 住宅瑕疵担保責任保険法人（以下「指定保険法人」という）
　　保険は，（④ 国土交通大臣・知事）が指定した「指定保険法人」の保険に限られる。
※　保険加入の申込みは，宅建業者等が行う。

①

②

③

④

---

①10年　②または　③宅建業者等　④国土交通大臣

5 指定保険法人の行う業務の１つとして，既存マンションの大規模修繕工事に係る契約不適合に関する保険契約の引受けを定めて（**⑤**いる・いない）。

6 **指定保険法人への保険金請求**

　　宅建業者等が倒産しているなど，損害賠償・補修等が行えない場合，保険に加入している新築住宅（保険付き住宅）を取得した者は，指定保険法人に対し，契約不適合による損害賠償・補修等にかかる費用（保険金）を請求できる。これを「（**⑥** 直接・還付）請求」という。

　　※　指定保険法人とは，住宅の検査や保険の引受けを行う財団法人や株式会社等である。

⑸　供　託

7 **供託すべき額**

　　宅建業者が供託すべき保証金の額は，基準日*から（**⑦**　　　）年さかのぼって引き渡した新築住宅の総戸数に応じて（床面積が55㎡以下の場合，２戸をもって１戸と数える），政令で定めるところにより算定する額以上の額（基準額）を原則とする。

　　※　基準日：毎年１回，３／31を供託金算定の対象となる過去の住宅戸数を確認する基準日とする。

8 **供託所への保証金請求**

　　宅建業者等が倒産しているなど，損害賠償・補修等が行えない場合，新築住宅を取得した者は，供託所に対し，契約不適合による損害賠償・補修等に必要な金額について，保証金からの還付を請求できる。これを「（**⑧** 直接・還付）請求」という。

> **過去問にチャレンジ！**　＜マ平成22年第36問改題＞
>
> 　（**⑦** 住宅瑕疵担保責任保険法人・マンション管理業者）の行う業務の一つとして，既存マンションの大規模修繕工事に係る契約不適合に関する保険契約の引受けを定めている。

----

⑤いる　⑥直接　⑦10　⑧還付　　⑦住宅瑕疵担保責任保険法人

② 宅建業法

1 ｜ 重要事項説明書・37条書面等

(1) 重要事項の説明

1 （①　　　　）は，（②　　　　）をして，一定事項を記載した書面または記録した（③　　　　）により，相手方に交付または提供して重要事項の説明をさせなければならない。

2 重要事項の説明は，宅地建物取引業者を除き，所有権等の権利を（④ 取得させようとする者・取得しようとする者）に対して行う。

3 重要事項の説明は，契約の成立（⑤ 前・後）にしなければならない。

4 （⑥　　　　）は，重要事項の説明をするときは，相手方に対し，（⑦　　　　）を提示しなければならない。

5 重要事項説明書には，（⑧　　　　）が記名または電子署名しなければならない。

6 **売買・交換の場合の重要事項説明書への記載・記録事項（通常取引の建物）**

(ｱ)　（⑨　　　　）上の権利

(ｲ)　法令に基づく制限

(ｳ)　（⑩　　　　）に関する負担

(ｴ)　飲用水・電気・ガス等の供給施設，排水施設の整備状況

(ｵ)　〈（⑪　　　　）物件の場合〉完成時の形状・構造

(ｶ)　〈既存建物の場合〉建物状況調査の結果の概要

(ｷ)　〈既存建物の場合〉建物の建築・維持保全の状況に関する書類の保存の状況

(ｸ)　代金・交換差金以外に授受される金銭の額・目的

(ｹ)　契約の（⑫　　　　）に関する事項

(ｺ)　（⑬　　　　）の予定・（⑭　　　　）に関する事項

(ｻ)　（⑮　　　　）等の保全措置の概要

(ｼ)　支払金，預り金を受領する場合の保全措置の内容

(ｽ)　ローンのあっせんの（⑯　　　　）・ローン不成立の場合の措置

---

①宅地建物取引業者　②宅地建物取引士　③電磁的方法　④取得しようとする者　⑤前　⑥宅地建物取引士
⑦宅地建物取引士証　⑧宅地建物取引士　⑨登記（簿）　⑩私道　⑪未完成　⑫解除　⑬損害賠償額　⑭違約金
⑮手付金　⑯内容

(セ)　契約不適合責任の履行に関し保証保険契約の締結その他の措置
　　の（⑰　　　　）

　　⑰

(ソ)　その他国土交通省令・内閣府令で定める事項

7　区分所有建物の売買・交換の追加記載・記録事項

(ア)　（⑱　　　　）に関する権利の種類・内容

　　⑱

(イ)　（⑲　　　　）部分に関する規約の定めがあれば，その内容

　　⑲

(ウ)　専有部分の（⑳　　　）その他の（㉑　　　）の制限に関する
　　規約の定めがあれば，その内容

　　⑳
　　㉑

(エ)　（㉒　　　）に関する規約の定めがあれば，その内容

　　㉒

(オ)　建物の計画的な維持修繕費用等を，特定の者にのみ（㉓　　　）
　　する旨の規約の定めがあるときは，その内容

　　㉓

(カ)　（㉔　　　）の定めがあれば，その内容・（㉔　　　）額

　　㉔

(キ)　区分所有者が負担する通常の（㉕　　　）の額

　　㉕

(ク)　建物・敷地の管理が委託されているときは，その（㉖　　　）

　　㉖

(ケ)　建物の維持修繕の実施状況が（㉗　　　）されているときは，
　　その内容

　　㉗

過去問に チャレンジ！

＜㊟平成22年第40問改題＞

1　宅地建物取引業者Aが自ら売主として建物を売却する場合
において，Aは，当該建物が昭和56年5月31日以前に新築の
工事に着手したものであるときは，自らその耐震診断を（ア
実施した上で・実施する必要はないが），その結果の内容を
説明しなければならない。

　　ア

2　宅地建物取引業者Aが自ら売主として建物を売却する場合
において，Aは，当該建物について，石綿の使用の有無の調
査の結果が記録されているときは，その内容を説明（イ　し
なければならない・しなくてもよい）。

　　イ

3　宅地建物取引業者Aが自ら売主として建物を売却する場合
において，Aは，当該建物の契約不適合責任の履行に関する
責任保険契約を締結しているときは，その旨だけでなく，そ
の概要についても説明（ウ　しなければならない・しなくて
もよい）。

　　ウ

⑰概要　⑱敷地　⑲共用　⑳用途　㉑利用　㉒専用使用権　㉓減免　㉔計画修繕積立金　㉕管理費用　㉖委託先
㉗記録　ア実施する必要はないが　イしなければならない　ウしなければならない

8 貸借の場合の記載・記録事項

(○→必要，×→不要)

	記　載　・　記　録　事　項	建物	宅地
(ア)	登記簿上の権利	○	○
(イ)	法令に基づく制限	○	○
(ウ)	私道に関する負担	(㉘　　)	○
(エ)	飲用水・電気・ガスの整備状況	○	○
(オ)	未完成物件の完了時の形状・構造	○	○
(カ)	〈既存建物の場合〉建物状況調査の結果の概要	○	×
(キ)	〈完成物件の場合〉建物の設備の整備の状況	○	×
(ク)	借賃以外に授受される金銭の額・目的	○	○
(ケ)	契約の解除に関する事項	○	○
(コ)	損害賠償額の予定・違約金に関する事項	○	○
(サ)	支払金・預り金の保全措置の内容	○	○
(シ)	造成宅地防災区域内にあるときは，その旨	○	○
(ス)	土地災害警戒区域内にあるときは，その旨（防止対策事項）	○	○
(セ)	津波災害警戒区域内にあるときは，その旨	○	○
(ソ)	水害ハザードマップにおける対象物件の所在地	(㉙　　)	○
(タ)	石綿の使用の有無	○	×
(チ)	耐震診断の結果	○	×
(ツ)	台所・浴室・便所等の整備状況	○	×
(テ)	契約期間・契約更新に関する事項	○	○
(ト)	定期借地権に関する事項	×	○
(ナ)	定期借家権・高齢者の居住の安定確保に関する法律による特例借家権に関する事項	○	×
(ニ)	物件の用途や利用の制限に関する事項	(㉚　　)	○
(ヌ)	契約終了時の金銭の精算に関する事項	○	○
(ネ)	管理の委託を受けた者の氏名・住所	(㉛　　)	○
(ノ)	契約終了時における宅地上の建物の取壊しに関する事項を定める場合の内容	×	○
(ハ)	・区分所有建物の場合　専有部分の用途　・その他の利用の制限に関する規約の定め　管理の委託先	○	―

㉘ ×　　㉙ ○　　㉚ ○　　㉛ ○

⑵　37条書面の交付等

⑨　（㉜　　　　）は，契約が成立したときは，（㉝ 30日以内に・遅滞なく），一定事項を記載した書面を交付または記録した電磁的方法により提供しなければならない。

⑩　37条書面等は，（㉞ 権利を取得した者のみ・契約の両当事者）に交付しなければならない。

⑪　37条書面等には，（㉟　　　　）が記名または電子化された書面に電子署名しなければならない。

⑫　書面等への記載・記録事項　　　　　　　　　（○→必要，×→不要）

		記　載　・　記　録　事　項	売買・交換	貸借
絶対的記載・記録事項	(ア)	当事者の氏名・住所	○	○
	(イ)	宅地・建物を特定するための必要な表示	○	○
	(ウ)	〈既存建物の場合〉建物の構造耐力上主要な部分等の状況について当事者の双方が確認した事項	○	（㊱　）
	(エ)	代金・交換差金・借賃の額，支払時期，支払方法	○	○
	(オ)	宅地・建物の引渡しの時期	○	（㊲　）
	(カ)	移転登記申請の時期	（㊳　）	（㊴　）
任意的記載・記録事項	(キ)	代金・交換差金・借賃以外の金銭の授受に関する定めがあるときは，その額・授受の時期・目的	○	○
	(ク)	契約の解除に関する定めがあれば，その内容	○	○
	(ケ)	損害賠償額の予定・違約金に関する定めがあればその内容	○	○
	(コ)	代金・交換差金についてのローンのあっせんの定めがあるときは，ローンが成立しないときの措置	○	（㊵　）
	(サ)	天災その他不可抗力による損害の負担に関する定めがあるときは，その内容	○	（㊶　）
	(シ)	宅地・建物の契約不適合責任または当該責任に関して講ずべき保証保険契約の締結その他の措置について定めがあるときは，その内容	○	（㊷　）
	(ス)	宅地・建物に係る租税その他の公課の負担に関する定めがあるときは，その内容	○	（㊸　）

※　絶対的記載・記録事項は必ず，任意的記載・記録事項は定めあれば記載。

㉜_____

㉝_____

㉞_____

㉟_____

㊱_____

㊲_____

㊳_____

㊴_____

㊵_____

㊶_____

㊷_____

㊸_____

㉜宅地建物取引業者　㉝遅滞なく　㉞契約の両当事者　㉟宅地建物取引士　㊱×　㊲○　㊳○　㊴×　㊵×　㊶○　㊷×　㊸×

2 | 8種規制

(1) 8種規制適用対象

1　8種規制は，（① 　　　　）が自ら（② 　　　）となって，（① 　　　　）でない者と（③ 　　　　）を締結する場合に適用される。

　以下，8種のうち，試験上重要と考えられる6種〔(2)～(7)〕について取り上げる。

(2) 損害賠償額の予定等の制限

2　宅地建物取引業者が自ら売主となる売買契約においては，損害賠償の予定額と違約金等の（④ 合算額・それぞれの額）は，代金の額の（⑤ 　　　）分の（⑥ 　　　）を超える定めをしてはならない。これに反する特約をした場合は，（⑤ 　　　）分の（⑥ 　　　）を超える部分については無効となる。

(3) 手付金の性質と額の制限

3　宅地建物取引業者が自ら売主となって，宅地建物取引業者でない者から受領する手付金は，（⑦ 解約・違約）手付とみなされる。

4　手付金の額は，代金の額の（⑧ 　　　）分の（⑨ 　　　）を超えてはならない。

(4) 手付金等の保全措置

5　宅地建物取引業者が自ら売主となる売買契約においては，原則として，一定の保全措置を（⑩ 講じる前でも・講じた後に），宅地建物取引業者でない買主から手付金等を受領できる。

6　宅地建物取引業者が保全措置を講じない場合に，買主が手付金等を支払わないとき，履行遅滞と（⑪ なる・ならない）。

①宅地建物取引業者　②売主　③売買契約　④合算額　⑤10　⑥2　⑦解約　⑧10　⑨2　⑩講じた後に
⑪ならない

7 保全措置の方法

(ア)　（⑫　　　　　）契約

(イ)　保証保険契約

(ウ)　（⑬　　　　　）契約（完成物件のみ）

8 保全措置が不要となる場合

(ア)　買主が所有権の（⑭　　　　　）を備えたとき

(イ)　受領額が（⑮　　　　　）万円以下であり，かつ，

　　　未完成物件：代金の（⑯　　　　　）％以下

　　　完成物件：代金の（⑰　　　　　）％以下

(5) 自己の所有に属しない売買契約締結の制限

9 宅地建物取引業者は，原則として，自ら売主となる売買契約〈予約を（⑱ 含む・含まない）〉を締結して（⑲ よい・はならない）。

〈例外〉

(ア)　宅地建物取引業者が物件を取得する契約を締結している場合

(イ)　宅地建物取引業者が物件を取得できることが明らかな場合で国土交通省令で定めるとき

(ウ)　未完成物件については，手付金等の（⑳　　　　　）が講じられているとき

(6) クーリング・オフ制度

10 宅地建物取引業者が自ら売主となる売買契約において，宅地建物取引業者の事務所等以外の場所でした買受けの申込みまたは売買契約については，原則として，撤回または解除（㉑ できる・できない）。

11 クーリング・オフ制度の適用されない事務所等

(ア)　宅地建物取引業者の（㉒　　　　　）

(イ)　（㉒　　　　　）以外の場所で（㉓　　　　　）的に業務ができる施設を有する場所

(ウ)　宅地建物取引業者が一団の宅地建物の分譲を，（㉔　　　　　）を設置して行う場合の（㉔　　　　　）

---

⑫保証委託　⑬手付金等寄託　⑭登記　⑮1,000　⑯5　⑰10　⑱含む　⑲はならない　⑳保全措置　㉑できる
㉒事務所　㉓継続　㉔案内所

㋑　宅地建物取引業者が他の宅地建物取引業者に対し宅地建物の売却について代理・媒介の依頼をした場合，その代理・媒介の依頼を受けた宅地建物取引業者の

ⓐ　（㉕　　　　　）

ⓑ　（㉖　　　　　）以外の場所で（㉗　　　　　）的に業務を行うことができる施設を有する場所

ⓒ　（㉘　　　　　）を設置して行う場合の（㉘　　　　　）

㋒　宅地建物取引業者または依頼を受けた他の宅地建物取引業者が，（㉙　　　　　）の宅地建物取引士を置くべき場所で，宅地・建物の売買契約に関する説明をした後，当該宅地・建物に関し展示会その他これに類する催しを土地に（㉚　　　　　）する建物内において実施する場合にあっては，これらの催しを実施する場所

㋓　（㉛　宅地建物取引業者・相手方）が自ら申し出た場合の，その（㉛　宅地建物取引業者・相手方）の（㉜　　　　　）または（㉝　　　　　）

※　㋐，㋑ⓒ，㋒については，土地に（㉚　　　　　）する建物内に設けられたものに限る。

12　クーリング・オフ制度の適用の有無については，実際に専任の宅地建物取引士がいるか否か，その旨の標識を掲げているか否か，その旨の届出がなされているか否かなどによって（㉞　区別される・区別されない）。

13　買受けの申込みをした場所と契約を締結した場所が異なる場合は，（㉟　　　　　）をした場所においてクーリング・オフの適用の可否を判断する。

14　**クーリング・オフができなくなる場合**

㋐　申込者等が，物件の（㊱　　　　　）を受け，かつ，代金の（㊲　　　　　）の支払いをした場合

㋑　宅地建物取引業者からその旨を告げられた日から（㊳　　　　　）日を経過した場合

15　クーリング・オフの意思表示は（㊴　　　　　）により行い，申込者等が（㊴　　　　　）を発したときに効力が生ずる。

16　クーリング・オフがなされたときは，受領した金銭等を速やかに返還しなければならず，また，損害賠償・違約金の支払請求などは（㊵　できる・できない）。

㉕事務所　㉖事務所　㉗継続　㉘案内所　㉙専任　㉚定着　㉛相手方　㉜・㉝自宅，勤務先（順不同）
㉞区別されない　㉟買受けの申込み　㊱引渡し　㊲全額　㊳８　㊴書面　㊵できない

⑺　担保責任の特約の制限

17 宅地建物取引業者が自ら売主となる売買契約において，その目的物が種類または品質に関して契約不適合の場合におけるその不適合を担保すべき責任に関し，民法566条に規定する期間についてその目的物の（㊶　　　　）の日から（㊷　　　　）年以上とする特約をする場合を除き，この民法の規定より（㊸　　　　）に不利となる特約をしてはならない。

過去問にチャレンジ！

＜㊟平成22年第42問改題＞

1 宅地建物取引業者が，新築分譲マンションを宅地建物取引業者でない者に売却した場合，「売主は，当該マンションを買主に引き渡した日から1年以内に通知したときに限り担保責任を負う」旨の特約をしたとき，売主は買主に対し，（㋐引き渡した日から2年間・民法第566条の規定による）責任を負うことになる。

2 宅地建物取引業者が，新築分譲マンションを宅地建物取引業者でない者に売却した場合，売主と買主の間において，担保責任の内容について何らかの特約をしなかったとき，売主は宅地建物取引業法に（㋑違反することとなる・違反したことにはならない）。

3 宅地建物取引業者が，新築分譲マンションを宅地建物取引業者でない者に売却した場合，「買主は，契約不適合を知った時から1年以内にその旨を売主に通知しないときは，履行の追完請求，代金減額請求，損害賠償請求および契約の解除をすることはできない」旨の特約は，原則として（㋒有効・無効）である。

また，この場合，「売主である宅地建物取引業者が引渡しの時にその不適合を知り，または重大な過失によって知らなかったときは，買主は，この期間の制限を受けることなく各種請求および契約の解除をすることができる」旨の特約は（㋓有効・無効）である。

㊶

㊷

㊸

㋐

㋑

㋒

㋓

㊶引渡し　㊷2　㊸買主　　㋐民法第566条の規定による　㋑違反したことにはならない
㋒有効　㋓有効

標準管理委託契約書

注：以下「マンション管理業者」→「管理業者」とする。

1 管理事務の内容および実施方法

1️⃣ 管理事務の内容と再委託

（△→一部できる，○→全部・一部できる）

	管理事務の内容	再委託
(ア)	（①　　　　） 業務	△
(イ)	（②　　　　） 業務	
(ウ)	（③　　　　） 業務	○
(エ)	（④　　　　） 業務	

2️⃣ 委託業務の中に清掃業務は含まれて（⑤ いる・いない）。

3️⃣ 管理事務の内容として，一定の業務が掲げられているが，警備業務については管理員業務の中に含まれて（⑥ いる・いない）。

4️⃣ 事務管理業務の中に，マンション（専有部分を除く）の維持または修繕に関する企画または実施の調整は含まれて（⑦ いる・いない）。

5️⃣ 基幹事務以外の事務管理業務の中に，マンションに係る設計図書，管理規約の原本，総会議事録，総会議案書等の保管に関する業務が含まれて（⑧ いる・いない）。

なお，これらは（⑨ 管理組合・管理業者）の事務所で保管する。

6️⃣ 管理業者は，（⑩ 毎月・2月ごとに1回），管理組合の組合員の管理費等の滞納状況を，管理組合に報告する。

7️⃣ 管理業者が，管理費等の収納事務を集金代行業者に再委託する場合，再委託先の（⑪　　　　），再委託先の（⑫　　　　）を委託契約書に記載する。

8️⃣ 大規模修繕工事実施設計および工事監理業務を管理業者に委託するときは，管理委託契約とは別個の契約にすることが（⑬ 望ましい・望ましいとはいえない）。

9️⃣ 理事会・総会の議事録については，（⑭　　　　）の要点およびその結果を記載する必要がある。この（⑭　　　　）とは，議題・議案・討議の内容・採決方法等を指すが，それらの要点を記載することで足り，すべての発言を一言一句記録するものではないものの，議事に影響を与える重要な発言は記録することに留意すべきである。

---

①事務管理　②〜④管理員，清掃，建物・設備管理（順不同）　⑤いる　⑥いない　⑦いる　⑧いる　⑨管理組合
⑩毎月　⑪・⑫名称，所在地（順不同）　⑬望ましい　⑭議事の経過

2 ┃ 第三者への再委託／善管注意義務

(1)　第三者への再委託

1 管理業者は，事務管理業務の管理事務の一部を，第三者に再委託（再委託された者が更に委託を行う場合以降も含む）（① できる・できない）。

2 管理業者は，設備管理業務の一部を，第三者に再委託（再委託された者が更に委託を行う場合以降も含む）（② できる・できない）。
　　当該業務の全部を第三者に再委託（再委託された者が更に委託を行う場合以降も含む）（③ できる・できない）。

3 管理業者は，事務管理業務（基幹事務）について，その全部を第三者に再委託（④ できる・できない）。

4 管理業者が管理事務を第三者に再委託した場合は，管理業者は，再委託した管理事務の適正な処理について，（⑤　　　　）に対して責任を負う。

5 管理委託契約は，管理組合と管理業者の信頼関係を基礎とするものである。管理事務を第三者に再委託する場合，管理業者は，自らの責任と管理体制の下で処理（⑥ すべきものである・すべきものとはいえない）。

6 契約締結時に再委託先の名称が明らかな場合または契約締結後に明らかになったときには，管理組合に（⑦　　　　）することが望ましい。

(2)　善管注意義務

7 管理業者は，（⑧　　　　）の注意をもって管理事務を行うものとする。

8 上記**7**は，管理委託契約が民法656条の（⑨ 委任・準委任）契約の性格を有することを踏まえ，民法644条の善管注意義務を契約書上も明文化したものである。

① _____
② _____
③ _____
④ _____
⑤ _____
⑥ _____
⑦ _____
⑧ _____
⑨ _____

---

①できる　②できる　③できる　④できない　⑤管理組合　⑥すべきものである　⑦通知　⑧善良な管理者
⑨準委任

3 ｜管理事務に要する費用の負担および支払方法

1️⃣　（①　　　　）は，管理事務として管理業者に委託する事務のため，管理業者に委託業務費を支払うものとする。

2️⃣　管理組合は，委託業務費のうち，その負担方法が（②　　　）でかつ（③　　　）を要しない費用（以下「定額委託業務費」という）を，管理業者に対し，毎月支払う。

3️⃣　定額委託業務費の中には，管理報酬や管理手数料などの項目で，管理業者の一般管理費や利益は含まれて（④　いる・いない）。

4️⃣　定額委託業務費については，管理事務の範囲・内容との関係を明確に（⑤　するため・しなくてよいため），原則として管理委託契約書において内訳を明示（⑥　しなければならない・しなくてよい）。

5️⃣　委託業務費のうち，定額委託業務費以外の費用の額については，原則として管理委託契約書において内訳を明示（⑦　しなければならない・しなくてよい）。

6️⃣　管理業者が管理事務を実施するのに伴い必要となる共用部分の水道光熱費，通信費，消耗品費等の実費は，委託業務費に含まれて（⑧　おり・おらず），管理組合は委託業務費以外の費用を負担する必要は（⑨　ある・ない）。

7️⃣　定額委託業務費を支払うべき期間が１月に満たない場合は，日割計算を行うものと定めて（⑩　いる・いない）。

8️⃣　管理組合が定額委託業務費の支払いを遅延した場合には，年率５パーセントの損害金を管理会社に対し支払うものと定めて（⑪　いる・いない）。

9️⃣　委託業務費のうち，定額委託業務費以外の費用の額（消費税額を含む）については，管理組合は，各業務終了後に，管理組合および管理業者が別に定める方法により精算の上，（⑫　　　）が指定する口座に振り込む方法により支払うものとする。

---

①管理組合　②定額　③精算　④いる　⑤するため　⑥しなければならない　⑦しなければならない　⑧おらず
⑨ある　⑩いる　⑪いない　⑫管理業者

4 管理事務室等の使用／緊急時の業務

(1) 管理事務室等の使用

1 管理組合は，管理業者に管理事務を行わせるために不可欠な（①
　　　），（②　　　　），（③　　　　），（④　　　　），（⑤　　　　）等
（管理事務室等）を（⑥ 有償・無償）で使用させるものとする。

2 管理組合は，管理業者に管理事務を行わせるために必要な一定の
ものを使用させるものとするが，これらの使用に係る費用は，（⑦
管理業者・管理組合または管理業者）の負担となる。

3 管理事務室等の資本的支出が必要となった場合の負担については，
別途，（⑧ 管理組合および管理業者が協議して決定・当然に管理組
合が負担）することとなる。

①_____
②_____
③_____
④_____
⑤_____
⑥_____
⑦_____
⑧_____

過去問に チャレンジ！　　＜㊤平成18年第8問改題＞

　管理業者は，管理事務を行うために必要不可欠な管理事務室
について，一切の費用を負担することなく，または管理組合と
協議することなく無償で使用することが（㋐ できる・できる
とは限らない）。

㋐_____

---

①～⑤管理事務室，管理用倉庫，清掃員控室，器具，備品（順不同）　⑥無償　⑦管理組合または管理業者
⑧管理組合および管理業者が協議して決定　　㋐できるとは限らない

(2) 緊急時の業務

4　管理業者は，次の(ア)(イ)に掲げる災害または事故等の事由により，管理組合のために，緊急に行う必要がある業務で，管理組合の（⑨　　　　）を受ける時間的な余裕がないものについては，管理組合の（⑨　　　　）を受けないで実施できる。この場合，管理業者は，速やかに，（⑩　口頭・書面）をもって，その業務の内容およびその実施に要した費用の額を管理組合に（⑪　報告・通知）しなければならない。

(ア)　地震，台風，突風，集中豪雨，落雷，雪，噴火，ひょう，あられ等

(イ)　火災，漏水，破裂，爆発，物の飛来もしくは落下または衝突，犯罪，孤立死（孤独死）等

5　災害または事故等とは，天災地変による災害，漏水または火災等の（⑫　　　　）的な事故等をいう。事前に事故等の発生を予測することが極めて困難なものをいう。

6　管理業者の業務において，外壁のタイルが落下したので，屋上から壁にかけて防護網を設置し，子供が近づかないよう注意する看板を立てたことは，（⑬　適切・不適切）である。

7　管理組合は，原則として，管理業者が業務を遂行する上でやむを得ず支出した費用については，（⑭　速やかに・2週間以内に），管理業者に支払わなければならない。

過去問にチャレンジ！

＜㊖平成18年第8問改題＞

管理業者は，災害または事故等の事由により，管理組合のために，緊急に行う必要がある業務であれば，（ア　どのような状況であっても・緊急に行う必要がある業務で，管理組合の承認を受ける時間的余裕のないものについて），管理組合の承認を受けないで実施することができる。

左側余白の記号：⑨　⑩　⑪　⑫　⑬　⑭　ア

---

⑨承認　⑩書面　⑪通知　⑫偶発　⑬適切　⑭速やかに
ア緊急に行う必要がある業務で，管理組合の承認を受ける時間的余裕のないものについて

5 管理事務の報告等／管理費等滞納者に対する督促

(1) 管理事務の報告等

① （①　　　）は，管理組合の事業年度終了後一定期間以内に，管理組合に対し，当該年度における管理事務の処理状況および管理組合会計の収支の結果を記載した書面を交付し，（②　　　）をして，報告させなければならない。

② 管理業者は，管理組合から（③　　　）があれば，管理事務の処理状況および管理組合会計の収支状況について報告を行う必要がある。

③ 上記①②の場合，管理組合は，管理業者に対し，管理事務の処理状況および管理組合会計の収支に係る関係書類の（④　　　）を求めることができる。

④ 管理業者は，組合員の管理費等の滞納状況について，（⑤ 毎月・毎年度１回以上），報告するものと定めている。

⑤ 管理業者は，組合員の管理費等の収納状況について，毎月，管理業務主任者をして管理組合に報告させるものと定めて（⑥ いる・いない）。

(2) 管理費等滞納者に対する督促

⑥ 管理業者は，事務管理業務のうち，（⑦　　　）業務を行う場合において，管理組合の組合員に対し一定の督促を行っても，なお当該組合員が支払わないときは，その責めを（⑧ 免れる・免れない）。その後の収納の請求は，（⑨　　　）が行うものとする。

⑦ 上記⑥の場合，管理組合が管理業者の協力を必要とするときは，管理組合および管理業者は，その協力方法について（⑩　　　）するものとする。

⑧ 弁護士法72条の規定を踏まえ，債権回収はあくまで（⑪ 管理組合・管理業者）が行うものであることに留意し，管理業者の管理費等滞納者に対する督促に関する協力について，事前に協議が調っている場合は，協力内容《（⑪ 管理組合・管理業者）の名義による配達証明付内容証明郵便による督促等》，費用の負担等に関し，具体的に規定するものとする。

①管理業者　②管理業務主任者　③請求　④提示　⑤毎月　⑥いない　⑦出納　⑧免れる　⑨管理組合　⑩協議　⑪管理組合

6 ┃有害行為の中止要求／通知義務

(1) 有害行為の中止要求

1 管理業者は，管理事務を行うため必要なときは，管理組合の（① 　　）およびその所有する専有部分の（② 　　）に対し，管理組合に代わって，一定行為の中止を求めることができる。

2 区分所有者が共同生活の秩序に反する行為をした場合に，管理業者が行為の中止を求めることが（③ できる・できない）。

3 管理業者の業務において，パイプスペース内のメーターボックスの前に，メーター検針が行えない状態で物が置かれているので，その物を置いた者に対し，速やかに撤去するよう求めたことは，適切で（④ ある・ない）。

4 管理業者が，上記**1**に基づき中止を求めても，なお管理組合の組合員等がその行為を中止しないときは，書面をもって管理組合にその内容を報告する必要があり，この報告を行った場合，（⑤ 　　）はさらなる中止要求の責務を免れるものとし，その後の中止等の要求は（⑥ 　　）が行うものとする。

(2) 通知義務

5 管理組合または管理業者は，本マンションにおいて（⑦ 　　），（⑧ 　　），契約不適合等の事実を知った場合，速やかに，その状況を相手方に（⑨ 　　）しなければならない。

6 管理組合または管理業者は，次の(ア)～(カ)のいずれかに該当した場合，速やかに，（⑩ 口頭・書面）をもって，相手方に（⑪ 報告・通知）しなければならない。

(ア) 管理組合の役員または組合員が（⑫ 　　）したとき

(イ) 管理組合の組合員がその専有部分を第三者に（⑬ 　　）したとき

(ウ) 管理業者の商号または住所が変更したとき

(エ) 管理業者が（⑭ 　　）または会社分割したとき

(オ) 管理業者がマンションの管理の適正化の推進に関する法律の規定に基づき処分を受けたとき

(カ) 管理業者が一定の契約解除事項に該当したとき

①組合員　②占有者　③できる　④ある　⑤管理業者　⑥管理組合　⑦・⑧滅失，き損（順不同）　⑨通知　⑩書面　⑪通知　⑫変更　⑬貸与　⑭合併

7 専有部分等への立入り

1 管理業者は，管理事務を行うため必要があるときは，組合員等に対して，その専有部分または専用使用部分（以下「専有部分等」という）への立入りを請求（① できる・できない）。

2 管理業者の業務において，居住者が行方不明となっている住戸から異臭がすると他の居住者から連絡があったので，その住戸に立ち入り，その原因を確認したことは，（② 適切・不適切）である。

3 上記1の場合，管理業者は，組合員等がその専有部分等への立入りを拒否したときは，その旨を管理組合に（③　　　）しなければならない。

4 上記1にかかわらず，管理業者は，P88−4(2)の4(ア)(イ)に掲げる災害または事故等の事由により，管理組合のために緊急に行う必要がある場合，専有部分等に立ち入ることが（④ できる・できない）。この場合，管理業者は，管理組合および管理業者が立ち入った専有部分等に係る組合員等に対し，事（⑤ 前・後）に，報告をしなければならない。

①_____

②_____

③_____

④_____

⑤_____

過去問にチャレンジ！

<㊏平成20年第8問改題>

管理業者は，災害または事故等の事由により，管理組合のために緊急に業務を行う必要がある場合，組合員およびその所有する専有部分の占有者に対して，立入りの請求をすることなく，専有部分に立ち入ることが（㋐ できる・できない）。

㋐_____

---

①できる　②不適切　③通知　④できる　⑤後　　㋐できる

8 管理規約の提供等

1　管理業者は，管理組合の組合員から当該組合員が所有する専有部分の売却等の依頼を受けた宅地建物取引業者が，その媒介等の業務のために，理由を付した（①　　　）の提出または当該（①　　　）を一定の（②　　　）により提出することにより，管理組合の管理規約，管理組合が作成し保管する会計帳簿，什器備品台帳およびその他の帳票類ならびに管理組合が保管する長期修繕計画書および設計図書（本条および別表第5において「（③　　　）」という）の提供または「別表第5に掲げる事項」の（④　　　）を求めてきたときは，管理組合に代わって，当該宅地建物取引業者に対し，（③　　　）の写しを提供し，および「別表第5に掲げる事項」について（①　　　）をもって，または（②　　　）により（④　　　）するものとする。

　管理組合の組合員が，当該組合員が所有する専有部分の売却等を目的とする情報収集のためにこれらの提供等を求めてきたときも，同様とする。

2　管理業者は，上記1の業務に要する費用を管理規約等の提供または「別表第5に掲げる事項」の開示を行う相手から受領（⑤　できる・できない）。

3　上記1の場合，管理業者は，当該組合員が管理費および修繕積立金等を滞納しているときは，管理組合に代わって，当該宅地建物取引業者に対し，その清算に関する必要な措置を求めることが（⑥できる・できない）。

---

①書面　②電磁的方法　③管理規約等　④開示　⑤できる　⑥できる

9 管理業者の使用者責任／守秘義務等／免責事項

(1) 管理業者の使用者責任

1 管理業者は，管理業者の使用人等が，管理事務の遂行に関し，管理組合または組合員等に損害を及ぼしたときは，管理組合または管理組合の組合員等に対し，（①　　　　）としての責任を負う。

(2) 守秘義務等

2 管理業者・管理業者の使用人等は，正当な理由なく，（②　　　）に関して知り得た管理組合および組合員等の秘密を漏らし，または管理事務以外の目的に使用してはならない。

3 管理業者は，管理事務の遂行に際して組合員等に関する個人情報を取り扱う場合には，管理委託契約の目的の範囲において取り扱い，正当な理由なく，第三者に提供，開示または漏えい（③ してはならない・しないように努めなければならない）。

(3) 免責事項

4 管理業者は，管理組合または組合員等が，P88－4(2)の4(ｱ)(ｲ)に掲げる災害または事故等（管理会社の責めによらない場合に限る）による損害および次の(ｱ)～(ｳ)に掲げる損害を受けたときは，その損害を賠償する責任を負わないものとする。

(ｱ) 管理業者が（④　　　）の注意をもって管理事務を行ったにもかかわらず生じた管理対象部分の異常または故障による損害

(ｲ) 管理業者が，（⑤　　　）をもって注意喚起したにもかかわらず，管理組合が（⑥　　　）しなかった事項に起因する損害

(ｳ) 上記(ｱ)(ｲ)に定めるもののほか，管理業者の責めに帰することができない事由による損害

5 マンションの地域性・設備の状況に応じて，管理組合および管理業者の（⑦　　　）の上，例えば「感染症の拡大のため予定していた総会等の延期に係る会場賃借・設営に対する損害」，「排水設備の能力以上に機械式駐車場内に雨水流入があったときの車両に対する損害」等，必要に応じて具体的な内容を記載することも考えられる。

①使用者　②管理事務　③してはならない　④善良な管理者　⑤書面　⑥承認　⑦協議

93

10 契約の解除

1　管理組合または管理業者は，その相手方が，本契約に定められた義務の履行を怠った場合は，相当の期間を定めてその履行を（①　　　）し，相手方が当該期間内に，その義務を履行しないときは，本契約を解除できる。この場合，管理組合または管理業者は，その相手方に対し，損害賠償を請求（② できる・できない）。

2　甲管理組合とA管理業者との間の管理委託契約に関し，日常清掃を週3日実施するとの管理委託契約の定めに反して，Aが週2日しか実施しない場合，甲は，直ちに管理委託契約を解除（③ できる・できない）。

3　管理組合または管理業者の一方について，次の(ア)～(オ)のいずれかに該当したときは，その相手方は，何らの催告を要せずして，管理委託契約を解除できる。

(ア)　管理業者が，（④　　　）の取引を停止されたとき

(イ)　管理業者に，破産手続，会社更生手続，民事再生手続その他法的倒産手続開始の申立て，もしくは私的整理の開始があったとき

(ウ)　管理会社が，（⑤　　　）または上記(イ)以外の事由により（⑥　　　）したとき

(エ)　管理会社が，マンション管理業の（⑦　　　）の処分を受けたとき

(オ)　反社会的勢力の排除に関する一定の確約事項に反する事実が判明したとき

過去問にチャレンジ！
＜▽平成18年第33問改題＞

甲管理組合と乙管理業者との管理委託契約に関し，乙が銀行の取引を停止されたとき，甲は，管理委託契約を解除することは（⑦ できる・できない）。

①催告　②できる　③できない　④銀行　⑤合併　⑥解散　⑦登録の取消し　⑦できる

11 | 解約の申入れ／契約の更新／反社会的勢力の排除

(1) 解約の申入れ

1　P94-**10** 1 2にかかわらず，管理組合または管理業者は，その相手方に対し，少なくとも（①　　　　）ヵ月前に（② 口頭・書面）で解約の申入れを行うことにより，管理委託契約を終了させることができる。

2　管理組合と管理業者との間の管理委託契約に関し，管理委託契約では有効期間が2年と定められている場合，その期間内に管理委託契約を解約（③ できる・できない）。

(2) 契約の更新

3　管理組合または管理業者は，管理委託契約を更新しようとする場合，本契約の有効期間が満了する日の（④　　　　）ヵ月前までに，その相手方に対し，（⑤ 口頭・書面）をもって，本契約の更新について申し出るものとする。

4　管理委託契約の更新について申出があった場合，その有効期間が満了する日までに更新に関する協議が調う見込みがないときは，管理組合および管理業者は，本契約と（⑥　　　　）の条件で，期間を定めて（⑦　　　　）を締結できる。

5　契約更新に関する申出がない場合は，管理委託契約は（⑧ 原則として・当然に）有効期間満了をもって終了となるが，その場合は円滑な管理事務の引継ぎ等のため，契約終了後の取扱いについて，本契約の終了時までに余裕をもって，管理組合および管理業者が協議することが望ましい。

①_____

②_____

③_____

④_____

⑤_____

⑥_____

⑦_____

⑧_____

①3　②書面　③できる　④3　⑤書面　⑥同一　⑦暫定契約　⑧当然に

1 | 管理規約の類型（単棟型）・総則

1 （①　　　　）型とは，理事・監事に外部専門家が加わり，理事会の運営面の不全の改善を図るもので，外部役員の選任・解任規定，役員の欠格要件，外部役員の業務執行のチェック体制について規約の規定等の整備が必要である。

2 （②　　　　）型とは，理事長に外部専門家が加わるものであり，理事長の選任・解任規定，理事長の業務執行に関する理事会の監督体制について規約の規定等の整備が必要である。

3 外部専門家が管理組合の運営に携わる基本的パターンには，上記①②以外に，（③　　　　）型と（④　　　　）型がある。

4 標準管理規約および総会の決議の遵守義務を負う者は，（⑤ 区分所有者・管理会社）である。

5 標準管理規約および総会の決議は，区分所有者の（⑥　　　　）承継人および（⑦　　　　）承継人に対して，その効力を有する。

6 占有者（賃借人等）は，対象物件の使用方法につき，区分所有者が規約および総会の決議に基づいて負う義務と同一の義務を（⑧ 負う・負わない）。

7 管理組合は，区分所有者（⑨ 全員・のうち希望者）をもって構成する。また，区分所有者（⑩ 全員・のうち希望者）が加入する。

過去問にチャレンジ！　＜☑平成26年第26問改題＞

マンションの敷地の一部を隣接する民間駐車場の所有者に売却することになった。この場合において，管理組合の理事長から相談を受けたマンション管理士は，「売却により敷地面積が変わることになれば，規約にある対象物件の敷地面積の変更も必要になります。」と発言したことは，適切で（⑦ ある・ない）。

---

①理事・監事外部専門家　②理事長外部専門家　③・④外部管理者理事会監督，外部管理者総会監督（順不同）
⑤区分所有者　⑥・⑦包括，特定（順不同）　⑧負う　⑨全員　⑩全員　⑦ある

2 ┃ 専有部分・共用部分の範囲／敷地および共用部分等の共有

(1) 専有部分・共用部分の範囲

1️⃣ 対象物件のうち，区分所有権の対象となる専有部分は，（① 　　　　）を付した住戸とする。

2️⃣ 天井・床および壁は，躯体部分を除く部分を（② 　　　　）部分とし，玄関扉は，錠および内部塗装部分を（③ 　　　　）部分とする。

3️⃣ 窓枠および窓ガラスは，（④ 　　　　）部分となる。また，雨戸または網戸は，（⑤ 　　　　）部分となる。

過去問にチャレンジ！

<㊟平成17年第37問改題>

1️⃣ 雑排水管の配管継手および立て管は，共用部分で（⑦ ある・ない）。

2️⃣ インターネットの通信設備は，共用部分で（㋑ ある・ない）。

3️⃣ 住戸の網戸は，共用部分で（㋒ ある・ない）。

4️⃣ メーターボックス内の給湯器ボイラー設備は，共用部分で（㋓ ある・ない）。

(2) 敷地および共用部分等の共有

4️⃣ 区分所有者は，敷地または共用部分等の分割を請求（⑥ できる・できない）。

5️⃣ 区分所有者は，専有部分と敷地および共用部分等の共有持分とを分離して譲渡して（⑦ よい・はならない）。

また，抵当権の設定等の処分をして（⑧ よい・はならない）。

---

①住戸番号　②専有　③専有　④共用　⑤共用　　⑦ある　㋑ある　㋒ある　㋓ない
⑥できない　⑦はならない　⑧はならない

3 用　法

1　区分所有者は，バルコニー，玄関扉，窓枠，窓ガラス，一階に面する庭および屋上テラスについて，（①　　　）権を有することを承認する。なお，（②　　　）型では，シャッター，店舗前面敷地についても同様である。

2　区分所有者から（③　　　）部分の貸与を受けた者は，その区分所有者が（④　　　）権を有しているバルコニー等を使用できる。

3　管理組合は，特定の区分所有者に（⑤　　　）契約により駐車場を使用させることができ，これにより駐車場を使用している者は，（⑥　　　）に駐車場使用料を納入しなければならない。

4　区分所有者が，その所有する専有部分を，他の区分所有者または第三者に（⑦　　　）または（⑧　　　）したときは，その区分所有者の駐車場契約は効力を失う。なお，家主同居型の住宅宿泊事業を実施する場合は，対象として（⑨　いる・いない）と考えられる。

5　区分所有者は，専有部分の修繕，模様替えまたは建物に定着する物件の取付けもしくは取替え（以下「修繕等」という）であって共用部分または他の専有部分に影響を与えるおそれのあるものをしようとする場合，あらかじめ（⑩　　　）に申請し，（⑪　口頭・書面または電磁的方法）による承認を受けなければならない。

6　理事長は，区分所有者からの修繕等の申請について，（⑫　総会・理事会）の決議により，その承認または不承認を決定しなければならない。

7　（⑬　管理会社・理事長）またはその指定を受けた者は，専有部分の修繕工事の施行に必要な範囲内において，修繕等の箇所に立ち入り，必要な調査を行うことができるが，区分所有者は，（⑭　　　）がなければこれを拒否してはならない。

8　区分所有者が，専有部分を第三者に貸与する場合には，その貸与に係る契約に（⑮　　　）および（⑯　　　）に定める事項をその第三者に遵守させなければならない。

9　区分所有者は，契約の相手方に，上記8に定める事項を遵守する旨の（⑰　　　）を（⑱　　　）に提出させなければならない。

①専用使用　②複合用途　③専有　④専用使用　⑤駐車場使用　⑥管理組合　⑦・⑧譲渡，貸与（順不同）　⑨いない
⑩理事長　⑪書面または電磁的方法　⑫理事会　⑬理事長　⑭正当な理由　⑮・⑯規約，使用細則（順不同）
⑰誓約書　⑱管理組合

4 管 理

1 バルコニー等の保存行為のうち，「通常の使用に伴うもの」については，（①　　　）権を有する者がその責任と負担においてこれを行わなければならない。

2 理事長は，損害保険の契約に基づく保険金額の請求および受領について，区分所有者を（②　　　）する。

3 管理費等の額については，各区分所有者の（③　　　）部分の共有持分に応じて，算出するものとする。

4 駐車場使用料その他の敷地および共用部分等に係る使用料は，それらの管理に要する費用に充てるほか，（④　　　）として積み立てる。

5 （⑤　　　）については，管理費とは区分して経理しなければならない。

過去問にチャレンジ！

<⌐平成18年第25問改題>

1 甲マンションでは，共用部分である排水管の清掃について理事会に諮った結果，専有部分である枝管も含め一体として実施することとなった。この場合，総会の決議を経れば，その費用の全部を管理費から支出することが（㋐ できる・できない）。

2 甲マンションでは，共用部分である排水管の清掃について理事会に諮った結果，専有部分である枝管も含め一体として実施することとなった。この場合，枝管の清掃費用相当分は，規約で定めれば管理費から支出することが（㋑ できる・できない）。

3 甲マンションでは，共用部分である排水管の清掃について理事会に諮った結果，専有部分である枝管も含め一体として実施することとなった。この場合，排水管の一部の修繕が必要であることが判明した場合，総会の決議を経れば，その修繕費用を修繕積立金から支出することが（㋒ できる・できない）。

4 甲マンションでは，共用部分である排水管の清掃について理事会に諮った結果，専有部分である枝管も含め一体として実施することとなった。この場合，一部の区分所有者について枝管の取替えが必要であることが判明した場合，その取替え費用を修繕積立金から支出することが（㋓ できる・できない）。

①
②
③
④
⑤
㋐
㋑
㋒
㋓

①専用使用　②代理　③共用　④修繕積立金　⑤修繕積立金　　㋐できる　㋑できる　㋒できる　㋓できない

5 | 管理組合

1　新たに組合員の資格を取得しまたは喪失した者は，（① 直ちに・1週間以内に）その旨を（② 口頭・書面または電磁的方法）により（③　　　）に届け出なければならない。

2　長期修繕計画の内容としては，次のものが必要である。

　㋐　計画期間が（④　　　）年以上で，かつ大規模修繕工事が（⑤　　　）回含まれる期間以上とすること。

　㋑　計画修繕の対象となる工事として，外壁補修，屋上防水，給排水管取替え，窓および玄関扉等の開口部の改良等が掲げられ，各部位ごとに（⑥　　　），工事金額等が定められているものであること。

　㋒　全体の工事金額が定められたものであること。

　　また，長期修繕計画の内容については，定期的な見直しをすることが必要である。

3　「長期修繕計画の作成または変更に要する経費および長期修繕計画の作成等」のための劣化診断（建物診断）に要する経費の充当については，管理組合の財産状態等に応じて，管理費または修繕積立金のどちらからでもできる。

　　ただし，「修繕工事の前提」としての劣化診断（建物診断）に要する経費の充当については，修繕工事の一環としての経費であることから，原則として（⑦　　　）から取り崩すこととなる。

4　総会を招集するには，少なくとも会議を開く日の（⑧　　　）週間前〈会議の目的が建替え決議またはマンション敷地売却決議であるときは（⑨　　　）ヵ月前〉までに，会議の（⑩　　　），（⑪　　　）および（⑫　　　）を示して，組合員に通知を発しなければならない。

5　上記4にかかわらず，緊急を要する場合（会議の目的が建替え決議またはマンション敷地売却決議であるときを除く），理事長は，（⑬　　　）の承認を得て，（⑭　　　）日間を下回らない範囲において，この期間を短縮できる。

6　総会の議事は，出席組合員の議決権の（⑮　　　）で決する。

---

①直ちに　②書面または電磁的方法　③管理組合　④30　⑤2　⑥修繕周期　⑦修繕積立金　⑧2　⑨2
⑩～⑫日時，場所（WEB会議システム等を用いて会議を開催するときはその開催方法），目的（順不同）　⑬理事会
⑭5　⑮過半数

7 総会で，組合員が代理人により議決権を行使する場合，その代理人は，その組合員の配偶者または一親等の親族，その組合員の住戸に同居する親族，他の組合員としてよい。このうち，婚姻の届出をしていないが事実上婚姻関係と同様の事情にある者を，代理人として（⑯　よい・よくない）。

⑯

過去問にチャレンジ！

<管平成20年第30問改題>

1 組合員総数の $\frac{1}{5}$ 以上および議決権総数の $\frac{1}{5}$ 以上に当たる組合員の同意を得て，組合員Aが防犯カメラの設置を目的として臨時総会の招集を理事長に請求した。この場合，理事長は，請求があった日から（⑦　2・4）週間以内の日を会日とする臨時総会の招集通知を発しなければならない。

⑦

2 組合員総数の $\frac{1}{5}$ 以上および議決権総数の $\frac{1}{5}$ 以上に当たる組合員の同意を得て，組合員Aが防犯カメラの設置を目的として臨時総会の招集を理事長に請求した。この場合，理事長が2ヵ月後に通常総会が開催されるとして何もしないまま請求があった日から（④　2・4）週間を経過した場合は，Aが臨時総会を招集することができる。

④

3 組合員総数の $\frac{1}{5}$ 以上および議決権総数の $\frac{1}{5}$ 以上に当たる組合員の同意を得て，組合員Aが防犯カメラの設置を目的として臨時総会の招集を理事長に請求した。この場合，臨時総会の議長は，出席組合員の議決権の過半数により，（⑦　理事長を含む組合員・理事長以外の組合員）の中から選任されなければならない。

⑦

4 組合員総数の $\frac{1}{5}$ 以上および議決権総数の $\frac{1}{5}$ 以上に当たる組合員の同意を得て，組合員Aが防犯カメラの設置を目的として臨時総会の招集を理事長に請求した。この場合，臨時総会の議事録は，議長が作成し，（④　保管・理事長が保管）し，所定の掲示場所に保管場所を掲示しなければならない。

④

⑯よい　⑦4　④2　⑦理事長を含む組合員　④理事長が保管

6 | 理事会・会計・雑則

（1）　理事会

1 理事会の議長は，（① 　　　　）が務める。

2 理事が一定以上の理事の同意を得て理事会の招集を請求した場合，理事長は，（② ３週間以内に・速やかに）理事会を招集しなければならない。

3 理事会の会議は，理事の（③ 半数・$\frac{2}{3}$）以上が出席しなければ開くことができず，その議事は，出席理事の（④ 過半数・$\frac{2}{3}$以上）で決する。

4 理事長は，会計年度の開始後，収支予算案の承認を得るまでの間に，次の経費の支出が必要となった場合，（⑤ 　　　　）の承認を得てその支出を行うことができる。

(ア) 通常の管理に要する経費のうち，経常的であり，かつ，収支予算案の承認を得る前に支出することがやむを得ないと認められるもの

(イ) 総会の承認を得て実施している長期の施工期間を要する工事に係る経費であって，収支予算案の承認を得る前に支出することがやむを得ないと認められるもの

5 **4**の規定に基づき行った支出は，収支予算案の承認を得たときは，当該収支予算案による支出と（⑥ 　　　　）。

（2）　会　計

6 理事長は，毎会計年度の（⑦ 　　　　）を通常総会に提出し，その（⑧ 　　　　）を得なければならない。

7 収支予算を変更するときは，理事長は，その案を臨時総会に提出し，その（⑨ 　　　　）を得なければならない。

8 理事長は，毎会計年度の収支決算案を（⑩ 　　　）の（⑪ 　　　　）を経て，通常総会に報告し，その（⑫ 　　　　）を得なければならない。

9 収支決算の結果，管理費に余剰を生じた場合，その余剰は翌年度における（⑬ 　　　　）に充当される。

①理事長　②速やかに　③半数　④過半数　⑤理事会　⑥みなされる　⑦収支予算案　⑧承認　⑨承認
⑩監事　⑪会計監査　⑫承認　⑬管理費

(3) 雑　則

⑩ 区分所有者・占有者が，建物の保存に有害な行為その他建物の管理・使用に関し，区分所有者の共同の利益に反する行為をした場合，区分所有法の義務違反者に対する措置の規定（57条～60条）に基づき必要な措置をとることができる。区分所有者の共同の利益に反する行為をするおそれがある場合，（⑭　できる・できない）。

⑪ 区分所有者・その同居人または専有部分の貸与を受けた者・その同居人（「区分所有者等」という）が，法令・規約・使用細則等に違反した場合，理事長は，（⑮　　　　）の決議を経てその区分所有者等に対し，その是正等のため必要な勧告または指示・警告を行うことができる。また，対象物件内における共同生活の秩序を乱す行為を行った場合，その是正等のために必要な措置をすることが（⑯　できる・できない）。

7 | 団地型

① 棟総会を招集するには，少なくとも会議を開く日の（⑰　　　　）前（会議の目的が建替え決議またはマンション敷地売却決議であるときは（⑱　　　　）前）までに，会議の日時，場所（WEB会議システム等を用いて会議を開催するときは，その開催方法），目的および議案の要領を示して，当該棟の区分所有者に通知を発しなければならない。

② 次の事項については，（⑲　　　　）の決議を経なければならない。
　㋐ 区分所有法で団地関係に準用されていない規定に定める事項に係る規約の制定・変更・廃止
　㋑ 義務違反者に対する訴えの提起およびこれらの訴えを提起すべき者の選任
　㋒ 建物の一部が滅失した場合の滅失した棟の共用部分の復旧
　㋓ 建替えおよび建替え等円滑化法108条1項の場合の（⑳　　　　）
　㋔ 団地内の建物の建替えを団地内の他の建物の建替えと一括して建替え承認決議に付すこと
　㋕ 建替え等に係る合意形成に必要となる事項の調査の実施およびその経費に充当する場合の各棟修繕積立金の取崩し

⑭_____

⑮_____

⑯_____

⑰_____

⑱_____

⑲_____

⑳_____

---

⑭できる　⑮理事会　⑯できる　⑰2週間　⑱2ヵ月　⑲棟総会　⑳マンション敷地売却

1 管理組合の予算・決算

(1) 管理組合の収入・支出科目

1 管理費等の支払方法は，預金口座振替，振込，定額自動送金，集金等の方法があるが，一般的なのは（①　　　）である。

2 専用使用料については，大規模修繕工事の準備金をより多く確保するため，特別会計である（②　　　）会計に繰り入れておくことが望ましい。

(2) 予算手続

3 収支予算案の作成には，当期の会計年度の収支状況を確認する必要があり，毎月の収支状況および予算残高を確認するために（③　　　）を作成する必要がある。

(3) 決算手続

4 収支報告書や貸借対照表は，受託先の管理組合の管理規約において，会計区分の定めがない場合を除いて，一般会計〈（④　　　）会計〉と特別会計〈（⑤　　　）会計〉の別に作成するものとする。

5 （⑥ 預け金・預り金）は，徴収方法の関係で，区分所有者から徴収した管理費，修繕積立金等で，管理組合の預金口座に入金されるまでの間のその金額を計上する。

6 （⑦ 前受金・前払金）は，次年度に計上すべき費用で，当年度内に支払った額を計上する。

7 （⑧ 未払金・未収入金）は，会計期間中に役務の提供が行われたが，支払いが翌期になるものを計上する。

8 （⑨ 預け金・預り金）は，将来返還すべき債務（駐車場敷金等）の年度末残高を計上する。

①預金口座振替　②修繕積立金　③収支推移表　④管理費　⑤修繕積立金　⑥預け金　⑦前払金　⑧未払金　⑨預り金

⑨　（⑩ 前受金・前払金）は，次年度に計上すべき収入（翌月分の管理費等を当月に収納している場合）で，当年度内に徴収された管理費等（実入金額）を計上する。

⑩　発生主義（すべての費用・収入は，その支出・収入に基づいて計上し，その発生した期間に処理する）の原則に基づいて会計処理を行っている場合，当月分の管理費等を当月に収納している場合，会計年度末に収納がないものは，（⑪ 未払金・未収入金）に計上する。

⑪　翌月分の管理費等を当月に収納している場合で，会計年度末に収納した管理費等は，（⑫ 前受金・前払金）として会計処理をしなければならない。

⑫　翌月分の管理費，修繕積立金を当月に徴収している場合で，所定月額が全額管理組合口座に入金されたとき，（⑬ 前受金・前払金）という負債が計上される。

⑬　「翌月分」の管理費および修繕積立金1,500,000円を「当月」に徴収している場合で，所定月額が「全額」管理組合の普通口座に入金されたときの仕訳は，

（借方）（⑭　　　　）1,500,000　（貸方）（⑮　　　　）1,500,000
である。

⑭　集金代行会社が徴収した管理費等が管理組合口座に入金されていないときには，（⑯ 預け金・預り金）として（⑰ 資産・負債）に計上して，当該口座に入金されたときに（⑱　　　　）勘定に振り替える。

⑮　管理組合が修繕積立保険に加入している場合の支払保険料の内訳が，積立保険料部分と危険保険料部分に分かれる場合には，積立保険料部分については貸借対照表の（⑲ 資産・負債）に計上し，危険保険料部分のうち経過保険料部分は（⑳　　　　）に計上する。

⑯　管理組合の普通預金に利息が付されたときは（㉑　　　　）を計上し，また借入金の利息を支払ったときは（㉒　　　　）を計上する。

⑰　管理組合会計では，購入時に什器備品の支出総額が計上されており減価償却は行わないが，（㉓　　　　）を作成・保管することで補充・修理等の予算作成に有用である。

⑱　管理組合に提出する書類の範囲には，金融機関発行の（㉔　　　　）も含まれ，監事の会計監査でも貸借対照表の預金勘定は，（㉔　　　　）と一致しているか確認しなければならない。

⑩前受金　⑪未収入金　⑫前受金　⑬前受金　⑭普通預金　⑮前受金　⑯預け金　⑰資産　⑱普通預金　⑲資産
⑳費用　㉑受取利息　㉒支払利息　㉓什器備品台帳　㉔預金残高証明書

2 予算の執行と管理組合の資金等

(1) 管理費等の滞納処理

1 配当要求は，先取特権に基づき行うことができるが，管理組合が法人化されている場合の配当要求権者は，管理組合法人の（① 理事・監事）である。

2 （②　　　　）とは，財産上の争いについて，訴訟や調停によらずに，双方の合意による解決の見込みがある場合に，裁判所で和解をする手続である。この申立ては，相手方の住所のある地区の裁判を担当する（③ 地方・簡易）裁判所に対して行う。

3 （④　　　　）とは，通常の訴訟によらないで，債権の目的が金銭その他の代替物または有価証券の一定量の給付の場合，債権者が裁判所に申立てることにより，（⑤　　　　）が債権者の申立てに理由があると認めれば，債務者の言い分を調べることなしに，債務の支払いを命ずる手続である。

4 少額訴訟は，訴額が（⑥　　　）万円以下の（⑦　　　）支払請求事件について利用できる。

5 少額訴訟では，1人の原告による同一簡易裁判所における同一年内の少額訴訟手続の利用回数は，（⑧　　　）回以内に制限される。

過去問にチャレンジ！　＜㊎平成22年第10問改題＞

滞納額が，60万円以下の場合は，通常の民事訴訟ではなく，少額訴訟制度（民事訴訟法の「少額訴訟に関する特則」）に（㋐ よらなければならない・よらなくてもよい）。

①理事　②即決和解　③簡易　④支払督促　⑤簡易裁判所書記官　⑥60　⑦金銭　⑧10　　㋐よらなくてもよい

3 管理組合の税務

(1) 法人税

1 管理組合に課せられる法人税等については，法人格の有無に関係が（① ある・ない）。つまり，課税上の差異が（② 生じる・生じない）よう措置されている。

2 法人税法上，法人である管理組合は，（③　　　　　）から生じた所得にのみ課税される。

3 法人税法上，管理組合法人は，原則として公益法人等とみなされ，（④ 課税・非課税）扱いとなるが，（⑤ 非収益・収益）事業所得に対し適用される税率については，この規定が適用除外され，普通法人（事業会社）（⑥ と同様の・より低い）税率が適用される。

(2) 消費税

4 管理組合の収入となる管理費および修繕積立金を管理組合が徴収する場合，当該収入は消費税の（⑦ 課税・不課税）対象となる。

5 管理組合の収入のうち管理費および修繕積立金は，消費税の課税対象外であるが，組合員からのマンション敷地内の駐車場収入は，消費税の（⑧ 課税・不課税）対象となる。

6 管理組合が，組合員以外の第三者に敷地内の駐車場を賃貸した場合の収入は，消費税の課税対象と（⑨ なる・ならない）。

7 特定の住戸に付属するマンションの敷地を専用庭として特定の組合員に使用させることから生じる専用庭使用料収入は，消費税が課税（⑩ される・されない）。

8 管理組合の管理費および修繕積立金の預貯金に対する受取利息には，消費税が課税（⑪ される・されない）。

9 管理組合の支出に関し，大規模修繕を行うための借入金の支払利息は，消費税の課税対象と（⑫ なる・ならない）。

10 管理組合の支出に関し，管理組合が支払う水道光熱費，電話料は，消費税の課税対象と（⑬ なる・ならない）。

①
②
③

④
⑤
⑥

⑦

⑧

⑨

⑩

⑪

⑫

⑬

---

①ない　②生じない　③収益事業　④非課税　⑤収益　⑥と同様の　⑦不課税　⑧不課税　⑨なる　⑩されない
⑪されない　⑫ならない　⑬なる

1 消費者契約法

1 定　義

消費者契約法において，事業者とは法人その他の団体をいうが，個人が，事業のために契約の当事者となる場合は，この事業者に（① 含まれる・含まれない）。

2 消費者契約の条項の効力

マンションの売主が事業者で，買主が消費者である売買契約において，契約の内容に適合しないことにより消費者に生じた損害を賠償する事業者の責任の全部を免除する条項は，原則として（② 有効・無効）となる。

過去問にチャレンジ！

＜㊛平成26年第44問＞

① 事業者と消費者との間で締結される契約の条項の効力について宅地建物取引業法に別段の定めがある場合，（⑦ 消費者契約法・宅地建物取引業法）の規定が優先して適用される。

② 消費者契約法において「適格消費者団体」とは，不特定かつ多数の消費者の利益のためにこの法律の規定による差止請求権を行使するのに必要な適格性を有する法人である消費者団体として，（④ 内閣総理大臣・国土交通大臣）の認定を受けた者をいう。

①含まれる　②無効　⑦宅地建物取引業法　④内閣総理大臣

② 個人情報保護法

1 定義

　個人情報とは，生存する個人に関する情報であって，(ア)当該情報に含まれる氏名，生年月日その他の記述等により特定の個人を識別できるもの，(イ)個人識別符号が（① 含まれる・含まれない）もの，のいずれかに該当するものをいう。

　マンションの防犯カメラの映像について，特定の個人を識別できる場合には，個人情報に該当（② する・しない）。

2 個人情報取扱事業者の義務

　個人情報取扱事業者であるマンション管理業者は，特定の組合員から当該本人が識別される保有個人データの開示の請求を受けたときは，当該措置の実施に関し，（③ 無償で開示しなければならない・手数料を徴収できる）。

過去問にチャレンジ！

<平成27年第43問>

1. 個人情報取扱事業者であるマンション管理業者は，個人情報を取得した場合は，あらかじめその利用目的を公表している場合（⑦ であっても，必ず・を除き），速やかに，その利用目的を，本人に通知しなければならない。

2. 個人情報取扱事業者であるマンション管理業者が，管理組合と締結した管理受託契約に基づいて保有している組合員の個人情報は，個人情報取扱事業者としての義務の対象と（⑦ はならない・なる）。

3. 管理組合の組合員の氏名が記載されている組合員名簿が，コンピュータに入力されておらず，紙面で作成されている場合で，五十音順など一定の規則に従って整理・分類され，容易に検索できるような場合，その名簿は「個人情報データベース等」に該当（⑦ する・しない）。

①
②
③
⑦
⑦
⑦

①含まれる　②する　③手数料を徴収できる　⑦を除き　⑦なる　⑦する

③ 都市計画法 ▽

1 市街化区域・市街化調整区域

［区域区分］

市街化区域	市街化調整区域	非線引都市計画区域
(ア)すでに市街地となっている区域 (イ)おおむね（①　　）年以内に優先的かつ計画的に市街化を図るべき区域	市街化を（② 禁止・抑制）すべき区域	区域区分が定められていない都市計画区域

2 地域地区・都市施設

1 （③　　）区域については，少なくとも用途地域を定めるものとし，（④　　）区域については，原則としては用途地域を定めないものとされている。

2 特別用途地区，高度地区，（⑤　　）地区等は，用途地域に重ねて指定される。このうち，特別用途地区，（⑥　　）地区は，準都市計画区域について，必要なものを定めることができる。

3 （⑦ 高度・高度利用）地区は，建築物の高さの最高限度または最低限度を定める地区である。

4 準都市計画区域については，都市計画に，地区計画を定めることが（⑧　　）。

5 市街化区域及び区域区分が定められていない都市計画区域については，少なくとも道路，公園及び（⑨　　）を定めるものとされている。

①10　②抑制　③市街化　④市街化調整　⑤高度利用　⑥高度　⑦高度　⑧できない　⑨下水道

3 地区計画

1 地区計画は，用途地域が定められている土地の区域に定めることが（⑩ できる・できない）。

　　また，用途地域が定められていない土地の区域で一定のものに定めることが（⑪ できる・できない）。

2 （⑫ 市街化区域・市街化調整区域）内で定められる地区整備計画については，容積率の最低限度，建築物の建築面積の最低限度，建築物等の高さの最低限度を定めることはできない。

3 地区計画を都市計画に定める際，当該地区計画の一部または全部について地区整備計画を定めることができない特別の事情がある場合，地区整備計画は，（⑬ 定めなくてもよい・定めなければならない）。

4 地区計画の区域の全部または一部に，「再開発等促進区」を定めることが（⑭ できる・できない）。

⑩
⑪
⑫
⑬
⑭

4 都市計画の決定

都市計画区域のうち，市街化調整区域内においては，地区計画を定めることが（⑮ できる・できない）。

⑮

過去問にチャレンジ！

＜▽平成28年第20問＞

1 都道府県が定めた都市計画が，市町村が定めた都市計画と抵触するときは，その限りにおいて，（⑦ 市町村・都道府県）が定めた都市計画が優先する。

2 市街地開発事業については，都市計画に，市街地開発事業の種類，名称及び施行区域を定めなければならず，土地区画整理事業については，これに加えて，公共施設の配置及び宅地の整備に関する事項を都市計画に定め（⑦ なければならない・なくてもよい）。

⑦
⑦

---

⑩できる　⑪できる　⑫市街化調整区域　⑬定めなくてもよい　⑭できる　⑮できる
⑦都道府県　⑦なければならない

1 単体規定

1 居室には換気のための窓その他の開口部を設け，その換気に有効な部分の面積は，その居室の床面積に対して，（①　　　）以上としなければならないが，一定の技術的基準に従って換気設備を設けた場合，その必要はない。

2 高さ（②　　　）mを超える共同住宅には，高さ（②　　　）mを超える部分を階段室の用途に供するもの等一定のものを除き，非常用の昇降機を設けなければならない。

3 高さ（③　　　）mを超える建築物には，原則として有効に避雷設備を設けなければならない。高さ（③　　　）mちょうどの共同住宅には，避雷設備を設けなくてもよい。

4 空気齢

　窓や給気口などの開口部から室内に入ってきた空気が，室内のある場所に到達するまでにかかる時間のことをいう。室内の換気の状況を表わすために用いられ，空気齢が（④　小さい・大きい）ほど空気が新鮮であり，空気齢が（⑤　小さい・大きい）ほど空気が汚染されている可能性があることを表わす。

5 共同住宅等の界壁の遮音性能

　次の表の左欄に掲げる振動数の音に対する透過損失が，それぞれ右欄に掲げる数値以上であることとする。

振動数（単位　Hz）	透過損失（単位　dB）
125	（⑥　　　）
500	（⑦　　　）
2,000	（⑧　　　）

6 窓サッシの遮音性能

　T値が（⑨　小さい・大きい）ほど，遮音性能が高い。

①$\frac{1}{20}$　②31　③20　④小さい　⑤大きい　⑥25　⑦40　⑧50　⑨大きい

7 共同住宅の界壁

共同住宅の界壁は，防火区画の一つで，その役割は，マンション内で発生した火災や煙が拡大するのを防ぐためのもので，防火上有効な壁などで区画して，火災を局部的なものにとどめ，避難を円滑に行おうとするものである。防火区画を貫通する配管や風道（ダクト）があると，その周辺のすき間から防火区画の反対側に火が回ってしまうおそれがあるので，防火区画を貫通する場合，防火区画とのすき間をモルタルなどの不燃材料で埋める必要がある。

(ア) 給水管，配電管その他の管が共同住宅の各戸の界壁を貫通する場合，当該管と界壁とのすき間をモルタルその他の不燃材料で埋め（⑩　なければならない・なくてもよい）。

(イ) 給水管，配電管その他の管が共同住宅の各戸の界壁を貫通する場合，当該管の貫通する部分および当該貫通する部分からそれぞれ両側に（⑪　　　）m以内の距離にある部分を不燃材料で造らなければならない。

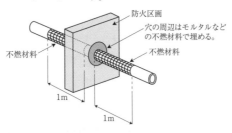

防火区画
穴の周辺はモルタルなどの不燃材料で埋める。
不燃材料
不燃材料
1m
1m

(ウ) 換気，暖房または冷房の設備のダクトが共同住宅の各戸の界壁を貫通する場合，防火区画の近くに煙感知器，または熱感知器と連動して自動的に閉鎖する防火ダンパーを設け（⑫　なければならない・なくてもよい）。

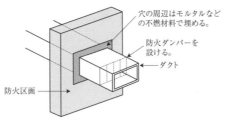

穴の周辺はモルタルなどの不燃材料で埋める。
防火ダンパーを設ける。
ダクト
防火区画

8 居室の天井の高さは，（⑬　　　）m以上でなければならない。

設備
換気
採光
防火（内装制限）
防火（耐火，準耐火建築物）
避難階段
敷地
構造耐力

⑩　

⑪　

⑫　

⑬　

---

⑩なければならない　⑪1　⑫なければならない　⑬2.1

2 | 集団規定

(1) 建蔽率

1 建築物の敷地が（① 防火・準防火）地域の内外にわたる場合，その敷地内の建築物の全部が（② 耐火・準耐火）建築物等であるとき，その敷地は全て防火地域にあるものとみなして，建蔽率の特例が適用される。建築物の敷地が準防火地域と防火地域および準防火地域以外の区域とにわたる場合，その敷地内の建築物の全部が耐火建築物等または準耐火建築物等であるときは，その敷地は，全て（③ 防火・準防火）地域内にあるものとみなして，建蔽率の特例が適用される。

2 次の建築物には，建蔽率制限は適用されない。

(ア) 第一種・二種・準住居地域，準工業地域，近隣商業地域，（④　　　　）地域のうち，建蔽率の限度が（⑤　　　　）とされている地域内で，かつ，防火地域内に耐火建築物等を建築する場合

(イ) 巡査派出所，公衆便所，公共用歩廊

(ウ) （⑥　　　　），広場，道路，川等のうちにある建築物で，特定行政庁が安全上，防火上および衛生上支障がないと認めて建築審査会の同意を得て許可したもの

(2) 容積率

3 前面道路の幅員が（⑦　　　　）m未満の場合は，道路の幅員に，住居系は原則 $\frac{4}{10}$，その他の地域は原則 $\frac{6}{10}$ を乗じる。この数値と都市計画で定められた数値の（⑧ 大きい・小さい）ほうの数値がその敷地の容積率となる。

4 次の建築物の部分の区分に応じ，当該敷地内の建築物の各階の床面積の合計に，(ア)〜(カ)に定める割合を乗じて得た面積を限度として，延べ面積に算入しない。

(ア) 自動車車庫等部分　$\frac{1}{5}$　(イ) 備蓄倉庫部分　$\frac{1}{50}$

(ウ) 蓄電池設置部分　$\frac{1}{50}$　(エ) 自家発電設備設置部分（⑨　　　）

(オ) 貯水槽設置部分（⑩　　　）　(カ) 宅配ボックス設置部分（⑪　　　）

①防火　②耐火　③準防火　④商業　⑤$\frac{8}{10}$　⑥公園　⑦12　⑧小さい　⑨$\frac{1}{100}$　⑩$\frac{1}{100}$　⑪$\frac{1}{100}$

(3)　斜線制限

5　斜線制限には，①道路斜線制限，②隣地斜線制限，③北側斜線制限がある。なお，敷地が，2以上の斜線制限の異なる地域にまたがるときは，建築物の各部分でそれぞれの地域の斜線制限が適用される。適用を○，不適用を×とする。

用途地域等	道路斜線	隣地斜線	北側斜線
第一種低層住居専用地域 第二種低層住居専用地域 田園住居地域	○	（⑫　）	○（5m）
第一種中高層住居専用地域 第二種中高層住居専用地域		○（20m）	○（10m）
第一種住居地域 第二種住居地域 準居住地域		○（20m）	（⑬　）
近隣商業地域 商業地域 準工業地域 工業地域 工業専用地域		○（31m）	
用途地域の指定のない地域		○ （20mまたは30m）	

※　（　）内は立上りの高さ

(4)　日影規制

6　日影規制は，次の地域のうち，地方公共団体の条例で指定された区域で適用される。

用途地域等	制限を受ける建築物
第一種低層住居専用地域 第二種低層住居専用地域 田園住居地域	（ア）軒高（⑭　）m超または地上階数（⑮　）以上の建築物
第一種中高層住居専用地域 第二種中高層住居専用地域 第一種住居地域 第二種住居地域 準住居地域 近隣商業地域 準工業地域	（イ）高さ（⑯　）m超の建築物
用途地域の指定のない区域	上記（ア）（イ）のいずれかを地方公共団体が条例で指定する。

※　商業地域・工業地域・工業専用地域は，日影規制の対象外

⑫× ⑬× ⑭7 ⑮3 ⑯10

⑸　防火地域・準防火地域

7　（⑰ 防火地域内のみ・防火地域または準防火地域内）にある建築物は，その外壁の開口部（窓や出入り口等）で延焼のおそれのある部分に防火戸等の一定の防火設備（防火シャッター等）を設け，国土交通大臣が定めた構造方法を用いるものまたは国土交通大臣の認定を受けたものとしなければならない。

8　（⑱ 防火地域内のみ・防火地域または準防火地域内）にある建築物は，原則として，その外壁の開口部で延焼のおそれのある部分に防火戸等の一定の防火設備を設ける必要があり，壁・柱・床等の建築物の部分および当該防火設備を，通常の火災による周囲への延焼を防止するために必要とされる性能に関して一定の技術的基準に適合する必要があるが，当該基準の適用上，一の建築物であっても別の建築物とみなすことができる部分として政令で定める部分が2以上ある建築物の当該建築物の部分は，この規定の適用上，それぞれ別の建築物（別棟）と（⑲ みなされる・みなされることはない）。

9　防火地域または準防火地域内にある建築物で，外壁が（⑳　　　）構造である建築物は，その外壁を隣地境界線に接して設けることができる。

10　（㉑　　　）地域内にある看板，広告塔等で建築物の屋上に設けるものまたは高さ（㉒　　　）mを超えるものは，その主要な部分を不燃材料で造りまたはおおわなければならない。

過去問にチャレンジ！

＜⚐平成19年第21問改題＞

1　準防火地域内にあって，地階を除く階数が3で延べ面積が1,800㎡の共同住宅は，原則として，一定の技術的基準に適合する耐火建築物または延焼防止建築物（耐火建築物相当の建築物）と（⑦ しなければならない・しなくてもよい）。

2　準防火地域内にあって，地階を除く階数が3で延べ面積が900㎡の一定の技術的基準に適合している共同住宅は，耐火建築物または延焼防止建築物と（⑦ しなければならない・しなくてもよい）。

⑰防火地域または準防火地域内　⑱防火地域または準防火地域内　⑲みなされる　⑳耐火　㉑防火　㉒3
⑦しなければならない　⑦しなくてもよい

1 エレベーター設備

(1) エレベーターの分類

1 **マシンルームレス型エレベーター**

　最近の新築マンションでは，塔屋機械室に収納されていた電動機や巻上機，制御盤をエレベーターシャフト（昇降路）内等に設置し，機械室を必要としないマシンルームレス型エレベーターが主流と（① いえる・いえない）。

2 **特殊エレベーターのかごの積載荷重（平成12年告示1415号）**

　昇降行程が20m以下で，かごの床面積が1.3㎡以下の共同住宅のエレベーターの積載荷重は，床面積 1 ㎡につき（② 　　　）として計算した数値で，1,300以上の数値となる。

(2) エレベーターの安全装置

3 エレベーターには，制動装置のほか，次の安全装置を設けなければならない。

㋐ （③ 　　　）装置

　「駆動装置または制御器に故障が生じ，かごの停止位置が著しく移動した場合」，「駆動装置または制御器に故障が生じ，かごおよび昇降路のすべての出入口の戸が閉じる前にかごが昇降した場合」に，自動的にかごを制止する装置をいい，これを設けなければならない。

㋑ （④ 　　　）装置

　地震等の加速度を検知し，自動的に，かごを「昇降路の出入口の戸」の位置に停止させ，かつ，当該かごの出入口の戸および昇降路の出入口の戸を開き，またはかご内の人がこれらの戸を開くことができる装置をいい，これを設けなければならない。これは，（⑤ 最寄り階で停止・避難階まで移動）して開扉するものをいう。

①

②

③

④

⑤

---

①いえる　②2,500　③戸開走行保護　④地震時管制運転　⑤最寄り階で停止

⑥

⑦

⑧

⑨

⑩

⑪

⑦

⑦

⑦

⑦

(ウ)　（⑥　　　　　）装置

　　防災センター等の火災管制スイッチの操作や自動火災報知器からの信号により，エレベーターを一斉に（⑦　最寄り階・避難階）に呼び戻す装置をいう。

(3)　昇降機の適切な維持管理に関する指針

4　用語の定義

(ア)　管理者とは，昇降機の保守・点検を含む建築物の管理を行う者をいい，昇降機の保守・点検を業として行う者を（⑧　含む・除く）。

(イ)　製造業者とは，昇降機の製造を業として行う者をいい，製造業者が製造，供給または指定した部品を保守点検業者がそれ以外の部品に交換した場合，当該保守点検業者を（⑨　含む・除く）。

5　事故の発生時の対応

(ア)　所有者は，人身事故が発生した場合は，応急手当その他必要な措置を速やかに講じるとともに，消防および（⑩　　　　）に連絡する。

(イ)　所有者は，人身事故が昇降機における死亡・重傷または機器の異常等が原因である可能性のある人身事故に相当する場合は，（⑪　　　　）により速やかに特定行政庁に対して報告するものとし，当該（⑪　　　　）の作成に当たって必要に応じて保守点検業者の協力を求める。

過去問にチャレンジ！

<㊑平成17年第21問改題>

1　エレベーターの保守契約の一方式であるPOG（Parts Oil and Grease）契約の場合，建築基準法第12条に基づく定期検査に要する費用は，一般に別途料金と（⑦　なる・ならない）。

2　エレベーターの保守会社は，各部位の点検を，日本工業規格の昇降機の検査標準に基づいて行って（⑦　いる・いない）。

3　エレベーターの定期検査報告済証は，かご内の見やすい位置に掲示（⑦　しなければならない・しなくてもよい）。

4　エレベーターの定期検査は，年（⑦　1・2）回以上行わなければならない。

---

⑥火災時管制運転　⑦避難階　⑧除く　⑨含む　⑩警察　⑪昇降機事故報告書　　⑦ならない　⑦いる
⑦しなければならない　⑦1

2 消防用設備等

(1) 火災の予防

1. 消防本部を設置している市町村において（以下同じ），（①　　　）または（②　　　）は，防火対象物について防火管理者の行うべき防火管理上必要な業務が法令の規定又は同項の消防計画に従って行われていない場合には，（③ 管理権原者・防火管理者）に対して，必要な措置を講ずるよう命ずることができる。

2. 一定の防火対象物（高さ31m超の高層建築物等とする）の管理権原者は，（④ 防火管理者・統括防火管理者）を定めたときは，遅滞なく，その旨を（⑤　　　）または（⑥　　　）に届け出なければならない。

3. 防火管理者の業務に，避難訓練の実施は（⑦ 含まれる・含まれない）。

4. 非特定防火対象物（マンション等）においては，収容人員が（⑧　　　）人以上の場合，防火管理者を設置する必要がある。

(2) 消防用設備等の種類

5. 消火器で対応する火災の種類

(ア) 普通火災とは，木材・紙・布などが燃える火災で「（⑨　　　）火災」という。

(イ) 油火災とは，灯油・ガソリンなどが燃える火災で「（⑩　　　）火災」という。

(ウ) 電気火災とは，電気設備・器具などが燃える火災で「（⑪　　　）火災」という。

(エ) 消火器には，いずれの種類の火災にも有効なものがある。消火器には適応する火災の種類を示すラベルが貼ってあり，上記普通火災 ➡ 白，油火災 ➡ 黄，電気火災 ➡ 青で表示されている。

①　　　　　　
②　　　　　　
③　　　　　　
④　　　　　　
⑤　　　　　　
⑥　　　　　　
⑦　　　　　　
⑧　　　　　　
⑨　　　　　　
⑩　　　　　　
⑪　　　　　　

---

①・②消防長，消防署長（順不同）　③管理権原者　④統括防火管理者　⑤・⑥消防長，消防署長（順不同）
⑦含まれる　⑧50　⑨A　⑩B　⑪C

119

6　屋内消火栓設備の種類

項　目 ＼ 消火栓の区分	1 号消火栓	易操作性 1 号消火栓	2 号（イ）消火栓	2 号（ロ）消火栓
操作性	（⑫　　）人以上で操作	（⑬　　）人で操作		
放水量（ℓ/分）	（⑭　　）		（⑮　　）	（⑯　　）
放水圧力（MPa）※メガパスカル（1MPa＝約10.2kg/c㎡）	0.17～0.7		0.25～0.7	0.17～0.7
水平距離（m）	（⑰　　）以下		（⑱　）以下	（⑲　）以下
防火対象物	①　工場・作業所 ②　倉庫 ③　指定可燃物（可燃性液体類に係るものを除く）を貯蔵し，または取り扱うもの ④　①～③以外の防火対象物		左欄の①～③以外の防火対象物	
使用方法	①　発信機のボタンを押す（ポンプが始動し，表示灯が点滅・ベルが鳴る） ②　ノズルを持ちホースを延長し，放水体勢をとる ③　開閉弁を開き放水する	①　開閉弁を開放する（ポンプが始動し，表示灯が点滅・ベルが鳴る） ②　ノズルを持ちホースを延長し，ノズルのコックを開き放水する		

消火用高置水槽

1 号消火栓
- 発信機
- 表示灯
- 警報装置（ベル）
- 使用法ラベル
- 開閉弁
- ホース
- ノズル

テスト弁

配管
屋内消火栓箱

呼水槽

水源

屋内消火栓

消火栓ポンプ

・易操作性 1 号消火栓
・2 号（イ）消火栓
・2 号（ロ）消火栓（広範囲型）
- 発信機
- 表示灯
- 警報装置（ベル）
- 開閉弁
- 使用法ラベル
- ノズル
- ホース

⑫ 2　⑬ 1　⑭130　⑮60　⑯80　⑰25　⑱15　⑲25

7　スプリンクラー設備

(ア)　天井面に適当な間隔で特殊な弁を取り付け，給水配管し，出火により室温が上昇した時，水を霧状に噴射して消火する装置であり，（⑳　　　）型と（㉑　　　）型とがある。

(イ)　天井の高い部分では，（⑳　　　）型だと，ヘッドのヒューズが溶断して散水が始まるまでに時間がかかる。したがって，ヒューズのない（㉑　　　）型のヘッドを用い，火災感知器などと連動して作動するか，または手動で一斉に開放弁を開いて放水する（㉑　　　）式とする。

8　水噴霧消火設備

危険物の油火災・電気火災の消火のほか，火災の延焼・拡大防止を目的とするものであり，冷却・窒息作用の効率が（㉒　高い・低い）。

9　泡消火設備

泡原液と水を泡発生器で混合し生成した泡により，燃焼物の表面をおおって，燃焼に必要な空気の供給を断ち消火するものであり，移動式の泡消火設備の泡放射用器具を格納する箱とホース接続口との距離は，（㉓　　　）m以内とする。

10　屋外消火栓設備の設置

消火栓の接続口から建物の各部まで，水平距離で（㉔　　　）m以内とする。

11　初期の煙について，初期の火源面積は，出火後の経過時間の（㉕　　　）乗に比例するので，煙層は加速度的に厚くなり，下方に降下して避難を防げる。

12　避難路を加圧して煙を遮断する方法について，部屋から廊下へ出る扉は，（㉖　内・外）開きにしておかないと，廊下が加圧された場合に扉が開きにくくなり，廊下へ出られないことがある。

13　防火水槽

消防用ポンプ車が，（㉗　　　）mまで接近できるようにする。

14　排煙設備について，窓の開放により，次の2つの方式がある。

(ア)　（㉘　　　）排煙方式

(イ)　（㉙　　　）排煙方式（一般には吸引排煙方式）

※　同一区画内で，（㉘　　　）排煙方式と（㉙　　　）排煙方式の併用は（㉚　できる・できない）。

---

⑳閉鎖　㉑開放　㉒高い　㉓3　㉔40　㉕2　㉖内　㉗2　㉘自然　㉙機械　㉚できない

㉛＿＿＿＿＿＿＿＿＿＿＿＿＿

＿＿＿＿＿＿＿＿＿＿＿＿＿＿＿

＿＿＿＿＿＿＿＿＿＿＿＿＿＿＿

㉜＿＿＿＿＿＿＿＿＿＿＿＿＿

㉝＿＿＿＿＿＿＿＿＿＿＿＿＿

＿＿＿＿＿＿＿＿＿＿＿＿＿＿＿

＿＿＿＿＿＿＿＿＿＿＿＿＿＿＿

＿＿＿＿＿＿＿＿＿＿＿＿＿＿＿

㉞＿＿＿＿＿＿＿＿＿＿＿＿＿

＿＿＿＿＿＿＿＿＿＿＿＿＿＿＿

＿＿＿＿＿＿＿＿＿＿＿＿＿＿＿

＿＿＿＿＿＿＿＿＿＿＿＿＿＿＿

㉟＿＿＿＿＿＿＿＿＿＿＿＿＿

㊱＿＿＿＿＿＿＿＿＿＿＿＿＿

㊲＿＿＿＿＿＿＿＿＿＿＿＿＿

＿＿＿＿＿＿＿＿＿＿＿＿＿＿＿

＿＿＿＿＿＿＿＿＿＿＿＿＿＿＿

＿＿＿＿＿＿＿＿＿＿＿＿＿＿＿

㊳＿＿＿＿＿＿＿＿＿＿＿＿＿

＿＿＿＿＿＿＿＿＿＿＿＿＿＿＿

＿＿＿＿＿＿＿＿＿＿＿＿＿＿＿

＿＿＿＿＿＿＿＿＿＿＿＿＿＿＿

＿＿＿＿＿＿＿＿＿＿＿＿＿＿＿

＿＿＿＿＿＿＿＿＿＿＿＿＿＿＿

＿＿＿＿＿＿＿＿＿＿＿＿＿＿＿

＿＿＿＿＿＿＿＿＿＿＿＿＿＿＿

＿＿＿＿＿＿＿＿＿＿＿＿＿＿＿

⑦＿＿＿＿＿＿＿＿＿＿＿＿＿

＿＿＿＿＿＿＿＿＿＿＿＿＿＿＿

＿＿＿＿＿＿＿＿＿＿＿＿＿＿＿

15 連結（㉛ 散水・送水）設備とは，地下階における消火のため，地下階・地下街の天井などに散水ヘッドを設けておき，消防ポンプ自動車からの送水により，水を放射させる設備である。

16 設置後（㉜ 10年・20年）を経過した連結送水管については，原則として，（㉝ 3年・5年）ごとに耐圧性能試験を行わなければならない。

⑶　消防用設備等の点検

17 （㉞　　　）点検とは，消防用設備等に付置される非常電源（自家発電設備に限る）または動力消防ポンプの正常な作動を，消防用設備等の種類に応じ告示で定める基準に従い確認することである。

18 消防設備等の点検期間

　　機器点検が（㉟　　　）ごとに1回であり，総合点検が（㊱　　　）ごとに1回である。

19 防火設備である防火戸の閉鎖または作動の状況の調査は，（㊲ 1年・3年）以内に実施した点検の記録の有無を調べ，記録による確認ができない場合には，閉鎖または作動を確認しなければならない。

20 消防用設備等の点検を実施する場合の「スプリンクラー設備」は，一定の免状の交付を受けている者〈第1類の甲種（㊳ 防火管理者・消防設備士）・乙種（㊳ 防火管理者・消防設備士）〉または一定の資格者が点検を行うことができる。

> **過去問に　チャレンジ！**
>
> ＜▽平成21年第23問改題＞
>
> 　一定の構造要件等を満たした共同住宅等において，通常用いられる消防用設備等に代えて，必要とされる防火安全性能を有する消防の用に供する設備等を用いた場合については，（⑦ 1・3）年に1回，消防長または消防署長に点検結果の報告をしなければならない。

㉛散水　㉜10年　㉝3年　㉞機器　㉟6ヵ月　㊱1年　㊲3年　㊳消防設備士　　⑦3

3 | 給水設備・給湯設備

(1) 給水方式

1 直結方式

水道本管から水道管を引き込み，水道本管の圧力で建物内の所要箇所に給水する方法であり，住宅や小規模の建物に用いられ，停電時に，給水は（① 可能・不可能）である。

2 高置水槽方式（重力方式）

(ア) 落差による自然給水ができる高さまで水を押し上げて貯水し，そこから自然落下により水圧を加えて給水する方法であり，水道本管の圧力にかかわりなく，一定水圧で給水（② できる・できない）。

(イ) 停電時には，受水槽の容量だけ給水が可能で，その後予備動力がないと給水不能となる。

3 圧力タンク方式

(ア) 給水ポンプから水を圧入して，タンク内の空気を所定の圧力まで上げ，各箇所に給水する方法であり，給水圧力の変化は（③ 大きい・小さい）。

(イ) 水道が断水しても，ある程度は給水が可能である。

(ウ) 水圧の変動は（④ ある・ない）。

(エ) 停電時には，予備動力がないと給水不能となる。

4 ポンプ直送方式

(ア) 高置水槽を（⑤ 用いて・用いないで），水道引込管から受水タンクへ給水した水を給水ポンプによって送る方法であり，水道が断水しても，ある程度は給水が可能である。

(イ) 一般に小流量時用の圧力タンクを設けて（⑥ いる・いない）。

(ウ) 停電時には，予備動力がないと給水不能となる。

(エ) 一定水圧で給水ができるという長所をもつ。

(オ) 自動制御に費用がかかるので，設備費が高くなる。

---

① 可能

② できる

③ 大きい

④ ある

⑤ 用いないで

⑥ いる

---

①可能 ②できる ③大きい ④ある ⑤用いないで ⑥いる

(2) 給水施設の管理

5 専有部分の給水管の給水圧力の上限値

一般に300～（⑦　　　）kPaに設定する。

水圧が（⑧ 低・高）すぎると，洗浄力が弱まるが，必要以上に水圧が（⑨ 低・高）すぎると，吐水量が過大となり水を浪費したり，器具の外に飛散したり，ウォーターハンマーの原因となる場合がある。

次の表は，各器具の最低必要圧力を示す。

項　目	最低必要圧力（kPa：キロパスカル）
一　般　用　水　栓	（⑩　　　）kPa
大便器洗浄弁（フラッシュバルブ）	70kPa
小　便　器　洗　浄　弁	50kPa
ガ ス 瞬 間 湯 沸 器　7 号 ～ 16 号	50kPa
ガ ス 瞬 間 湯 沸 器　22 号 ～ 30 号	80kPa

※　1 Pa＝1 N／㎡（ニュートン毎平方メートル）

6 飲料用給水タンクの設置

建物の内部，屋上，地階に設けるものすべてについて，汚染防止のため，次の条件が必要となる。

(ア) 天井，周壁，床の6面すべてについて保守点検を容易，かつ，安全に行うことができるよう，天井は（⑪　　　）m以上，周壁と床は（⑫　　　）cm以上の距離をおいて設置する。

(イ) 天井，周壁，床は，建築物と兼用しない。

(ウ) 内部に飲料水以外の配管をしない。

(エ) 保守点検用ふた，または直径（⑬　　　）cm以上のマンホールを設ける。

(オ) 年（⑭　　　）回の清掃が義務づけられている。

(カ) その他

7 エロージョンの防止

(ア) 給水配管について，管内の流速が（⑮ 大きい・小さい）と，管内表面を保護している酸化被膜が，水流によって削り取られるように損じていく現象を「エロージョン」という。

(イ) 管内流速を一定範囲内にすれば，このような障害は起きない。

---

⑦400　⑧低　⑨高　⑩30　⑪1　⑫60　⑬60　⑭1　⑮大きい

8　耐震クラス

一般にS・A・Bに分類されている。マンションでは，最も性能の低いクラスB（最近，現場納入の際はA）が標準として採用されている。

たとえば，防振装置を付した機器では，耐震クラス（⑯　　　）またはAを適用することが望ましい。

⑯

9　給水機能の確保

給水機能を確保するため，受水槽の出口側給水口端に緊急遮断弁（地震感知により作動する弁）を設け，給水を遮断できるものとする。また，受水槽には，直接水を採取できる給水弁を設け（⑰　る・ない）。

⑰

10　使用水量・時間

(ア)　基準給水量

マンション・住宅では，（⑱　　　）～（⑲　　　）L／日・人

⑱

⑲

(イ)　1日平均使用時間

マンション・住宅では，（⑳　　　）h

⑳

(3)　専用水道の管理

11
専用水道とは，寄宿舎，社宅，療養所等における自家用の水道その他水道事業の用に供する水道以外の水道であって，（㉑　　　）人を超える者にその居住に必要な水を供給するものまたは人の飲用その他の一定の目的のために使用する水量が（㉒　　　）㎥を超えるものをいう。

㉑

㉒

12
専用水道の設置者は，水道の管理について技術上の業務を担当させるため，（㉓　　　）1人を置かなければならず，設置者が自ら（㉓　　　）となることもできる。

㉓

13
専用水道の設置者は，水道水が水質基準に適合するか否かを判断するため，定期および臨時に水質検査を行わなければならない。定期の水質検査は，(ア)毎日（㉔　　　）回行うもの，(イ)おおむね（㉕　　　）に1回以上行うもの，(ウ)おおむね3ヵ月に1回以上行うものとがある。

㉔

㉕

14
専用水道の設置者は，水質検査に関する記録を作成し，水質検査を行った日から起算して（㉖　　　）年間，これを保存しなければならない。

㉖

⑯S　⑰る　⑱200　⑲350　⑳10　㉑100　㉒20　㉓水道技術管理者　㉔1　㉕1ヵ月　㉖5

(4)　簡易専用水道の管理

15　簡易専用水道の対象となるのは，貯水槽の有効容量が（㉗　　　）㎥を超えるものである。

16　簡易専用水道の設置者は，供給する水が人の健康を害する恐れがあることを知った場合は，（㉘　　　）に給水を停止するとともに，水の使用が危険である旨を関係者に周知させる措置を講じなければならない。

(5)　給湯設備

17　給湯方式

(ア)　（㉙　　　）方式

給湯箇所ごとに小型給湯器を設ける方法で，配管が短く維持管理が簡単。給湯箇所が少ない場所では便利。

(イ)　（㉚　　　）方式

加熱装置を1ヵ所に集中して設け，必要箇所に配管して給湯する方法。多くの箇所に給湯する場合に用いられる。

18　加熱方式

(ア)　（㉛　　　）式

ⓐ　瞬間給湯機器を用いて，直接に水を熱して給湯するもので，熱源はガスが最も多く用いられる。

ⓑ　ガスの燃焼室内に蛇行配管された管中に，圧力のある水を流し，水が配管中を流れる間に熱せられて湯になって出るもの。

ⓒ　**ガス瞬間給湯機器の出湯能力**

1Lの水の温度を1分間に25℃上昇させる能力を1号として表示。

(イ)　（㉜　　　）式

• 保温した貯湯槽にバーナーや温度調節器などを備えたもの。湯が使用されると，常に水が補給され，温度調節器が作動してバーナーに自動点火される。給湯配管は，膨張管が必要で，返湯管を付けて，「循環式」にもできる。太陽熱利用温水器の水は，飲用には適さない。

㉗10　㉘直ち　㉙局所式　㉚中央（セントラル）式　㉛瞬間　㉜貯湯

4 排水設備・衛生設備

(1) 排水系統

1 排水管

排水管に直接連結して（① よい・はならない）ものとして，給水タンクの水抜管，オーバーフロー管などがある。

2 排水槽の種類

貯留する排水の種類に応じて，次の種類がある。

(ア) （②　　　）槽… 汚水のみ，または汚水と雑排水両方を貯留

(イ) 雑排水槽　　… 雑排水のみを貯留

(ウ) （③　　　）槽… 地下での湧水のみ，または湧水と雨水の両方を貯留

(エ) 雨水槽　　　… 雨水のみを貯留

3 排水タンク

(ア) 内部の保守点検のため，直径（④　　　）cm以上のマンホールを設置する。

(イ) タンクの底には，吸込みピットを設け，かつ，吸込みピットに向かって，（⑤　　　）以上（⑥　　　）以下の勾配をつける。

(ウ) 外気に開放する通気装置（通気管）を設置する。

4 排水ポンプ

運転用と（⑦　　　）用の2台を設置し，通常は1台ずつ交互に自動運転とする。（⑦　　　）用も使用をするのは，（⑦　　　）用を長期間使用しないでいると，ポンプやモーターのシャフトが錆びつき，いざというとき運転できなくなるからである。

5 排水ます

設置箇所については，敷地排水管の延長が，その管内径の（⑧　　　）倍を超えない範囲内に，排水管の維持管理上適切な個所に設ける必要がある（給排水衛生設備基準）。

【例】管径が150mmの場合，（⑧　　　）倍である18mを超えない範囲内に排水ますを設置。

---

①はならない　②汚水　③湧水　④60　⑤$\frac{1}{15}$　⑥$\frac{1}{10}$　⑦予備　⑧120

(ア) **雨水排水ます（屋外排水ます）**

雨水中に含まれる土砂等を阻集するために，深さ150mm以上の「泥だまり」を設置。

(イ) **汚水排水ます（インバートます）**

汚物がスムーズに流れるように，底面に半円筒状のインバート（溝）を設置。

6 **最小排水横管の勾配**

管　径（mm）	勾　配
65以下	（⑨　　　　）
75・100	（⑩　　　　）
125	$\dfrac{1}{150}$
150	（⑪　　　　）

給水管と異なり，勾配は大変重要で，（⑫ 緩・急）勾配にすると排水の流下が悪く，また，（⑬ 緩・急）勾配にすると水だけが流下して固形物が残る結果となる。

⑵　トラップと通気管

7 **トラップ**

(ア) **封水の深さ**

（⑭　　　　）mm以上（⑮　　　　）mm以下（阻集器を兼ねるものは50mm以上）とされている。

(イ) 二重トラップと（⑯ なる・ならない）ように設ける。

8 **封水破壊の原因**

(ア) （⑰　　　　）作用

大量の水を一気に流すと，封水が引き出されて流下することをいう。

(イ) （⑱　　　　）作用（誘導サイホン作用）

立て管に近い位置に衛生器具が設けられた場合，立て管上部から満水状態で排水が流下すると，横管との連結部分付近において瞬間的に負圧を生じ，その結果，トラップの封水が排水管の方に吸い出されることをいう。

---

⑨ $\dfrac{1}{50}$　⑩ $\dfrac{1}{100}$　⑪ $\dfrac{1}{200}$　⑫緩　⑬急　⑭50　⑮100　⑯ならない　⑰自己サイホン　⑱吸出し

(ウ)　**はね出し作用**

　　排水が立て管から横管に移る場合，流速が遅くなって，接続部分に水が満水の状態になっているとき，立て管内を上部から次の排水が落下してきてしまうと，前の排水に追いつく結果，立て管内の空気に一時的に（⑲ 低・高）圧部が生じ，この部分に連結されたトラップの封水は，逆に室内側に飛び出してしまうことをいう。

⑲

(エ)　**蒸発作用**

　　長時間水を流さない場合に封水が蒸発してしまうことをいい，床排水などに多く起こることがある。

(オ)　**毛細管作用**

　　トラップ部に，糸類のようなものが掛かった場合，毛細管現象によって封水を次第に吸い出してしまうことをいう。

9　**トラップの種類**

(ア)　Ｕトラップ

・封水の安定度は，Ｓ・Ｐトラップより（⑳ 優れる・劣る）。

⑳

(イ)　（㉑ Ｓ・Ｐ）トラップ

・一般によく用いられる形で，サイホン作用を起こしやすい。

㉑

(ウ)　（㉒ Ｓ・Ｐ）トラップ

・最も多く使用される形で，サイホン作用による「封水破壊」は少なく，通気管を接続すれば封水は安定する。

㉒

(エ)　ドラムトラップ

・流しなどに使用され，封水の安定度は（㉓ 低・高）く，非サイホン式トラップである。

㉓

(オ)　わんトラップ（ベルトラップ）

・床排水に使用され，封水深さが（㉔ 小さい・大きい）ものが多く，封水の安定度が低い。

㉔

(3)　通気管（ベントパイプ）

10　**種　類**

(ア)　**各個通気管**

　　各個の器具トラップを通気するために，その器具より上方で通気系統へ接続するか，または大気中に開口するように設けた通気管をいう。

⑲高　⑳劣る　㉑Ｓ　㉒Ｐ　㉓高　㉔小さい

(イ)　**ループ通気管**

　　2個以上の器具トラップを保護する役割をもつ。最上流の器具排水管が排水横枝管に接続した箇所のすぐ下流から立上げ，通気立て管または伸頂通気管に接続するまでの通気管をいう。

(ウ)　（㉕　　　）**通気管**

・最上部の排水横枝管が排水立て管に接続した箇所より，さらに上方へその排水立て管を立ち上げ，これを通気管として使用する部分をいう。

・特殊継手排水システム

　　（㉕　　　）通気管のみを用い，特殊な継手を設けて通気性能を高めたもので，排水立て管の数を減らすことができ，最近のマンションでは，この利用が（㉖　少なく・多く）なっている。

(オ)　（㉗　　　）**通気管**

　　高層マンションで用いられるものである。これは，排水立て管内の圧力変動を緩和し，空気の流通を円滑にするために，排水立て管から分岐して立ち上げ，通気立て管に接続した逃がし通気管のことで，排水管内の正圧と負圧を緩和する効果がある。

(4)　大便器とその給水方式

11　**大便器の種類**

(ア)　**洗出し式**

・和風大便器特有のもので，汚物からの臭気が多い。

(イ)　**洗落し式**

・汚物を直接トラップの溜水中に落下させ，水の落差により排出するものである。

・臭気の発散は比較的少ないが，溜水面が狭く汚れが付着しやすい。

(ウ)　**サイホン式**

・汚物を直接トラップの溜水中に落下させ，屈曲した排水路の抵抗によってサイホン作用を起こさせ，吸引排出するものである。

・汚物の付着がしにくい。

(エ)　（㉘　　　）**式**

・ゼット孔から噴き出す水で，強いサイホン作用を起こし吸引排出するものである。

㉕伸頂　㉖多く　㉗結合　㉘サイホンゼット

・排出能力がすぐれ，溜水面が広いので，汚物の付着がしにくく，臭気の発散も少なく，洗浄水量は，約13L。

(オ)（㉙　　　）式

・タンクと便器が一体成形の型で，サイホン作用とうず巻き作用との併用で，洗浄音が静かである。

・汚物の付着がしにくく，臭気の発散も少なく，洗浄水量は，約16Lである。

(カ)（㉚　　　）式

・ゼット孔から噴き出す水の勢いで，汚物を吹き飛ばすように排出するものである。

・汚物の付着がしにくく，臭気の発散も少なく，洗浄水量は，約13Lである。

・この方式の洗浄は，「フラッシュバルブ式」に限られ，洗浄音は大きいという欠点がある。

12　洗浄水の給水方式

(ア)　ロータンク式

　　低い給水圧力でも使用できるので，一般住宅用として使われる。

(イ)　ハイタンク式

　　取付位置が高いので，スペースをとらない反面，メンテナンスに不便である。

(ウ)（㉛　　　）式

・給水管に直結し，一定量の吐水後に自動的に止水するものである。

・連続使用が可能であり，コンパクトである反面，給水圧力，給水管径に制限があり，使用範囲は限定される。

・リモコン式，電磁式，センサーによる感知式も用いられる。

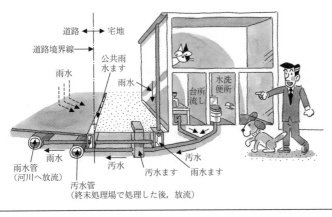

㉙サイホンボルテックス　㉚ブローアウト　㉛フラッシュバルブ

①
②
③
④
⑤
⑥
㋐

5 給排水設備工事

1 排水管等の設備

(ア) 排水設備の通気管末端の開口部が換気口に近接している場合

換気口の（① 上・下）部より立ち上げる。

(イ) 排水管

硬質塩化ビニル管や鉛管を使用してよい。

(ウ) 雨水排水立管

・汚水排水管や通気管と兼用（② してよい・しない）。

・汚水排水管や通気管に連結（③ してよい・しない）。

2 その他

(ア) 給排水管の地中埋設深さ

（④　　　）mm以上，かつ，建設地域の凍結深度以上とする。

(イ) 通気管

その立管に向かって（⑤ 上り・下り）勾配とし，凹凸部のないように設ける。

(ウ) 建築物の内部に飲料水の貯水タンクを設ける場合

６面点検が可能なように設置する必要がある。

(エ) 排水槽の内部の保守点検用のマンホール

直径（⑥　　　）cm以上の円が内接する大きさのものとする。

過去問にチャレンジ！　<㊟平成19年第23問改題>

給水タンクに設置する場合の点検用マンホールに内接する円の直径は，関係告示において数値が明示されて（㋐ いる・いない）。

①上　②しない　③しない　④300　⑤上り　⑥60　㋐いる

6 電気設備

1 配電方式

(ア) 低圧引込み

住宅など小規模の場合に利用される。

ⓐ 電柱などの変圧器を通じて引き込む。

ⓑ 引込場所には電力量計（メーター）が取り付けられる。

ⓒ 開閉器または引込開閉器兼用のブレーカーなどを経て，（① ）で分岐される。

(イ) 高圧引込み

ⓐ 電力容量が大きいときは，高圧または特別高圧で受電し，各建物において変電設備を設け，低圧へ電圧を下げる。

ⓑ 建物の規模と内容とによって，屋内，屋外，キュービクル型などの変電設備が選択される。

ⓒ 中小建築物では，一般的に，屋外用キュービクルを用いる。

ⓓ 降圧されてからは，配電盤を通じて，次のように配電される。

・（② ）（配電盤から分電盤までの配線）

・（③ ）

・（④ ）（分電盤から電気機器までの配線をいう）

2 高圧電圧，特別高圧電圧の場合には電気室が必要となる。なお，低圧電圧でも一定の規模以上のマンションは（⑤ ）kW以上になる場合もあり，そのような場合には，電力会社が建物内に必要な場所を借り，建物内の電気供給のための変電設備を設けなければならない。これを（⑥ ）という。

3 マンションに設置されている（⑦ ）電気工作物とは，「電気事業の用に供する電気工作物および一般用電気工作物」以外の電気工作物であり，「電気事業の用に供する事業用電気工作物以外の事業用電気工作物」に該当する。

①
②
③
④
⑤
⑥
⑦

①分電盤　②幹線　③分電盤　④分岐回路　⑤50　⑥借室変電設備　⑦自家用

④ 電気設備工事

(ア) 通路誘導灯

床面からの高さが（⑧　　　）m以下の箇所に設ける。

⑧

(イ) 避難口誘導灯

避難口の上部に設け，避難口の下面からの高さが（⑨　　　）

⑨

m以上の位置に設ける。

(ウ) 天井が低い居室

光電式スポット型煙感知器を入口付近に設置する。

(エ) 非常用照明装置の照明器具のうち主要な部分

不燃材料で造る。

(オ) 非常用エレベーターの乗降ロビー

予備電源を有する照明設備を設ける。

⑤ 一般住宅への配線方式

(ア) （⑩　　　）式

⑩

電圧線と中性線の2本の線を利用するため，100Vのみ使用できる。

(イ) （⑪　　　）式

⑪

3本の電線のうち，真中の中性線と上または下の電圧線を利用

すれば100V，中性線以外の上と下の電圧線を利用すれば200Vが

使用できる。そして，単相3線式の場合，中性線欠相保護機能付

きにすべきとされている。なぜなら，単相3線式電路において，

中性線が欠相となった場合，100V負荷機器へ異常電圧が加わり，

機器が損傷するおそれがあるためである。

最近のマンションの住戸への電気引込みでは，100Vと200Vを

同時に供給できる（⑪　　　）式が主流となってきている。

「単相2線式100V」の配線図

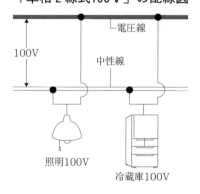

電圧線

100V

中性線

照明100V

冷蔵庫100V

⑧1.0　⑨1.5　⑩単相2線　⑪単相3線

「単相3線式100V・200V」の配線図

200V　100V ─ 電圧線
─ 中性線
100V　電圧線

照明100V
冷蔵庫100V
IHクッキング
ヒーター200V
エアコン200V

6 住宅用分電盤

　次のものが配置されており，これらには，電気容量のチェックや，屋内配線の安全確保等の役割がある。

(ア)（⑫　　　　）

　アンペアブレーカーとも呼ばれ，契約電力会社によっては不設置の場合もある。各家庭が電力会社と契約している電流量よりも多く使用した場合に自動的に遮断するもので，電力会社の所有物である。

(イ)（⑬　　　　）

　屋内配線や電気機器の漏電を感知した場合に自動的に遮断するもので，消費者の所有物である。

(ウ)（⑭　　　　）

　分電盤から分岐する配線のそれぞれに取り付けられ，許容電流（一般的に20A）を超えた電流が流れた場合，自動的に遮断するもので，消費者の所有物である。

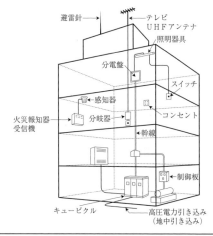

避雷針
テレビ
ＵＨＦアンテナ
照明器具
分電盤
スイッチ
感知器
コンセント
火災報知器
受信機
分岐器
幹線
制御板
キュービクル
高圧電力引き込み
（地中引き込み）

⑫サービスブレーカー　⑬漏電遮断器　⑭安全ブレーカー

7 電気工事士

一定の技術基準に適合するように，電気工事の作業をしなければならない。

種　類		必要な資格
電気事業の用に供する電気工作物		なし
自家用電気工作物	最大電力500kW以上の需要設備・発電所等	なし
	最大電力500kW未満の需要設備	① （⑮　　　　） 電気工事士 ② 600 V以下の工事 ➡ 認定電気工事従事者もOK ③ 非常用予備発電装置工事及びネオン関係工事 ➡ 特殊電気工事資格者に限る
一般用電気工作物（受電電圧600 V以下）		（⑮　　　） 電気工事士または（⑯　　　） 電気工事士

(ア) 「一般用電気工作物」および「自家用電気工作物のうち500kW未満の需要設備」の電気工事

電気工事士法および電気工事業法の規制を受ける。

(イ) 「自家用電気工作物のうち500kW未満の需要設備」の電気工事

「第一種電気工事士」または「認定電気工事従事者」が行う。

(ウ) 一般家庭でエアコン等の家電製品を取り付ける際，屋内配線の延長やブレーカーの増設・変更などの電気工事を行う場合

「第一種電気工事士」または「第二種電気工事士」が行う。

8 電磁誘導加熱式調理器〈IH（Induction Heater）クッキングヒーター〉

調理コンロとして機種も増え，火力調節も自在で，使える鍋も，鉄だけではなく，鉄ホーロー，ステンレスと増えている。これに対応できるように，共用幹線のケーブル等を取り替え，専有部分の電気配線を（⑰　　　） V用配線〈単相（⑱　　　） 線式〉とすることが一般的である。

⑮第一種　⑯第二種　⑰200　⑱3

7 その他の設備等

(1) 居室の採光に関する規定

1 居室の採光

(ア) 住宅における居住のための居室には，採光のための窓その他の開口部を設け，その採光に有効な部分の面積は，その居室の床面積に対して，原則として（①　　　　）以上としなければならず，証明設備の設置，有効な採光方法の確保等これらに準ずる措置が講じられているものは，$\frac{1}{10}$ までの範囲内で国土交通大臣が別に定める割合とされる。ただし，地階等に設ける居室については，この必要はない。

(イ) 算定

ⓐ 襖，障子など随時開放できるもので仕切られた2室は1室とみなして計算することが（②　できる・できない）。

ⓑ 外側に（③　　　　）cm以上の縁側（ぬれ縁は除く）などがある開口部の場合，$\frac{7}{10}$ を有効とみなし，天窓は（④　　　　）倍の面積があるものとみなされる。

2 有効採光面積の算定方法

その居室の開口部ごとの面積に，それぞれの（⑤　　　　）を乗じた面積の合計となっている。ただし，国土交通大臣が別に算定方法を定めた建築物の開口部はこの限りではない。

(2) 換気に関する規定

3 居室は，その用途（⑥ が住居の居室に限り・にかかわらず），規定された方法で換気できるようにしなければならない。

4 窓などの開口部による自然換気について，襖や障子などの常時開放できる建具で仕切られた2室は，1室とみなして計算して（⑦　よい・はならない）。

5 自然換気設備は，給気口（下部）と排気口（上部）の気圧差によって自然に換気を行うものであるが，排気口は，天井から（⑧　　　　）cm以内の位置に設けなければならない。

6 全熱交換型の換気は，「第（⑨　　　　）種換気方式」である。

①　　　　
②　　　　
③　　　　
④　　　　
⑤　　　　
⑥　　　　
⑦　　　　
⑧　　　　
⑨　　　　

①$\frac{1}{7}$　②できる　③90　④3　⑤採光補正係数　⑥にかかわらず　⑦よい　⑧80　⑨1

(3)　空気調和設備

7　空気調和方式の種類

　　空気調和には，決まった方式があるわけではなく，常に新しい技術が開発されつつある。次のものは，住宅における基本的な方式であり，通常，これらの方式を併用した装置とすることが多い。

単一ダクト方式（全空気方式・中央式）

(ア)　大規模の建物では，このスペースが建物の階高に大きな影響を与えるので，風速を（⑩ 小さく・大きく）して，ダクトを（⑪ 大きく・小さく）することが行われる。

(イ)　これには，次の2つの方式がある

　@　（⑫　　　　）量（CAV）方式

　　　常に一定風量を送るものである。

　ⓑ　（⑬　　　　）量（VAV）方式

　　　吹出しユニットごとに，サーモスタットの指示によって風量を増減できるものである。

(4)　シックハウス対策の基準

8　クロルピリホスをあらかじめ添加した建築材料を用いてはならないが，その添加から（⑭　　　　）年以上使用された建材で，クロルピリホスを発散するおそれがないものとして国土交通大臣が認めたものは，用いることができる。

9　第一種ホルムアルデヒド発散建築材料は，居室の内装仕上げ材として用い（⑮ ることができる・てはならない）。

10　第二種ホルムアルデヒド発散建築材料，第三種ホルムアルデヒド発散建築材料は，居室の内装仕上げ材としては，その使用面積が制限される。ただし，次のいずれかの条件を満たす場合は，面積制限は除外（制限なく使用）される。

(ア)　中央管理方式の空気調和設備を設ける場合。

(イ)　ホルムアルデヒド濃度を（⑯　　　　）mg／㎥以下に保つことができる居室として，国土交通大臣の認定を受けたもの。

11　（⑰　　　　）mg／㎥h以下の最高ランクの建材は，居室の内装仕上げ材として，原則として面積の制限なく使用できる。

---

⑩大きく　⑪小さく　⑫定風　⑬可変風　⑭5　⑮てはならない　⑯0.1　⑰0.005

⑫　次のいずれかの条件を満たす場合，機械設備を設置しなくてもよい。

　㈠　常時外気に開放された開口部と隙間の面積の合計が，床面積1㎡あたり（⑱　　　）cm²以上確保されている居室。

　㈡　「ホルムアルデヒド濃度を（⑲　　　）mg／㎡以下に保つことができる居室」として国土交通大臣の認定を受けたもの。

　㈢　その他

⑬　設置する機械換気設備は，一般的な技術的基準（施行令129条の2の6）に適合しなければならず，居室では（⑳　　　）回／時以上の換気性能を確保しなければならない。

⑭　吹抜けなど天井を高くとった居室は，天井高に応じて換気回数が（㉑　緩和・付加）される。ただし，部屋の一部だけ天井高が違う場合は平均天井高とする。

⑱_____

⑲_____

⑳_____

㉑_____

過去問にチャレンジ！

<㋱平成16年第24問改題>

１　第一種ホルムアルデヒド発散建築材料は，第三種ホルムアルデヒド発散建築材料より，ホルムアルデヒドの毎時の発散量は（㋐　少ない・多い）。

２　住宅等の居室とそれ以外の居室でのホルムアルデヒド発散建築材料の使用面積制限は，換気回数が等しい場合（㋑　同じである・異なる）。

３　1年を通じて，居室内の人が通常活動することが想定される空間のホルムアルデヒドの量を空気1㎡につきおおむね（㋒　0.1・1）mg以下に保つことができるものとして，国土交通大臣の認定を受けた場合は，政令で定めた技術的基準を満たした換気設備を設けなくてもよい。

４　クロルピリホスを発散するおそれがないものとして国土交通大臣が定める建築材料を除き，クロルピリホスをあらかじめ添加した建築材料を用いて（㋓　よい・はならない）。

㋐_____

㋑_____

㋒_____

㋓_____

⑱15　⑲0.1　⑳0.5　㉑緩和　㋐多い　㋑異なる　㋒0.1　㋓はならない

⑸　アスベスト等

⑮　建築物は，石綿その他の物質の建築材料からの飛散または発散による衛生上の支障がないよう，次の基準に適合するものとしなければならない。

　㋐　建築材料に石綿（アスベスト）その他の著しく衛生上有害なものとして政令で定める物質（以下，「石綿等」という）を（㉒　　　　）しないこと。

　㋑　石綿等をあらかじめ（㉒　　　　）した建築材料（石綿等を飛散または発散させるおそれがないものとして国土交通大臣が定めたものまたは国土交通大臣の認定を受けたものを除く）を（㉓　　　　）しないこと。

　㋒　（㉔　　　　）を有する建築物にあっては，上記㋐㋑のほか，石綿等以外の物質でその（㉔　　　　）内において，衛生上の支障を生ずるおそれがあるものとして政令で定める物質の区分に応じ，建築材料および換気設備について，一定の技術的基準に適合すること。

⑹　避難経路に関する規定

⑯　廊下の幅

　　廊下の幅が十分でないと，大勢の人が一度に避難する場合に危険なため，次のように最低限の廊下の幅が定められている。

廊下の用途 ＼ 廊下の配置	両側居室の場合の廊下幅	左記以外の廊下幅
共同住宅の共用廊下（その階の住戸や住室の床面積の合計が100㎡を超える場合）	（㉕　　　　）m以上	（㉖　　　　）m以上

㉒添加　㉓使用　㉔居室　㉕1.6　㉖1.2

17 直通階段までの歩行距離

火災など非常の際の速やかな避難のため，主要構造部の構造，居室の種類，内装材，階数に応じて，避難階以外の階の居室から階段までの歩行距離[※1]が定められており，一定の歩行距離以下でいずれかの直通階段に到達できるように規定されている。

構造　　　種類・内装材・階数	主要構造部が準耐火構造[※2]・不燃材料の場合	その他の場合
㋐　無窓の居室（有効採光面積＜居室の床面積 ×$\frac{1}{20}$）	30m以下	（㉘　　　）m以下
㋑　共同住宅等	（㉗　　　）m以下	
㋒　14階以下で，居室および避難路の内装を準不燃材料としたもの	㋐の場合：30m＋10m　＝40m以下　㋑の場合：50m＋10m　＝60m以下	
㋓　15階以上で，居室および避難路の内装を準不燃材料としたもの	㋐の場合：30m以下　㋑の場合：50m以下	──
㋔　15階以上で，居室および避難路の内装が，上記に該当しないもの	㋐の場合：30m－10m　＝20m以下　㋑の場合：50m－10m　＝40m以下	

※1　歩行距離

その階の最も遠い居室から直通階段に至るまでの通常の歩行経路の距離で，居室内での測定の始点は出口から最も遠い位置とする。

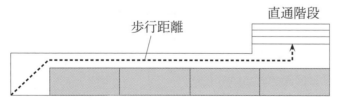

直通階段

歩行距離

※2　特定主要構造部が耐火構造である場合を含む。

㉗50　㉘30

18 直通階段を2以上設けなければならない共同住宅

　多数の人が使用する共同住宅などでは，一度出火すると多くの居住者が一気に階段に集中して，渋滞のなかで避難することになる。そこで，避難階や，少なくとも2つの直通階段を設けることによって，2方向階段を確保し，スムーズな流れをつくる必要がある。

　共同住宅の居室において，（㉙　　）階以下の階で，対象階にある居室の床面積の合計が100㎡〈主要構造部が準耐火構造または主要構造部が不燃材料で造られている場合は（㉚　　）㎡〉を超えるものは，その階から避難階（避難階とは，「直接地上へ通ずる出入口のある階」をいい，通常は1階）または地上に通ずる2以上の直通階段を設けなければならない。

(7) 避難階段と特別避難階段

19 避難階段・特別避難階段の設置

(ア)（㉛　　）階以上の階に通じる直通階段，または地下（㉜　　）階以下に通じる直通階段は，避難階段または特別避難階段とする。

(イ) 設置義務のないもの

　主要構造部が準耐火構造または不燃材料でつくられた建築物で，（㉛　　）階以上の階または地下（㉜　　）階以下の階の床面積の合計が（㉝　　）㎡以下のもの。

20 特別避難階段の設置

(ア)（㉞　　）階以上の階に通じる直通階段，または地下（㉟　　）階以下の階に通じる直通階段は，特別避難階段（避難階段不可）とする。

(イ) 設置義務のないもの

　主要構造部が耐火構造の建築物（階段室，昇降機の昇降路部分，廊下等の避難用部分で，耐火構造の床・壁・特定防火設備で防火区画されたものは除く）で，耐火構造の床，壁または特定防火設備により100㎡〈共同住宅の住戸部分では（㊱　　）㎡〉以内ごとに区画されているもの。

㉙5　㉚200　㉛5　㉜2　㉝100　㉞15　㉟3　㊱200

(8) 非常用の照明装置

21 次のいずれかに該当する建築物または建築物の部分については，非常用の照明装置を設け（㊲　なければならない・なくてもよい）。

・共同住宅の住戸等

・避難階または避難階の直上階もしくは直下階の居室で避難上支障がないもの，その他これらに類するものとして国土交通大臣が定めたもの。

㊲_____

(9) 非常用の進入口

22 非常用の進入口の設置

(ア) 設置義務

建築物の高さが（㊳　　　　）m以下の部分にある（㊴　　　　）階以上の階（国土交通大臣指定の一定の建築物は除く）には，原則として，非常用の進入口を設けなければならない。

㊳_____

㊴_____

(イ) 設置義務のないもの

次のいずれかに該当する場合，設置しなくてもよい。

ⓐ 非常用の昇降機を設置している場合。

ⓑ 道または道に通ずる幅員4m以上の通路，その他の空地に面する各階の外壁面に窓その他の開口部（直径1m以上の円が内装することができるもの，またはその幅および高さが，それぞれ，75cm以上および1.2m以上のもので，格子その他の屋外からの進入を妨げる構造を有しないものに限る）を，当該壁面の長さ（㊵　　　　）m以内ごとに設けている場合。

㊵_____

23 非常用の進入口の構造

次に定める構造としなければならない。

(ア) 進入口の設置場所

道または道に通ずる幅員4m以上の通路その他の空地に面する各階の外壁面に設けること。

(イ) 進入口の間隔

（㊶　　　　）m以下であること（階数ごとの間隔ではなく，たとえば3階部分に2以上の進入口を設ける場合の横の間隔を指す）。

㊶_____

㊲なくてもよい　㊳31　㊴3　㊵10　㊶40

㈦　進入口の幅が75cm以上，高さが1.2m以上，下端の床面からの高さ80cm以下であること。

㈢　進入口は，外部から開放し，または破壊して室内に侵入できる構造とすること。

㈠　進入口には，奥行き（㊷　　　）m以上，長さ（㊸　　　）m以上のバルコニーを設けること。

㈣　進入口またはその近くに，外部から見やすい方法で赤色灯の標識を掲示し，および非常用の進入口である旨を（㊹　　　）色で表示すること。

⑩　敷地内の通路の規定

24　共同住宅などの特殊建築物には，敷地内通路は必要である。敷地内には，屋外への出口から道または公園，広場その他の空地に通ずる幅員が（㊺　　　）m（階数が3以下で延べ面積が200㎡未満の建築物の敷地内では90cm）以上の通路を設けなければならない。

屋外避難階段

道　路

原則（㊺　　　）m以上

過去問にチャレンジ！

＜⑰令和3年第21問改題＞

延べ面積が250㎡の2階建て共同住宅の敷地内には，屋外に設ける避難階段から道又は公園，広場その他の空地に通ずる通路を設けなければならず，当該通路の幅員は（㋐ 0.9m確保すればよい・1.5m以上確保しなければならない）。

㊷ 1　　㊸ 4　　㊹赤　　㊺1.5　　㋐1.5m以上確保しなければならない

144

⑾　内装材の使用制限

25　内装制限を受ける特殊建築物

建築物用途		共　　同　　住　　宅
構造・規模（原則）	耐火建築物	用途に供する3階以上の部分の床面積の合計が300㎡以上
	準耐火建築物	用途に供する2階部分の床面積の合計が300㎡以上
	そ　の　他	用途に供する部分の床面積の合計が200㎡以上
内装制限	居　　室	壁（（㊻　　　　）m以下を除く）および天井の室内に面する部分の仕上げを（㊼　難燃・準不燃）材料またはこれに準ずるものとすること
	廊下・階段等	壁および天井の室内に面する部分の仕上げを（㊽　難燃・準不燃）材料またはこれに準ずるものとすること

過去問にチャレンジ！

<㊩平成26年第17問改題>

1　国士交通大臣が定めたものまたは国士交通大臣の認定を受けたものである不燃材料・準不燃材料・難燃材料において，不燃性能に関して（㋐　難燃材料は不燃材料・不燃材料は難燃材料）に含まれる。

2　内装制限を受けるのは，（㋑　床、壁、天井・壁、天井）であり，（㋒　床に対する基準が最も厳しい・床に対しては制限がない）ものとなっている。

3　耐火建築物の共同住宅で，（㋓　200・400）㎡以内ごとに準耐火構造の床，壁または建築基準法第2条第9号の2ロに規定する防火設備で区画されている住戸にある居室には，内装制限が適用されない。

4　（㋔　　　　）避難階段および（㋕　　　　）避難階段の階段室の天井および壁の室内に面する部分は，不燃材料で仕上げをし，かつ，その下地も不燃材料で造らなければならない。

㊻1.2　㊼難燃　㊽準不燃
㋐不燃材料は難燃材料　㋑壁、天井　㋒床に対しては制限がない　㋓200　㋔・㋕屋内，特別（順不同）

㊻

㊼

㊽

㋐

㋑

㋒

㋓

㋔

㋕

⑿　駐輪施設

26　駐輪施設の主なポイントは，次のとおりである。

㋐　自転車置場の重要性	駐車施設より重要性が大きく，各住戸1台以上の保管場所が必要
㋑　1台当たりの面積	幅（㊾　　　　）m×奥行（㊿　　　　）m程度（直角駐車）
㋒　駐輪パターン	(1)　低配列（自転車を同レベルに並列に配置） (2)　傾斜配列（自転車の前部を持ち上げ，傾斜させて配置） (3)　高低配列（1台おきに自転車の前部の位置を変化させて配置） (4)　斜配列（自転車を斜めに配置）等
㋓　台数義務	規模により条例，指導で台数を義務づけられることがある

⒀　テレビ共聴設備

27　配線方式

　㋐　直列ユニット方式（縦配線方式）

　　　配線費用が安価なため，採用されることが多かった。しかし，同系統住戸への影響（一時受信不可，調整等の作業が系統住戸にも及ぶ）があるため，一般的にテレビ端子の増設や変更が困難となる。この方式は，双方向通信に対応でき（�51　る・ない）。

　　※　双方向通信とは，双方から相手側に通信ができる機能のこと。デジタル放送，CATV（Cable Television，有線テレビのこと），インターネットなどで展開される。

　㋑　幹線分岐方式（スター配線方式）

　　　幹線から分岐器で支線を出し，各住戸内の分配器で各部屋のテレビ端子や通信用端子に分配する方式である。分岐単位の信号レベルを各戸単位で調整しやすく，改修や変更が各住戸で可能となる。衛星放送の伝送方式（BS-IF，CS-IF）をそのまま伝送するのに適している。

㊾0.6　㊿1.9　�51ない

今後のテレビ共聴設備改修の方向は，(㊲ (ア)→(イ)・(イ)→(ア)) と改善される。

⑭　マンションの供給方式等

28 (㊳　　　)・システム

長期間にわたり，快適に住み続けられる住宅を提供するための設計・生産・維持管理にわたる，トータルシステムの考え方をいう。

29 (㊴　　　)住宅

建物各部の耐用年数や利用形態の違いを考慮して，躯体（スケルトン）と内装・設備（インフィル）に分離して計画する方式の住宅である。これは，維持・補修，交換・更新等の容易性が確保されるように配慮されている。

30 (㊵　　　)住宅

地球温暖化防止等の地球環境保全を促進する観点から，地域の特性に応じ，エネルギー・資源・廃棄物等の面で適切な配慮がなされるとともに，周辺環境と調和し，健康で快適に生活できるよう工夫された住宅および住環境のことをいう。なお，暖冷房設備については，設置される。

31 建物の(㊶　　　)

既存のオフィスビルを改修してマンションとする等，既存建物の利用目的を別の用途に変えることをいう。

32 (㊷　　　)ハウス

組合を結成した人たちが共同して住宅を取得する方式のことをいう。所有者となる人が計画当初から参加するので，自由な設計ができるという特徴がある。

33 (㊸　　　)住宅

構造・設備の変更の容易性や維持保全の容易性等のほか，住宅の省エネルギー性能やバリアフリー（高齢者等対策）等の確保が求められる（(㊸　　　)住宅の認定基準）。

㊲(ア)→(イ)　㊳センチュリー・ハウジング　㊴スケルトン・インフィル　㊵環境共生　㊶コンバージョン
㊷コーポラティブ　㊸長期優良

8 マンションと大規模修繕

(1) 長期修繕計画

1 長期修繕計画は，（①　　　　）年以上の計画期間において見込まれる修繕工事の内容，おおよその時期，概算の費用，収支計画等に関して定めることが望ましい。

2 長期修繕計画の見直しは，大規模修繕工事と大規模修繕工事の中間の時期に単独で行う場合，大規模修繕工事の直（② 前・後）に基本計画の検討に併せて行う場合，または，大規模修繕工事の実施の直（③ 前・後）に修繕工事の結果を踏まえて行う場合がある。

3 推定修繕工事とは，長期修繕計画において，計画期間内に見込まれる「修繕工事」および改修工事をいう。この「修繕工事」には補修工事を（④ 含み・除き），「補修工事」には経常的に行う補修工事を（⑤ 含む・除く）。

(2) 構造計画と構造設計

4 平面と構造計画

(ア) 構造計画の面からいえば，平面は（⑥ 単純・複雑）なものがよい。

(イ) **重心と剛心**

耐震要素（柱・耐震壁・筋違）は，つりあい良く配置して，建物の「重心」と「剛心」との（⑦ 一致・不一致）に心がける。つまり，偏心を（⑧ なくす・なくさない）ようにする。

(ウ) **耐震壁**

耐震壁のまわりの床は，大変重要なので，耐震壁の周囲の床は，抜けないように配慮をする。

(エ) **エキスパンション**

不整形なプランの建物や平面的に長い建物に設けるのがよい。

①30　②前　③後　④含み　⑤除く　⑥単純　⑦一致　⑧なくす

5 立面と構造計画

(ア)　上下方向を通じて，均一な平面がよい。特に，ピロティ等で上階と下階の剛性が急変すると，剛性の小さい階に地震力が集中し，非常に危険となる。

(イ)　建物にセットバックがある場合

重心と剛心が（⑨ 定着しやすく・ずれやすく），耐震上（⑩ 有利・不利）となる。

(ウ)　**耐震壁**

周囲の部材に十分配慮すれば，必ずしも上下同位置でなくてもよい。

(エ)　鉄筋コンクリートの短柱（太くて短い柱）

ⓐ　地震時に（⑪　　　　）力が集中する。

ⓑ　腰壁やたれ壁でも柱を短柱化させるので，スリットを入れるなどして応力の集中をさけるのがよい。

6 免震構造

(ア)　内　容

積層ゴムや滑り機能をもつ免震装置を設け，主として振動系の固有周期を延長させることにより，地震力に対する建築物等の応答を抑制または制御しようとする構造である。

(イ)　効　果

地震時の建築物の応答を抑制するうえで，固有周期が（⑫ 短い・長い）建築物に対して，より効果的である。

(ウ)　免震構造の建築物は，大地震時においても，建築物に生じる加速度を低減することが（⑬ できる・できない）。

7 制振（震）構造

(ア)　内　容

ある装置または機構を設けることにより，振動外乱に対する建築物等の応答を抑制または制御しようとする構造である。

(イ)　効　果

・塔状建築物や超高層建築物において，強風時の揺れに関する居住性の改善のため，（⑭　　　　）装置を設けることがある。

・地震時において，建築物に生じる加速度を低減する効果を期待する設計が，近年多くなっている。

⑨ずれやすく　⑩不利　⑪水平　⑫短い　⑬できる　⑭制振（震）

149

(3)　建築物の耐震診断方法

8　耐震診断基準により，次の 3 種類の診断方法がある。下記の(ア)より(ウ)の方が，算定法は詳しくなり，それに伴い結果の信頼性が高まるようになっている。

(ア)　（⑮　　　）次診断

柱と壁の量によって診断する簡便法である。結果の信頼性は低くなるが，壁の多い建物など耐震性能の高いと思われる建物を診断するのに適している。

(イ)　（⑯　　　）次診断

柱と壁の量だけでなく，コンクリート強度や配筋を考慮する診断法である。

（⑮　　　）次診断より詳細に検討され，壁が少ない建物を診断するのに適している。（⑮　　　）次診断より結果の信頼性が上がる。

(ウ)　（⑰　　　）次診断

柱や壁だけでなく，はりの強度や壁の回転などを考慮する診断法である。建物の特性が（⑯　　　）次診断よりさらに詳細に検討され，（⑯　　　）次診断より結果の信頼性が上がる。（⑯　　　）次診断と併用することが望まれる。

(4)　音

9　床衝撃音

(ア)　日本住宅性能表示基準

共同住宅等に適用されるのは，①**重量床衝撃音対策**，②**軽量床衝撃音対策**，③**透過損失等級**（界壁），④**透過損失等級**〈（⑱　　　）〉の 4 項目がある。

ⓐ　軽量床衝撃音対策等級での対象周波数域は，重量床衝撃音対策等級での対象周波数域より（⑲　低・高）周波域となっている。

ⓑ　軽量床衝撃音の下階への伝わりにくさは，（⑳　軽・重）量床衝撃音対策等級または軽量床衝撃音レベル低減量（床仕上げ構造）のいずれかについて評価するものとされている。

---

⑮ 1　　⑯ 2　　⑰ 3　　⑱外壁開口部　⑲高　　⑳軽

 ⓒ　透過損失等級（界壁）において評価されるのは，界壁の構造に係る空気伝搬音の透過のしにくさである。

 ㈗　じゅうたんなどの通常の床仕上材

  軽い衝撃には改善効果が（㉑　ある・ない）が，重量物の衝撃源に対しては，改善効果が（㉒　少ない・多い）。

 ㈘　重量衝撃源にまで効果がある工法

  ロックウールとモルタルなどによる湿式浮き床工法を用いるか，コンクリート床スラブの厚さを増すことで効果を上げることができる。

10　フローリング衝撃音

 L値が（㉓　小さい・大きい）ほど，遮音性が優れている。

遮音等級	㉔（軽量・重量）床衝撃音（L_H値）遮断性能（子供の走り回り，飛び跳ね等）	㉕（軽量・重量）床衝撃音（L_L値）遮断性能（椅子の移動音，物の落下音等）
L-30	通常ではまず聞こえない	聞こえない
L-35	ほとんど聞こえない	通常ではまず聞こえない
L-40	かすかに聞こえるが，遠くから聞こえる感じ	ほとんど聞こえない
L-45	聞こえるが，意識することはあまりない	小さく聞こえる
L-50	小さく聞こえる	聞こえる
L-55	聞こえる	発生音が気になる
L-60	よく聞こえる	発生音がかなり気になる
L-65	発生音がかなり気になる	うるさい
L-70	うるさい	かなりうるさい
L-75	かなりうるさい	大変うるさい
L-80	うるさくて我慢できない	うるさくて我慢できない

11　空気音

 D値が（㉖　小さい・大きい）ほど，遮音性が優れている。

遮音等級	界壁の遮音等級（D値）（ピアノ・ステレオ等の大きい音）
D-65	通常では聞こえない
D-60	ほとんど聞こえない
D-55	かすかに聞こえる
D-50	小さく聞こえる
D-45	（㉗　　　　）聞こえる
D-40	曲がはっきりわかる
D-35	よく聞こえる
D-30	大変よく聞こえる
D-25	うるさい
D-20	かなりうるさい
D-15	大変うるさい

㉑ある　㉒少ない　㉓小さい　㉔重量　㉕軽量　㉖大きい　㉗かなり

(5)　防水工事

12　アスファルト防水

(ア)　アスファルト防水とは，アスファルト系の材料を用いる防水のことであり，施工法によって（㉘　　　）**工法**，（㉙　　　）**工法**（トーチバーナーで加熱しながら張り付ける工法），**複合工法**に分類される。このうち，（㉘　　　）工法とは，紙，合成繊維，ガラス繊維などの芯材にアスファルトを含浸・被覆したアスファルトルーフィングを，加熱溶融したアスファルトコンパウンドで数層重ねて密着し，防水層を構成する。これは，通常10mm前後の厚さに仕上げられ，最も古い歴史を持つ。これに対し，（㉙　　　）工法は，熱工法に比べて，施工時の煙や臭気などの発生が少なく，防水層の性能が施工時の気温に左右されにくい。

(イ)　**絶縁工法によるアスファルト露出防水**

最（㉚　上・下）層にあなあきルーフィングを使用し，下地面の湿気を排出する脱気装置を設け，ふくれを防止する。

13　シート防水工法の種類

(ア)　塩化ビニル系樹脂シート防水工法

保護材不要で軽歩行ができる施工法であり，一般化している。

(イ)　合成ゴム系シート防水工法

厚塗り塗装材を保護層とすることにより，軽歩行が可能と（㉛　なる・ならない）。

14　ウレタン系塗膜防水工法

突出物の（㉜　少ない・多い）屋上の改修工事の際に，施工が容易なため採用されることが多い。

15　上記12～14のメンブレン防水の調査・診断では，竣工図で，防水材料・工法・納まりを確認し，漏水箇所の有無および防水材料の劣化状況等の調査結果と照合して，漏水の原因や今後の耐久性を推定する。

16　シーリング防水

被接着面を被着体，シーリング材に応じた専用のプライマーを塗り，乾燥後にシーリング材を打つ。シーリングの早期の剥離や破断の原因には，当初施工時のプライマー不良やシーリング厚さ不足等の施工不良がある。

㉘熱　㉙トーチ　㉚下　㉛なる　㉜多い

(6) 結露対策

17 結露現象

(ア) 壁体（㉝　　　）結露

ⓐ 壁体の表面両側で温度差が大きいとき，高温側の空気が壁体にふれると熱を奪われ，空気温度が下がる。

ⓑ その時，その空気の露点温度以下まで下がると，空気中に含まれる水蒸気は水滴となる。この現象を「壁体（㉝　　　）結露」という。

(イ) 壁体（㉞　　　）結露

壁体内部で，露点温度以下になると壁体内で水滴を生じる。この現象を「壁体（㉞　　　）結露」という。

18 結露防止策

(ア) 結露防止策として，次のようなものが考えられる。

ⓐ 必要以上に水蒸気を発生させないこと

ⓑ 換気を行うこと

ⓒ 壁体などの熱貫流抵抗を（㉟ 小さく・大きく）して，内壁表面温度が，冬季に室内空気の露点温度より（㊱ 低く・高く）ならないようにすること

ⓓ 内壁表面を吸湿性のある材料（たとえば，木材や漆喰など）を用いること

(イ) 壁体内部結露を防ぐ方策

室内側の壁を透湿性（湿気伝導率）の（㊲ 小さい・大きい）材料として内部への透湿を少なくし，かつ，壁体内部を通気工法とするなどの方策を講じる。

(7) マンションの省エネルギー対策

19 省エネルギー対策の効果

(ア) 窓ガラス遮熱用フィルムを貼ることは,効果が（㊳ ある・ない）。

(イ) ラピッドスタート型の蛍光灯器具を高効率型（Ｈｆ型）の器具に交換することは，効果が（㊴ ある・ない）。

(ウ) フィラメント使用の電球を発光ダイオード（ＬＥＤ）使用のものに交換することは，効果が（㊵ ある・ない）。

㉝表面　㉞内部　㉟大きく　㊱低く　㊲小さい　㊳ある　㊴ある　㊵ある

㊵ ------------------------------

㊶ ------------------------------

㊷ ------------------------------

㊹ ------------------------------

㊺ ------------------------------

㊻ ------------------------------

㊼ ------------------------------

㊽ ------------------------------

(エ)　既存のエレベーターの速度を上げて運転することは，効果が（㊵　ある・ない）。

20 寒冷時での室内表面温度

(ア)　天井の中では，その隅角部が最も（㊶　低い・高い）。

(イ)　表面温度が（㊷　低い・高い）部分には，結露が生じやすい。

(8) 防犯設備等

21 共用玄関扉

扉の内外を相互に見通せる構造にするとともに，（㊹　　　　）システムを導入することが望ましい。

22 網入り板ガラス

火災の延焼防止を目的に使用される金網入りガラスである。防犯性能は，フロート板ガラスと同様期待（㊺　できる・できない）。

23 サッシの種類

(ア)　（㊻　　　　）工法

古いサッシ枠を残したまま，新しいアルミサッシを取り付ける工法であり，既存枠よりも有効開口寸法が高さ・幅寸法とも約70mm程度狭くなる。

(イ)　（㊼　　　　）工法

油圧工具またはジャッキ等で既存のサッシを枠ごと引き抜き，撤去して新しいサッシと交換する工法である。

(ウ)　（㊽　　　　）工法

（㊻　　　　）工法と同様，既存サッシ枠を残したまま，新規枠をかぶせて取り付ける工法である。洗面所・トイレ等の小窓に最適な工法なので，主にトイレや浴室などの比較的小型のサッシに採用される。

㊵ない　㊶低い　㊷低い　㊹オートロック　㊺できない　㊻カバー　㊼引抜き　㊽ノンシール

9 建築構造

(1) 鉄骨造

1 鉄骨造において，構造耐力上主要な部分である柱の脚部は，国土交通大臣が定める基準に従ったアンカーボルトによる緊結その他の構造方法により基礎に緊結しなければならないが，滑節構造である場合，その必要は（**①** ある・ない）。

2 **鉄骨造における柱の防火被覆**

　地階を除く階数が（**②**　　　）以上の建築物は，1つの柱のみの火熱による耐力低下によって建物全体が容易に倒壊するおそれがある場合，その柱の構造は，通常の火災時に，加熱後一定時間構造耐力上支障のある変形，溶融，破壊等の損傷を生じない構造方法を用いるものとする（国土交通大臣の認定を受けたものを除く）。

(2) 鉄筋コンクリート構造

3 **性　質**

(ア)　鉄筋コンクリート

　　コンクリートを鉄筋で補強したものである。

(イ)　コンクリート

　　圧縮にくらべて引張りに（**③** 弱い・強い）材料であるが，耐久性や耐火性に（**④** すぐれている・劣っている）。コンクリートの特徴として，温度上昇に伴う膨張の程度（熱膨張率）は，鋼材とほぼ等しい。したがって，鋼材との相性がよい。

(ウ)　鉄　筋

　　圧縮・引張りに（**⑤** 弱い・強い）材料ではあるが，単独で圧縮されると座屈を起こしてしまうし，耐蝕性や耐火性は（**⑥** 低い・高い）。

(エ)　引張りに弱いコンクリートを鉄筋で補強し，圧縮力は，主にコンクリートに負担させて，全体として曲げに耐える断面にする。

　ⓐ　長　所

　　・耐震性・耐久性・耐火性に富んでいる。

---

①ない　②3　③弱い　④すぐれている　⑤強い　⑥低い

・一体構造として，ラーメン構造をつくりやすい。

・自由な形の構造物をつくれる。

・材料が安価で経済的である。

ⓑ　短所

・重い（建物の全重量の約70〜80%が構造物の自重）。

・ひび割れが生じやすい。

・クリープ変形が大きい。

4　鉄筋コンクリート造の鉄筋のかぶり厚さ

　鉄筋を規定に従って配置しても，コンクリートから鉄筋が見えてしまうようでは，強度は発揮できない。

　そこで，鉄筋に対するコンクリートのかぶり厚さが重要になるが，次の表のように部位別に必要な厚さが決められている。

建 築 物 の 部 分			かぶり厚さ（cm以上）
壁	耐力壁以外	一　　　般	2
		土に接する	4
	耐　力　壁	一　　　般	（⑦　　　　）
		土に接する	（⑧　　　　）
床	一　　　般		2
	土に接する		4
柱・はり	一　　　般		3
	土に接する		4
基礎	布基礎の立ち上り		4
	捨コンクリートを除いた基礎		6

過去問にチャレンジ！　＜▽平成26年第40問＞

　鉄筋に対するコンクリートのかぶり厚さは，建築基準法施行令によって定められており，直接土に接しない耐力壁，柱，梁は（⑦　2・3）cm以上である。

⑦3　⑧4　⑦3

(3) 鉄骨鉄筋コンクリート構造

5 鉄骨鉄筋コンクリート造の鉄骨のかぶり厚さ

鉄骨に対するコンクリートのかぶり厚さは，（⑨　　　）cm以上としなければならない。

⑨

(4) 基礎構造

6 杭基礎設計上の留意点

(ア) 原則として，同一の建築物または工作物に，支持杭と摩擦杭を混用（⑩ する・しない）こと。また，打込杭・埋込抗および場所打ち杭の混用，材種の異なった杭の使用は，なるべく（⑪ 活用する・避ける）こと。

⑩

⑪

(イ) 支持杭の設計

ⓐ 杭周面に作用する摩擦力（負の摩擦力）について，杭の耐力の安全性を検討する。

ⓑ 砂層地盤の場合

軟弱層の地盤沈下に伴って，杭に対して，負の摩擦力となり，杭に荷重として作用する。

(5) ハンディキャップ者のための寸法

7 スロープ

(ア) スロープには，（⑫ 片・両）側に手すりを設ける。

⑫

(イ) 床の表面

ⓐ 粗面と（⑬ する・しない）。

⑬

ⓑ 滑り（⑭ やすい・にくい）材料で仕上げる。

⑭

ⓒ 周囲の床とスロープが区別しやすいように，明度差の（⑮ 小さい・大きい）色彩や材料とする。

⑮

---

⑨5　⑩しない　⑪避ける　⑫両　⑬する　⑭にくい　⑮大きい

(6) 階　段

8 居室の階段には，階段の高さ（⑯　　　）m以内ごとに踊り場を設けなければならない。

9 直階段の踊り場の踏幅は，（⑰　　　）m以上とされている。

10 階段の幅が3mを超える場合

(ア) 原則として，中間に手すりを設けなければならない。

(イ) 蹴上げが（⑱　　　）cm以下で，かつ，踏面が（⑲　　　）cm以上のものにあっては，(ア)の必要はない。

(ウ) 高さ（⑳　　　）m以下の階段の部分には，(ア)(イ)を適用しない。

(7) コンクリート

11 組成（体積比）

およそ「（㉑　　　）：（㉒　　　）：（㉓　　　）＝ 1：2：7」である。その他，少量の空気，混和剤が含まれる。

12 ワーカビリチー（施工軟度）と分離

(ア) ワーカビリチー

ⓐ 定　義

完全な打上りを前提とした，フレッシュコンクリートの作業性の難易の程度をいう。

ⓑ 軟　度

「やわらかさ」は，スランプによって示される。

(イ) 分　離

水の（㉔ 少ない・多い）軟練の場合→セメントペーストと骨材の分離が生じる。

13 コンクリートの圧縮強度

コンクリート製造条件によって異なるが，他の条件が同じであれば，一般的に次のようになる。

(ア) 水セメント比

小さくなるほど（㉕ 小さく・大きく）なる。

(イ) 材　齢

大きくなるほど（㉖ 小さく・大きく）なる。

---

⑯ 4　⑰ 1.2　⑱ 15　⑲ 30　⑳ 1　㉑ セメント　㉒ 水　㉓ 骨材　㉔ 多い　㉕ 大きく　㉖ 大きく

(ウ)　骨材の粗粒率

　　大きくなるものほど（㉗　小さく・大きく）なる。

㉗

(エ)　空　隙

　　少ないものほど（密実なものほど）（㉘　小さく・大きく）なる。

㉘

(オ)　空中養生したものより，水中養生したものの方が（㉙　小さく・大きく）なる。

㉙

(カ)　養生温度が高いほど，短期に発現する強度は（㉚　小さく・大きく）なる。

㉚

14　混和剤

　　コンクリートの性質を改良する目的で混入されるものである。

(ア)　（㉛　　　　）剤

　　微細で独立した空気を連行するための表面活性剤である。

㉛

(イ)　（㉜　　　　）剤

　　セメントなどの粉体を分散させることにより，単位水量を減少させるための表面活性剤である。

㉜

(ウ)　（㉝　　　　）剤

　　（㉛　　　　）剤および（㉜　　　　）剤の両者の効果を併せもつ表面活性剤である。

㉝

⑻　コンクリート工事

15　用語の定義

(ア)　セメント

　　ⓐ　水と反応して硬化する鉱物質の粉体である。

　　ⓑ　種　類

　　　ポルトランドセメント，フライアッシュセメントなどがある。

(イ)　単位水量

　　ⓐ　フレッシュコンクリート 1 ㎥中に含まれる水量のことをいう。

　　ⓑ　骨材中の水量は含（㉞　む・まない）。

㉞

(ウ)　単位セメント量

　　フレッシュコンクリート 1 ㎥中に含まれるセメントの質量のことをいう。

㉗大きく　㉘大きく　㉙大きく　㉚大きく　㉛AE　㉜減水　㉝AE減水　㉞まない

㉟

㊱

㊲

(エ)　(㉟　　　)

フレッシュコンクリートに含まれるセメントペースト中のセメントに対する水の質量百分率をいう。

(オ)　**スランプ値**

ⓐ　フレッシュコンクリートの軟らかさの程度をしめす指標のことをいう。

ⓑ　スランプコーンにコンクリートを充てんし，スランプコーンを引き上げた直後に測った頂部からの下がり（cm）で表す。

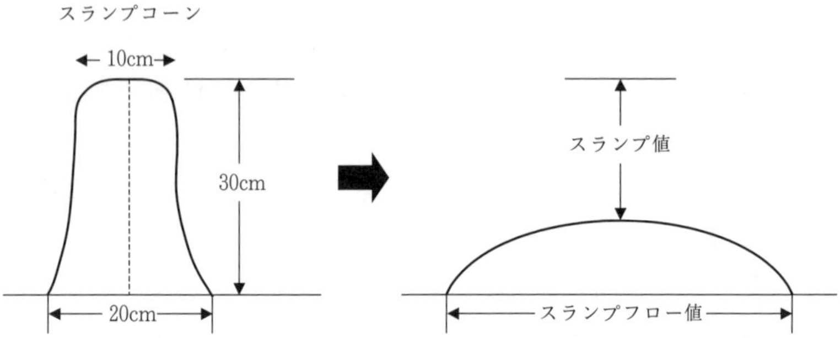

(カ)　**スランプフロー値**

ⓐ　フレッシュコンクリートの流動性の程度を示す指標のことをいう。

ⓑ　スランプコーンを引き上げた直後に，円状に広がったコンクリートの直径（cm×cm）で表す。

16　コンクリートの種類および品質

(ア)　コンクリートの種類

使用骨材の種類によって，「普通コンクリート」および「軽量コンクリート」がある。

ⓐ　(㊱　　　)コンクリート

気乾単位容積質量➡2.2～2.4ｔ／㎥である。

ⓑ　(㊲　　　)コンクリート

・１種と２種があり，各々の気乾単位容積質量➡1.7～2.1ｔ／㎥および1.4～1.7ｔ／㎥である。
・粗骨材には，いずれも人工軽量骨材を用いる。
・細骨材には，１種の場合には普通骨材を用いる。

㉟水セメント比　㊱普通　㊲軽量

(イ)　コンクリートの品質

ⓐ　荷卸し時に所要のワーカビリチーを有し，硬化後には，所要の強度，ヤング係数，気乾単位容積質量，耐久性および耐火性を有するものでなければならない。

ⓑ　コンクリートに含まれる塩化物量

塩化物イオン量として（㊳　　　）kg／m³以下とする。これを超える場合は，鉄筋上有効な対策を講じる必要がある。

17 コンクリートの耐久性

(ア) 乾燥収縮

ⓐ　しくみ

- コンクリート中の水分がコンクリート表面から蒸発すると，コンクリートが収縮する。
- 乾燥収縮が，コンクリートのひび割れの主な原因。

ⓑ　乾燥収縮によるひび割れ防止

次のような対策が有効である。

単位水量	（㊴ 少なく・多く）する（スランプを小さくする）。
単位セメント量	（㊵ 少なく・多く）する。
粗骨材の最大寸法	できるだけ（㊶ 小さく・大きく）する。
単位骨材量	（㊷ 少なく・多く）する。
細骨材の粒度	所要のワーカビリチーが得られる範囲で粗にする。
細骨材率	（㊸ 大きく・小さく）する。

(イ) 中性化

ⓐ　定　義

- コンクリート中の水酸化カルシウムが，（㊹ 空気中の炭酸ガス・骨材中のアルカリ反応性鉱物）によって炭酸カルシウムとなる現象をいう。
- アルカリ性のコンクリートが中性化し，コンクリート中の鉄筋が錆び，膨張してコンクリートにひび割れが発生する。
- 中性化に対する配慮

　鉄筋かぶり厚さを確保すること。

㊳

㊴

㊵

㊶

㊷

㊸

㊹

㊳0.30　㊴少なく　㊵少なく　㊶大きく　㊷多く　㊸小さく　㊹空気中の炭酸ガス

ⓑ　中性化とコンクリート強度

中性化により，コンクリートの強度が低下するわけではない。

ⓒ　中性化対策

・コンクリートの中性化

一般的に，屋外より屋内において進行しやすい。

・AE剤を用いたコンクリート

一般的に，混和剤を用いないコンクリートよりも，中性化は進行し（㊺　やすい・にくい）。

・混合セメントを用いたコンクリート

一般的に，普通ポルトランドセメントを用いたコンクリートよりも，中性化が進行し（㊻　やすい・にくい）。

・水洗いの不十分な海砂を用いたコンクリート

中性化が鉄筋位置まで進行しなくても，鉄筋が腐食することがある。

・水セメントと中性化速度

・一般的に，水セメント比が大きいコンクリート

中性化速度は（㊼　小さい・大きい）。

・一般的に，水セメント比が小さいコンクリート

セメントペーストと組織が緻密で透気性が小さくなるので，中性化速度は（㊽　小さい・大きい）。

㈡　**塩害**（コンクリート中に塩分が多量に含まれている場合）

ⓐ　鉄筋に錆が発生し，コンクリートを劣化させる。

ⓑ　コンクリートの材料である骨材や水の塩分量の最大値が規定されている。

㈢　**アルカリ骨材反応**

ある種の骨材は，セメント中のアルカリ分と化学反応を起こして膨張し，コンクリートにひび割れを発生させる。

過去問にチャレンジ！

＜㊏平成26年第18問改題＞

１　コンクリートの特徴として，乾燥収縮が（㋐　小さい・大きい）。

２　コンクリートの特徴として，比較的ひび割れが（㋑　生じやすい・生じにくい）。

㊺にくい　㊻やすい　㊼大きい　㊽小さい

㋐大きい　㋑生じやすい

1 総　則

(1) 目　的

1　マンション管理適正化法は，土地利用の高度化の進展その他国民の住生活を取り巻く環境の変化に伴い，多数の区分所有者が居住するマンションの重要性が増大していることに鑑み，（①　　　）の策定，（②　　　）の作成およびマンションの（③　　　）の認定ならびにマンション管理士の資格およびマンション管理業者の登録制度等について定めることにより，マンションの管理の適正化の推進を図るとともに，マンションにおける良好な居住環境の確保を図り，もって国民生活の安定向上と国民経済の健全な発展に寄与することを目的とする。

(2) 定　義

2　マンション管理適正化法上の定義

用　語	定　　義
マンション	（④　　　）以上の区分所有者が存する建物で，人の（⑤　　　）の用に供する（⑥　　　）部分のあるものならびにその（⑦　　　）および（⑧　　　）をいう。
マンション管理士	（⑨　　　）を受け，マンション管理士の名称を用いて，専門的知識をもって，管理組合の管理者等またはマンションの区分所有者等の相談に応じ，（⑩　　　），（⑪　　　）その他の援助を行うことを業務とする者をいう。 　ただし，他の法律においてその業務を行うことが制限されているものは除く。
管理事務	マンションの管理に関する事務であり，（⑫　　　）を含むもの。 ※（⑫　　　）とは，管理組合の会計の収入および支出の調定および（⑬　　　）ならびにマンション（専有部分を除く）の（⑭　　　）または（⑮　　　）に関する企画または実施の調整をいう。
マンション管理業	管理組合から委託を受けて，管理事務を行う行為で業として行うものをいう。 　ただし，マンションの区分所有者等が，当該マンションについて行うものは除かれる。
マンション管理業者	一定の登録を受けてマンションの管理業を営む者をいう。
管理業務主任者	合格，登録後，（⑯　　　）の（⑰　　　）を受けた者をいう。

---

①基本方針　②マンション管理適正化推進計画　③管理計画　④2　⑤居住　⑥専有

⑦・⑧敷地，附属施設（順不同）　⑨登録　⑩・⑪助言，指導（順不同）　⑫基幹事務　⑬出納事務

⑭・⑮維持，修繕（順不同）　⑯管理業務主任者証　⑰交付

2 | マンション管理計画認定制度

(1)　管理計画の認定

1 管理組合の（①　　　　）は，当該管理組合によるマンションの管理に関する計画（以下「管理計画」という）を作成し，マンション管理適正化推進計画を作成した都道府県等の長（以下「計画作成知事等」という）の認定を申請することができる。

(2)　認定基準・通知・更新

2 （②　　　　）は，認定の申請があった場合，当該申請に係る管理計画が一定の基準に適合すると認めるときは，その認定をすることができる。

3 （②　　　　）は，認定をしたときは，速やかに，その旨を当該認定を受けた者（以下「認定管理者等」という）に（③　　　　）しなければならない。

4 認定は，（④　　　　）年ごとにその更新を受けなければ，その期間の経過によって，その効力を失う。

5 認定の更新の申請があった場合，認定の有効期間の満了日までにその申請に対する処分がされないときは，従前の認定は，認定の有効期間の満了後その処分がされるまでの間，その効力を（⑤ 有する・有しない）。認定の更新がされた場合，その認定の有効期間は，（⑥ 処分がされた日・従前の認定の有効期間の満了日の翌日）から起算する。

(3)　認定を受けた管理計画の変更

6 認定管理者等は，認定を受けた管理計画の変更〔一定の「軽微な変更」を（⑦ 除く・含む）〕をしようとするときは，計画作成知事等の認定を受けなければならない。

(4)　管理計画の認定の取消し

7 計画作成知事等は，（ア）認定管理者等が命令に違反したとき，（イ）認定管理者等から認定管理計画に基づく管理計画認定マンションの管理を取りやめる旨の申出があったとき，（ウ）認定管理者等が不正の手段により認定または認定の更新を受けた場合には，認定（変更の認定を含む）を取り消すことが（⑧ できる・できない）。

---

①管理者等　②計画作成知事等　③通知　④5　⑤有する　⑥従前の認定の有効期間の満了日の翌日　⑦除く
⑧できる

3 マンション管理士

1. マンション管理士となる資格を有する者で，登録拒否事由のいずれにも該当しない者は，国土交通大臣の登録を受けることができる。実務経験は，登録の要件と（① される・されない）。

2. マンション管理士は，マンション管理士登録簿の登載事項に変更があったときは，（② 遅滞なく・30日以内に），その旨を国土交通大臣に届け出なければならない。

3. マンション管理士となる資格を有する者で，（③　　　）以上の刑に処せられ，その執行を終わり，または執行を受けることがなくなった日から（④　　　）年を経過しない者は，国土交通大臣の登録を受けることができない。

4. 上記3以外にも，マンション管理士となる資格を有する者で，マンション管理適正化法違反により（⑤　　　）刑に処せられ，その執行を終わり，または執行を受けることがなくなった日から（⑥　　　）年を経過しない者は，国土交通大臣の登録を受けることができない。

5. 次のいずれかにより登録を取り消され，その取消しの日から（⑦　　　）年を経過しない者は，国土交通大臣の登録を受けることができない。
   (ア) マンション管理士が，偽りその他不正の手段により登録を受けたとき
   (イ) マンション管理士が，（⑧　　　）行為の禁止規定に違反したとき
   (ウ) マンション管理士が，一定の（⑨　　　）を受けなかったとき
   (エ) マンション管理士が（⑩　　　）義務の規定に違反したとき

6. マンション管理士は，登録事項の変更の届出をするときは，当該届出に（⑪　　　）を添えて提出し，その（⑫　　　）を受けなければならない。

① _____
② _____
③ _____
④ _____
⑤ _____
⑥ _____
⑦ _____
⑧ _____
⑨ _____
⑩ _____
⑪ _____
⑫ _____

①されない　②遅滞なく　③禁錮　④2　⑤罰金　⑥2　⑦2　⑧信用失墜　⑨講習　⑩秘密保持　⑪登録証
⑫訂正

4 管理業務主任者

1 マンション管理業者は，事務所ごとに，当該マンション管理業者が管理事務の委託を受けた（**①**　　　）の管理組合〈人の（**②**　　　）の用に供する独立部分の数が（**③**　　　）以上であるマンションの区分所有者を構成員に含む〉につき，1人以上の成年者である（**④**　　　）の管理業務主任者を置かなければならない。

2 管理業務主任者試験に合格した者で，管理事務に関し（**⑤**　　　）年以上の実務の経験を有するものまたは国土交通大臣がその実務の経験を有するものと同等以上の能力を有すると認めたものは，国土交通大臣の登録を受けることができる。

3 管理業務主任者の登録を受けた者は，登録を受けた事項に変更があったときは，（**⑥** 遅滞なく・30日以内に），その旨を国土交通大臣に届け出なければならない。

4 管理業務主任者証の交付を受けようとする者は，原則として，国土交通大臣またはその指定する者が国土交通省令で定めるところにより行う講習で，交付申請日前（**⑦**　　　）ヵ月以内に行われるものを受けなければならない。

　ただし，試験合格日から（**⑧**　　　）年以内に管理業務主任者証の交付を受けようとする者は，受けなくてよい。

5 管理業務主任者証の有効期間は，（**⑨**　　　）年である。

6 管理業務主任者は，次のものに該当したときは，（**⑩**　　　）に，管理業務主任者証を国土交通大臣に（**⑪** 返納・提出）しなければならない。

・登録が消除されたとき
・管理業務主任者証がその効力を失ったとき

7 管理業務主任者は，事務の禁止の処分を受けたときは，（**⑫**　　　）に，管理業務主任者証を国土交通大臣に（**⑬** 返納・提出）しなければならない。

　国土交通大臣は，事務の禁止の期間が満了した場合において，上記の者から返還の請求があったときは，（**⑭**　　　）に返還しなければならない。

---

①30　②居住　③6　④専任　⑤2　⑥遅滞なく　⑦6　⑧1　⑨5　⑩速やか　⑪返納　⑫速やか　⑬提出
⑭直ち

5 マンション管理業

(1) マンション管理業者

1 マンション管理業を営もうとする者は，国土交通省に備える（①　　　　　）に登録を受けなければならない。

2 マンション管理業者の登録の有効期間は，（②　　　　　）年である。

3 有効期間の満了後引き続きマンション管理業を営もうとする者は，登録の有効期間満了日の（③　　　　　）日前から（④　　　　　）日前までの間に，登録申請書を提出しなければならない。

4 登録を受けようとする者は，国土交通大臣に，次の事項を記載した登録申請書を提出しなければならない。

- ・商号，名称・氏名，住所
- ・事務所の名称，所在地，当該事務所が「管理業務主任者を置かなくてもよい」事務所であるかどうかの別
- ・法人である場合においては，その役員の（⑤ 氏名・氏名と住所）
- ・未成年者である場合においては，その法定代理人の（⑥　　　　　），（⑦　　　　　）
  - ※ 法定代理人が法人である場合，その商号・名称，住所，その役員の氏名
- ・事務所ごとに置かれる成年者である専任の管理業務主任者（その者とみなされる者を含む）の氏名

---

5 マンション管理業者は，上記4の事項に変更があったときは，その日から（⑧ 2週間・30日）以内に，その旨を国土交通大臣に届け出なければならない。

6 マンション管理業者が，次のいずれかに該当することとなった場合，一定の者は，その日（死亡の場合はその事実を知った日）から（⑨ 2週間・30日）以内に，その旨を国土交通大臣に届け出なければならない。

①

②

③

④

⑤

⑥

⑦

⑧

⑨

---

①マンション管理業者登録簿　②5　③90　④30　⑤氏名　⑥・⑦氏名，住所（順不同）　⑧30日　⑨30日

事由	届出者	
	個人業者	法人業者
死　　　　　亡	相 続 人	
法 人 の 合 併 消 滅		消滅した法人の代表役員 であった者
破産手続開始の決定	(⑩　　　)	(⑪　　　)
法 人 の 解 散		清 算 人
廃　　　　　止	個　　人	法人の代表役員

(2) マンション管理業者の業務

⑩
⑪

7 マンション管理業者は，管理組合から管理事務の委託を受けることを内容とする契約を締結しようとするときは，原則として，管理業務主任者をして，重要事項について説明をさせなければならないが，この説明は，(⑫　　　) から重要事項について説明を要しない旨の意思の表明があったときは，管理業者による当該 (⑫　　　) に対する重要事項を記載した書面の交付をもって，これに代えることが (⑬ できる・できない)。

⑫

⑬

8 マンション管理業者は，一定の場合を除き，重要事項の説明等の規定により交付すべき書面を作成するときは，(⑭　　　) をして，当該書面に (⑮　　　) させなければならない。

⑭
⑮

9 マンション管理業者は，管理組合から管理事務の委託を受けることを内容とする契約を締結したときは，一定の場合を除き，当該管理組合の管理者等に対し，(⑯ 遅滞なく・2週間以内に)，一定事項を記載した書面を交付しなければならない。

⑯

10 マンション管理業者は，管理事務の委託を受けた管理組合に管理者等が不設置のときは，定期に，(⑰　　　) を開催し，当該管理組合を構成するマンションの区分所有者等に対し，(⑱　　　) をして，当該管理事務に関する (⑲　　　) をさせなければならない。

⑰
⑱
⑲

11 マンション管理業者は，管理組合から委託を受けて管理する (⑳　　　) その他国土交通省令で定める財産（金銭・有価証券）については，整然と管理する方法として「国土交通省令で定める方法」により，自己の固有財産および他の管理組合の財産と (㉑　　　) して管理しなければならない。

⑳

㉑

⑩破産管財人　⑪破産管財人　⑫認定管理者等　⑬できる　⑭管理業務主任者　⑮記名　⑯遅滞なく　⑰説明会
⑱管理業務主任者　⑲報告　⑳修繕積立金　㉑分別

12 用語の意義

(ア) 収納口座

区分所有者等から徴収された修繕積立金等金銭や一定の財産を預入し，一時的に預貯金として管理するための口座をいう。

(イ) 保管口座

区分所有者等から徴収された修繕積立金を預入し，または修繕積立金等金銭や一定の財産の残額（下記 13 (ア)ⓐⓑをいう）を収納口座から移し換え，これらを預貯金として管理するための口座であって，（㉒ 管理組合等・管理業者）を名義人とするものをいう。

(ウ) 収納・保管口座

区分所有者等から徴収された修繕積立金等金銭を預入し，預貯金として管理するための口座であって，（㉓ 管理組合等・管理業者）を名義人とするものをいう。

13 国土交通省令で定める方法

(ア) 修繕積立金等が金銭の場合の方法

ⓐ 区分所有者等から徴収された修繕積立金等金銭を収納口座に預入し，毎月，その月分として徴収された修繕積立金等金銭から当該月中の管理事務に要した費用を控除した残額を，（㉔　　　　）までに収納口座から保管口座に移し換え，当該保管口座において預貯金として管理する方法（イ方式）

ⓑ 区分所有者等から徴収された修繕積立金〈金銭に（㉕ 限る・限らない)〉を保管口座に預入し，当該保管口座において預貯金として管理するとともに，区分所有者等から徴収された国土交通省令で定める財産〈金銭に（㉕ 限る・限らない)〉を収納口座に預入し，毎月，その月分として徴収されたその一定の財産から当該月中の管理事務に要した費用を控除した残額を，（㉖　　　　）までに収納口座から保管口座に移し換え，当該保管口座において預貯金として管理する方法（ロ方式）

ⓒ 区分所有者等から徴収された修繕積立金等金銭を収納・保管口座に預入し，当該収納・保管口座において預貯金として管理する方法（ハ方式）

(イ) 修繕積立金等が有価証券の場合の方法

金融機関または証券会社に，当該有価証券（以下「受託有価証

㉒_____

㉓_____

㉔_____

㉕_____

㉖_____

㉒管理組合等　㉓管理組合等　㉔翌月末日　㉕限る　㉖翌月末日

券」という）の保管場所を自己の固有財産および他の管理組合の財産である有価証券の保管場所と明確に区分させ，かつ，当該受託有価証券が受託契約を締結した管理組合の有価証券であることを判別できる状態で管理させる方法

14　13イ方式・ロ方式により修繕積立金等金銭を管理する場合

(ア)　原則

マンション管理業者は，区分所有者等から徴収される（㉗　　　）月分の修繕積立金等金銭または一定の財産の合計額以上の額につき有効な保証契約を締結していなければならない。

(イ)　例外

次のいずれにも該当する場合，保証契約の締結は不要である。

ⓐ　修繕積立金等金銭や一定の財産が，区分所有者等からマンション管理業者が受託契約を締結した管理組合・その管理者等（以下「管理組合等」という）を名義人とする収納口座に直接預入される場合

ⓑ　マンション管理業者や管理業者から委託を受けた者が区分所有者等から修繕積立金等金銭や一定の財産を徴収しない場合

ⓒ　マンション管理業者が，管理組合等を名義人とする収納口座に係る当該管理組合等の印鑑，預貯金の引出用のカードその他これらに類するものを管理しない場合

15　13イ方式・ロ方式・ハ方式により修繕積立金等金銭を管理する場合

(ア)　原則

マンション管理業者は，（㉘　　　）口座または（㉙　　　）口座に係る管理組合等の印鑑，預貯金の引出用のカードその他これらに類するものを管理してはならない。

(イ)　例外

管理組合に管理者等が置かれていない場合，管理者等が選任されるまでの比較的短い期間に限り保管する場合は，管理してよい。

16　会計の収入・支出の状況に関する書面の作成・交付等

(ア)　収入・支出の状況書面の作成・交付

マンション管理業者は，毎月，管理事務の委託を受けた管理組合のその月（以下「対象月」という）における会計の収入・支出の状況に関する書面を作成し，（㉚　　　）までに，当該書面を当該管理組合の管理者等に交付しなければならない。

㉗1　㉘・㉙保管，収納・保管（順不同）　㉚翌月末日

(イ)　収入・支出の状況書面の備付・閲覧

　　管理組合に管理者等が置かれていないときは，当該書面の交付に代えて，対象月の属する当該管理組合の事業年度の終了日から（㉛　　　）月を経過する日までの間，当該書面をその事務所ごとに備え置き，当該管理組合を構成する区分所有者等の求めに応じ，当該マンション管理業者の業務時間内において，これを（㉜　　　）させなければならない。

㉛ _____

㉜ _____

17　マンション管理業者は，正当な理由がなく，その（㉝　　　）に関して知り得た秘密を漏らしてはならない。また，マンション管理業者でなくなった後，この義務を免れることは（㉞ できる・できない）。

㉝ _____

㉞ _____

　　裁判において証人尋問を受けた際，その業務に関して知り得た秘密について証言した場合，正当な理由に（㉟ 当たり・当たらず），秘密を証言で（㊱ 漏らしても違反しない・漏らせば違反する）。

㉟ _____

㊱ _____

18　マンション管理業者は，使用人その他の従業者に，その従業者であることを証する証明書を（㊲　　　）させなければ，その者をその業務に従事させてはならない。

㊲ _____

過去問にチャレンジ！　＜✓平成22年第50問改題＞

　　マンション管理業者Aが管理組合Bから委託を受けて，マンションの管理の適正化の推進に関する法律施行規則第87条第2項第1号イに規定する「マンションの区分所有者等から徴収された修繕積立金等金銭を収納口座に預入し，毎月，その月分として徴収された修繕積立金等金銭から当該月中の管理事務に要した費用を控除した残額を，翌月末日までに収納口座から保管口座に移し換え，当該保管口座において預貯金として管理する方法」をとっている。この場合，Aは，保証契約を締結していれば，（ア 保管・収納）口座に係る印鑑，預貯金の引出用のカードその他これらに類するものを管理することができる。ただし，BにはA以外の者が管理者として置かれているものとする。

ア _____

㉛2　㉜閲覧　㉝業務　㉞できない　㉟当たり　㊱漏らしても違反しない　㊲携帯　ア収納

6 監督処分・罰則

1 （①　　　　）は，マンション管理士が，偽りその他不正な手段により登録を受けた場合は，その登録を取り消（② すことができる・さなければならない）。

2 （③　　　　）は，マンション管理士が，マンション管理士の信用を傷つけるような行為をした場合，その登録を取り消し，または期間を定めてマンション管理士の（④　　　　）の使用の停止を命ずることができる。

3 （⑤　　　　）は，管理業務主任者が必要な指示を受け，その指示に従わないときは，当該管理業務主任者に対し，（⑥　　　　）年以内の期間を定めて，管理業務主任者としてすべき事務を禁止することができる。

4 管理業務主任者の登録を取り消された者は，国土交通大臣の通知を受けた日から起算して（⑦　　　　）日以内に，（⑧　　　　）を国土交通大臣に（⑨ 返納・提出）しなければならない。

過去問にチャレンジ！
＜⑦平成21年第47問改題＞

1 マンション管理士の名称の使用の停止を命ぜられた者が，当該停止期間中に名称を使用した場合には，（⑦ 30万円以下の罰金に処される・罰金はない）。

2 マンション管理士は，マンション管理士の信用を傷つけるような行為をした場合には，（⑦ 1年以下の懲役または30万円以下の罰金に処せられる・罰金はない）。

3 マンション管理士は，5年ごとに登録講習機関が行う講習を受けなければならず，これに違反したときは，（⑦ 30万円以下の罰金に処される・罰金はない）。

---

①国土交通大臣　②さなければならない　③国土交通大臣　④名称　⑤国土交通大臣　⑥1　⑦10
⑧管理業務主任者証　⑨返納　⑦30万円以下の罰金に処される　⑦罰金はない　⑦罰金はない

7 マンション管理業者の団体・マンション管理適正化推進センター

(1) マンション管理業者の団体

1	団体の指定	マンション管理業者の団体とは，管理業者の業務の改善向上を図ることを目的とし，管理業者を社員とする一般（① 社団・財団）法人で，国土交通大臣から指定されたものをいう。
2	業　務	・指導，勧告 ・（②　　　）解決 ・（③　　　） ・調査，研究 ・改善向上を図るため必要な業務 ・（④　　　）業務（任意）

(2) マンション管理適正化推進センター

3	センターの指定	マンション管理適正化推進センターとは，管理組合によるマンションの管理の適正化の推進に寄与することを目的として設立された一般（⑤ 社団・財団）法人で，国土交通大臣から指定されたものをいう（全国で1つだけ）。
4	業　務	・情報，資料の収集，整理と提供 ・技術的支援 ・管理者等の講習の実施（マンション管理士の講習含む） ・指導，助言　・調査，研究　・啓発活動，広報活動　・（⑥　　　）業務
5	センターの知事・市町村長による技術的援助への協力	センターは，マンション建替え等円滑化法の規定により知事または市町村長から協力を要請された場合，当該要請に応じ，技術的援助に関し協力するものとする。

①社団　②苦情　③研修　④保証　⑤財団　⑥管理適正化推進

8 マンション管理適正化基本方針

(1) マンション管理適正化の推進に関する基本的な事項

1 マンションは私有財産の集合体であり，管理主体は，（① マンション管理業者・管理組合）である。マンション管理適正化法においても，（① マンション管理業者・管理組合）は，マンション管理適正化指針や都道府県等マンション管理適正化指針の定めるところに留意して，マンションを適正に管理するよう自ら努めなければならないとされている。マンションストックの高経年化が進む中，これらを可能な限り長く活用するよう努めることが重要であり，（① マンション管理業者・管理組合）は，自らの責任を自覚し，必要に応じて専門家の支援も得ながら，適切に管理を行うとともに，国および地方公共団体が講じる施策に協力するよう努める必要がある。

2 マンション管理には専門的知識を要することが多いため，（②　　　）には，管理組合等からの相談に応じ，助言等の支援を適切に行うことが求められており，誠実にその業務を行う必要がある。また，（③　　　）においても，管理組合から管理事務の委託を受けた場合には，誠実にその業務を行う必要がある。さらに，（④　　　）は，地方公共団体等からの求めに応じ，必要な協力をするよう努める必要がある。また，（⑤　　　）は，管理組合の立ち上げや運営の円滑化のため，分譲時に管理規約や長期修繕計画，修繕積立金の金額等の案について適切に定めるとともに，これらの内容を購入者に対して説明し理解を得るよう努める必要がある。

(2) マンション管理適正化に関する目標設定に関する事項

3 マンションの適切な管理のためには，適切な長期修繕計画の作成や計画的な修繕積立金の積立が必要となることから，国は，住生活基本法に基づく住生活基本計画（全国計画）において，（⑥　　　）年以上の長期修繕計画に基づき修繕積立金を設定している管理組合の割合を目標として掲げている。

(3) マンション管理適正化指針

4 （⑦ 区分所有者等・マンション管理業者）は，管理組合の一員としての役割を十分認識して，管理組合の運営に関心を持ち，積極的に参加する等，その役割を適切に果たすよう努める必要がある。

5 マンションの管理には専門的な知識を要する事項が多いため，（⑧　　　）は，問題に応じ，マンション管理士等専門的知識を有

①管理組合　②マンション管理士　③マンション管理業者　④マンション管理士およびマンション管理業者
⑤分譲会社　⑥25　⑦区分所有者等　⑧管理組合

する者の支援を得ながら，主体性をもって適切な対応をするよう心がけることが重要である。

6　マンションの状況によっては，（⑨　　　）専門家が，管理組合の管理者等や役員に就任することも考えられるが，その場合には，（⑩　　　）が当該管理者等や役員の選任・業務の監視等を適正に行うとともに、監視・監督強化のための措置等を講じることにより適正な業務運営を担保することが重要である。

7　管理組合の自立的な運営は，区分所有者等の（⑪ 過半数・全員）が参加し，その意見を反映することにより成り立つものである。また，（⑫　　　）は，管理組合の最高意思決定機関である。したがって，（⑬　　　）は，その意思決定にあたっては，事前に必要な資料を整備し，集会において適切な判断が行われるよう配慮する必要がある。

8　（⑭　　　）は，マンション管理の最高自治規範であることから，管理組合として（⑭　　　）を作成する必要がある。その作成にあたっては，管理組合は，区分所有法に則り，（⑮　　　）を参考として，当該マンションの実態や区分所有者等の意向を踏まえ，適切なものを作成し，必要に応じてその改正を行うこと，これらを十分周知することが重要である。

9　（⑯　　　）は，必要な帳票類を作成してこれを保管するとともに，（⑰　　　）の請求があった時は，これを速やかに開示することにより，経理の透明性を確保する必要がある。

10　長期修繕計画の作成および見直しにあたっては，（⑱　　　）を参考に，必要に応じ，マンション管理士等専門的知識を有する者の意見を求め，また，あらかじめ建物診断等を行って，その計画を適切なものとするよう配慮する必要がある。長期修繕計画の実効性を確保するためには，修繕内容，資金計画を適正かつ明確に定め，それらを（⑲　　　）に十分周知させることが必要である。

11　設計に関する図書等について，（⑳　　　）の求めに応じ，適時閲覧できるようにすることが重要である。

12　建設後相当の期間が経過したマンションにおいては，（㉑　　　）の検討を行う際には，必要に応じ，建替え等についても視野に入れて検討することが望ましい。建替え等の検討にあたっては，その過程を区分所有者等に周知させるなど（㉒　　　）に配慮しつつ，各区分所有者等の意向を十分把握し，合意形成を図りながら進める必要がある。

13　管理業務の委託や工事の発注等については，事業者の選定に係る意思決定の透明性確保や利益相反等に注意して，適正に行われる必要があるが，とりわけ（㉓　　　）の専門家が管理者等や役員に就任する場合は，区分所有者等から信頼されるような発注等に係るルールの整備が必要である。

14　マンションが団地を構成する場合，各棟固有の事情を踏まえつつ，（㉔　　　）の連携をとって，全体としての適切な管理がなされる

⑨　　　⑩　　　⑪　　　⑫　　　⑬　　　⑭　　　⑮　　　⑯　　　⑰　　　⑱　　　⑲　　　⑳　　　㉑　　　㉒　　　㉓　　　㉔

⑨外部の　⑩区分所有者等　⑪全員　⑫集会　⑬管理者等　⑭管理規約　⑮マンション標準管理規約　⑯管理者等
⑰区分所有者等　⑱長期修繕計画作成ガイドライン　⑲区分所有者等　⑳区分所有者等　㉑長期修繕計画
㉒透明性　㉓外部　㉔全棟

ように配慮することが重要である。

15　（㉕　　　　）は，その居住形態が戸建てとは異なり，相隣関係等に配慮を要する住まい方であることを十分に認識し，その上で，マンションの快適かつ適正な利用と資産価値の維持を図るため，管理組合の一員として，進んで，集会その他の管理組合の管理運営に参加するとともに，定められた管理規約・集会の決議等を遵守する必要がある。そのためにも，（㉕　　　　）は，マンションの管理に関する法律等についての理解を深めることが重要である。

16　管理組合は，マンションの管理主体は管理組合自身であることを認識したうえで，管理事務の全部または一部を第三者に委託しようとする場合は，「マンション標準管理委託契約書」を参考に，その委託内容を十分に検討し，書面または（㉖　　　　）（管理者等または区分所有者等の承諾を得た場合に限る）をもって管理委託契約を締結することが重要である。

(4)　マンションが建設後相当期間が経過等した場合に当該マンションの建替え等の措置に向けた区分所有者等の合意形成の促進に関する事項

17　日常のマンション管理を適正に行い，その（㉗　　　　）を有効に活用していくことは重要だが，一方で，修繕や耐震改修等のみでは良好な居住環境の確保や地震によるマンションの倒壊，老朽化したマンションの損壊その他の被害からの生命，身体および財産の保護が困難な場合，マンションの建替え等を円滑に行い，より長期の耐用性能を確保するとともに，良好な居住環境や地震に対する安全性等の向上を実現することが重要である。

18　マンションが建設後相当期間が経過した場合等に，修繕等のほか，これらの特例を活用した建替え等を含め，どのような措置をとるべきか，様々な区分所有者等間の意向を調整し，（㉘　　　　）を図っておくことが重要である。管理組合は，区分所有者等の連絡先等を把握しておき，必要に応じて外部の専門家を活用しつつ，適切に集会を開催して検討を重ね，（㉙　　　　）において建替え等の時期を明記しておくこと等が重要である。

19　区域内のマンションの状況に応じ，（㉚　　　　）年以上の長期修繕計画に基づく修繕積立金額を設定している管理組合の割合等，明確な目標を設定し，その進捗を踏まえ,施策に反映させていくことが望ましい。

20　地域のマンションの築年数の推移や，人口動態等の将来予測を踏まえて，適切な計画期間を設定することが望ましいが，例えば，住生活基本計画（都道府県計画）が，計画期間を（㉛　　　　）年とし，（㉜　　　　）年毎に見直しを行っている場合にはこれと整合を図ることなどが考えられる。

㉕区分所有者等　㉖電磁的方法　㉗ストック　㉘合意形成　㉙長期修繕計画　㉚25　㉛10　㉜5

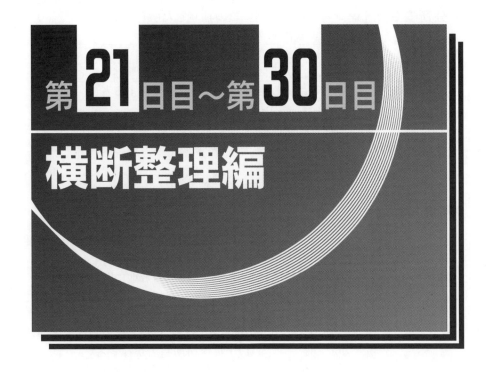

第21日目〜第30日目
横断整理編

1 基本用語

		用　　語	意　　味
区分所有法	① 1	区分所有建物	1つの建物の中に複数の独立した所有権が存在する建物。分譲マンションが代表例。この独立した所有権を（①　　　），区分所有権を有する者を（②　　　）という。
	② 2	管　理　者	（③　　　）の代表者
	③ 3	（④　　　）承継人	相続，合併等により権利義務一切を承継する者
	④ 4	（⑤　　　）承継人	売買等により権利義務の一部を承継する者
	⑤ 5	（⑥　　　）	区分所有権の所有者をいう。
	⑥ 6	（⑦　　　）部分	一棟の建物に構造上区分された数個の部分を独立して住居，店舗，事務所または倉庫その他の建物としての用途に供することができる部分
	⑦ 7	共　用　部　分	（⑧　　　）共用部分（登記不可） 　（ア）　共用部分である建物の部分 　（イ）　共用部分である建物の附属物 （⑨　　　）共用部分（第三者に対抗するには登記が必要）
	⑧ 8	（⑩　　　）	区分所有者以外の専有部分の賃借人等のこと。
	⑨ 9	（⑪　　　）	専有部分を所有するための建物の敷地に関する権利
	⑩ 10	（⑫　　　）	敷地利用権のうち登記された権利で，専有部分と一体化された権利
マンション管理適正化法	⑪ 11	マ ン シ ョ ン	（ア）　次の@かつⓑの要件を満たす建物，その敷地・附属施設 　　@　（⑬　　　）以上の区分所有者が存する。 　　ⓑ　（⑭　　　）の用に供する専有部分がある。 （イ）　次の要件を満たす一団地内の土地・附属施設（これらに関する権利を含む） 　　土地・附属施設が，団地内にある上記（ア）の建物を含む数棟の建物の所有者（専有部分のある建物については区分所有者）の共有に属する場合
	⑫ 12	マ ン シ ョ ン 管　理　士	（ア）　一定の登録を受け， （イ）　マンション管理士の名称を用いて， （ウ）　管理組合の運営等マンションの管理に関し， （エ）　管理組合の管理者等またはマンションの区分所有者等の相談に応じ， （オ）　（⑮　　　）（⑯　　　）（⑰　　　）を行うことを業務とする者 ※　他の法律において，その業務を行うことが制限されているものは除かれる。
	⑬ 13	管　理　事　務	マンションの管理に関する事務であり，（⑱　　　）を含むもの

14	マンション管理業	管理組合から委託を受けて，管理事務を行う行為で，（⑲　　　　）として行うもの
15	マンション管理業者	一定の（⑳　　　　）を受けてマンション管理業を営む者
16	管理業務主任者	一定の（㉑　　　　）を受けて，管理業務主任者証の（㉒　　　　）を受けた者

過去問にチャレンジ！　＜マ平成30年第4問改題＞

1　専有部分は，区分所有権の目的たる建物の部分であり，その用途は，住居，店舗，事務所または倉庫に供することができるものに（㋐ 限られる・限られない）。

2　専有部分は，規約により共用部分とすることができる。附属の建物については，規約により共用部分とすることが（㋑ できる・できない）。

3　専有部分を所有するための建物の敷地に関する権利である敷地利用権には，所有権だけでなく賃借権や地上権が（㋒ 含まれる・含まれない）。

過去問にチャレンジ！　＜マ平成23年第46問＞

マンションに現に居住している者がすべて賃借人である場合は，当該マンションにはマンション管理適正化法上の管理組合は存在（㋓ する・しない）。

①＿＿＿＿　②＿＿＿＿　③＿＿＿＿　④＿＿＿＿　⑤＿＿＿＿
⑥＿＿＿＿　⑦＿＿＿＿　⑧＿＿＿＿　⑨＿＿＿＿　⑩＿＿＿＿
⑪＿＿＿＿　⑫＿＿＿＿　⑬＿＿＿＿　⑭＿＿＿＿　⑮＿＿＿＿
⑯＿＿＿＿　⑰＿＿＿＿　⑱＿＿＿＿　⑲＿＿＿＿　⑳＿＿＿＿
㉑＿＿＿＿　㉒＿＿＿＿
㋐＿＿＿＿　㋑＿＿＿＿　㋒＿＿＿＿　㋓＿＿＿＿

①区分所有権　②区分所有者　③管理組合　④包括　⑤特定　⑥区分所有者　⑦専有　⑧法定　⑨規約　⑩占有者
⑪敷地利用権　⑫敷地権　⑬2　⑭人の居住　⑮〜⑰助言，指導，援助（順不同）　⑱基幹事務　⑲業　⑳登録
㉑登録　㉒交付　㋐限られない　㋑できる　㋒含まれる　㋓する

2 目　的

①	被災マンション法	大規模な火災・震災等の災害により，その全部が（①　　　）した区分所有建物の（②　　　）およびその敷地の売却，その一部が（①　　　）した区分所有建物およびその敷地の売却ならびに当該区分所有建物の取壊し等を容易にする特別の措置を講ずることにより，被災地の健全な復興に資すること。
②	建替え等円滑化法	㈦　マンション（③　　　）事業，㈡　（④　　　）する必要のあるマンションに係る特別の措置，㈣　マンション（⑤　　　）売却事業，㈢　敷地分割事業を定めることにより，マンションにおける良好な居住環境の確保および地震によるマンションの倒壊，老朽化したマンションの損壊等の被害からの国民の生命・身体・財産の保護を図り，もって国民生活の安定向上と国民経済の健全な発展に寄与すること。
③	標準管理規約	マンション（団地型では，「団地」）の（⑥　　　）または（⑦　　　）に関する事項等について定めることにより，区分所有者（団地型では，「団地建物所有者」）の共同の利益を増進し，良好な住環境を確保すること。
④	住宅瑕疵担保履行法	建設業者による住宅建設瑕疵担保保証金の（⑧　　　），宅地建物取引業者による住宅販売瑕疵担保保証金の（⑧　　　），保険法人の指定および住宅瑕疵担保責任保険契約に係る新築住宅に関する紛争の処理体制等について定めることにより，品確法と相まって，住宅を新築する建設工事の発注者および新築住宅の買主の利益の保護ならびに円滑な住宅の供給を図り，もって国民生活の安定向上と国民経済の健全な発展に寄与すること。
⑤	個人情報保護法	デジタル社会の進展に伴い個人情報の利用が著しく拡大していることに鑑み，個人情報の適正な取扱いに関し，基本理念および（⑨　　　）による基本方針の作成その他の個人情報の保護に関する施策の基本となる事項を定め，国および（⑩　　　）の責務等を明らかにし，個人情報を取り扱う事業者および行政機関等についてこれらの特性に応じて遵守すべき義務等を定めるとともに，個人情報保護委員会を設置することにより，行政機関等の事務および事業の適正かつ円滑な運営を図り，ならびに個人情報の適正かつ効果的な活用が新たな（⑪　　　）ならびに活力ある経済社会および豊かな国民生活の実現に資するものであることその他の個人情報の有用性に配慮しつつ，個人の（⑫　　　）を保護すること。
⑥	消費者契約法	消費者と事業者との間の（⑬　　　）ならびに交渉力の格差に鑑み，事業者の一定の行為により消費者が誤認し，または困惑した場合等について契約の申込みまたはその承諾の意思表示を取消しできることとするとともに，事業者の（⑭　　　）を免除する条項その他の消費者の利益を不当に害することとなる条項の全部または一部を無効とするほか，消費者の被害の発生または拡大を防止するため（⑮　　　）が事業者等に対し差止請求をすることができることとすることにより，消費者の利益の擁護を図り，もって国民生活の安定向上と国民経済の健全な発展に寄与すること。
⑦	賃貸住宅管理業法	社会経済情勢の変化に伴い国民の生活の基盤としての賃貸住宅の役割の重要性が増大していることに鑑み，賃貸住宅の入居者の居住の安定の確保および（⑯　　　）の賃貸に係る事業の公正かつ円滑な実施を図るため，賃貸住宅管理業を営む者に係る登録制度を設け，その業務の適正な運営を確保するとともに，特定賃貸借契約の適正化のための措置等を講ずることにより、良好な居住環境を備えた賃貸住宅の安定的な確保を図り，もって国民生活の安定向上および国民経済の発展に寄与すること。
⑧	建築基準法	建築物の敷地，構造，設備および用途に関する（⑰　　　）基準を定めて，国民の生命や健康，財産の保護を図るとともに，公共の福祉の増進に資すること。

⑨ 耐震改修法	（⑱　　　）による建築物の倒壊等の被害から国民の生命，身体および財産を保護するため，建築物の耐震改修の促進のための措置を講ずることにより建築物の（⑱　　　）に対する安全性の向上を図り，もって公共の福祉の確保に資すること。
⑩ 警備業法	（⑲　　　）について必要な規制を定め，もって警備業務の実施の適正を図ること。
⑪ バリアフリー法	高齢者，障害者等の自立した日常生活および社会生活を確保することの重要性に鑑み，㋐公共交通機関の旅客施設および車両等，道路，路外駐車場，公園施設ならびに建築物の構造および設備を改善するための措置，㋑一定の地区における旅客施設，建築物等およびこれらの間の経路を構成する道路，駅前広場，通路等の一体的な整備を推進するための措置，㋒（⑳　　　）に関する国民の理解の増進および協力の確保を図るための措置等を講ずることにより，高齢者，障害者等の移動上および施設の利用上の利便性および安全性の向上の促進を図り，もって公共の福祉の増進に資すること。
⑫ 建築物省エネ法	社会経済情勢の変化に伴い建築物におけるエネルギーの消費量が著しく（㉑　　　）していることに鑑み，建築物のエネルギー消費性能の向上および建築物への再生可能エネルギー利用設備の設置の促進（「建築物のエネルギー消費性能の向上等」という）に関する基本的な方針の策定について定めるとともに，一定規模以上の建築物の建築物エネルギー消費性能基準への適合性を確保するための措置，建築物エネルギー消費性能向上計画の認定その他の措置を講ずることにより，エネルギー使用合理化法と相まって，建築物のエネルギー消費性能の向上等を図り，もって国民経済の健全な発展と国民生活の安定向上に寄与すること。
⑬ 消防法	火災を予防し，警戒および鎮圧し，国民の生命，身体および財産を火災から保護するとともに，火災または（㉒　　　）等の災害による被害を軽減するほか，災害等による傷病者の搬送を適切に行い，もって安寧秩序を保持し，社会公共の福祉の増進に資すること。
⑭ 住生活基本法	住生活の安定の確保および向上の促進に関する施策について，基本理念を定め，ならびに国および地方公共団体ならびに（㉓　　　）事業者の責務を明らかにするとともに，基本理念の実現を図るための基本的施策，住生活基本計画その他の基本となる事項を定めることにより，住生活の安定の確保および向上の促進に関する施策を総合的かつ計画的に推進し，もって国民生活の安定向上と社会福祉の増進を図るとともに，国民経済の健全な発展に寄与すること。
⑮ 景観法	我が国の都市，農山漁村等における良好な景観の形成を促進するため，（㉔　　　）の策定その他の施策を総合的に講ずることにより，美しく風格のある国土の形成，潤いのある豊かな生活環境の創造および個性的で活力ある地域社会の実現を図り，もって国民生活の向上ならびに国民経済および地域社会の健全な発展に寄与すること。

① _____　② _____　③ _____　④ _____　⑤ _____

⑥ _____　⑦ _____　⑧ _____　⑨ _____　⑩ _____

⑪ _____　⑫ _____　⑬ _____　⑭ _____　⑮ _____

⑯ _____　⑰ _____　⑱ _____　⑲ _____　⑳ _____

㉑ _____　㉒ _____　㉓ _____　㉔ _____

①滅失　②再建　③建替　④除却　⑤敷地　⑥・⑦管理，使用（順不同）　⑧供託　⑨政府　⑩地方公共団体　⑪産業の創出　⑫権利利益　⑬情報の質および量　⑭損害賠償の責任　⑮適格消費者団体　⑯賃貸住宅　⑰最低　⑱地震　⑲警備業　⑳移動等円滑化　㉑増加　㉒地震　㉓住宅関連　㉔景観計画

3 │ 共有と共用部分

		民　法	区分所有法
1	共 有 物 の 使 用	共有物の（①　　　　）について持分に応じた使用ができる。	持分に関係なく，共用部分全体を用法に従って使用することができる。
2	持 分 の 割 合	法律の規定または意思表示によって定まらない場合は，相等しいものと推定される。	規約に別段の定めがない限り，専有部分の（②　　　　）である。
3	持 分 の 処 分	持分の処分は（③ できる・できない）。	持分のみの処分は（④ できる・できない）。
共有物	4 保 存 行 為	各共有者が単独で行うことができる。	各共有者が単独で行うことができる。
	5 管 理 行 為（狭義の管理・軽微変更）	持分の価格の過半数で決する。	区分所有者および議決権の各過半数による集会の決議で決する。軽微な変更も同じ。
	6 重 大 変 更 行 為	（⑤　　　　）の同意で変更できる。	区分所有者および議決権の各（⑥　　　　）以上の多数による集会の決議で決する。
	7 処 分 行 為	全員の同意で処分できる。	共用部分のみの処分はできない。
8	費 用 の 負 担	持分に応じて負担する。	規約に別段の定めがない限り，持分に応じて負担する。
9	共有物の分割請求 （※）	分割を請求（⑦ できる・できない）。	分割を請求（⑧ できる・できない）。

※　被災マンション法（全部滅失）の場合

原則	政令指定災害により，全部が滅失した区分所有建物に係る敷地共有者等は，民法の規定（各共有者は，いつでも共有物の分割請求ができる）にかかわらず，「その政令の施行の日から起算して（⑨　　　　）を経過する日の翌日以降当該施行の日から起算して（⑩　　　　）を経過する日まで」の間は，原則として敷地共有持分等に係る土地またはこれに関する権利について，分割の請求をすることができない。
例外	「（⑪　　　　）を超える議決権を有する敷地共有者等が，分割の請求をする場合」，「再建決議・敷地売却決議，団地内の建物が滅失した場合における一括建替え等決議ができないと認められる顕著な事由（都市計画の決定により，再建できないことが明らかなケース等）ある場合等」は，分割請求ができる。

過去問に
チャレンジ！　　＜⒨平成21年第５問＞

　共用部分は，規約に別段の定めがない限り，各共有者は，その持分に応じてその負担に任じ，その（㋐ 持分に従って・用法に従って）使用することができる。

過去問に
チャレンジ！　　＜⒨令和３年第２問改題＞

1　民法では，５年を超えない期間内は，共有物の分割をしない旨の契約をすることを妨げられて（㋑ いる・いない）。当該契約の更新は（㋒ 認められない・認められる）。

2　区分所有建物の専有部分以外の建物の部分を共有する区分所有者は，当該建物の部分について，共有物分割請求権を行使することが（㋓ できる・できない）。

3　区分所有建物の専有部分を共有する区分所有者は，当該専有部分について，共有物分割請求権を行使することが（㋔ できる・できない）。

4　区分所有建物の専有部分を規約により共用部分とした場合，当該規約共用部分を共有する区分所有者は，当該規約共用部分について，共有物分割請求権を行使することが（㋕ できる・できない）。

①＿＿＿＿＿　②＿＿＿＿＿　③＿＿＿＿＿　④＿＿＿＿＿　⑤＿＿＿＿＿

⑥＿＿＿＿＿　⑦＿＿＿＿＿　⑧＿＿＿＿＿　⑨＿＿＿＿＿　⑩＿＿＿＿＿

⑪＿＿＿＿＿

㋐＿＿＿＿＿　㋑＿＿＿＿＿　㋒＿＿＿＿＿　㋓＿＿＿＿＿　㋔＿＿＿＿＿

㋕＿＿＿＿＿

①全部　②床面積割合　③できる　④できない　⑤全員　⑥$\frac{3}{4}$　⑦できる　⑧できない　⑨１ヵ月　⑩３年　⑪$\frac{1}{5}$　㋐用法に従って　㋑いない　㋒認められる　㋓できない　㋔できる　㋕できない

4 専有部分・共用部分の範囲

		区分所有法による区分	標準管理規約による区分
1 専有部分		区分所有権の目的たる建物の部分	(ア) 住戸番号を付した住戸。専有部分を他から区分する構造物のうち，天井，床および壁の躯体部分を除く部分と玄関扉の（③　　　）および（④　　　）の塗装部分 (イ) 上記の専有部分の専有に供される設備のうち，共用部分内にある部分以外のもの
2 共用部分	（①　　）共用部分	共用部分とされた建物の部分および附属の建物	管理人室，管理用倉庫，集会室，およびそれらの付属物
	（②　　）共用部分	数個の専有部分に通ずる廊下または階段室その他構造上区分所有者の全員またはその一部の共有に供されるべき建物の部分	(ア) 玄関ホール，廊下，階段，エレベーターホール，エレベーター室，電気室，内外壁，界壁，床スラブ，基礎部分，バルコニー，ベランダ，屋上テラス等専有部分に属さない「建物の部分」 (イ) エレベーター施設，電気設備，給排水衛生設備，ガス配管設備，火災警報設備，インターネット通信設備，ケーブルテレビ設備，オートロック設備，宅配ボックス，避雷設備，塔屋，集合郵便受箱，配線配管等，専有部分に属さない「建物の附属物」

過去問にチャレンジ！

＜▽平成19年第1問改題＞

1 区分所有権とは，（⑦ 専有部分・専有部分および共用部分の共有持分）を目的とする所有権である。

2 専有部分を共用部分にすることはできる。共用部分を専有部分にすることは（④ できる・できない）。

3 共用部分について規約を定めることができる。専有部分について規約を定めることは（⑰ できる・できない）。

4 一棟の建物の各部分は，専有部分か共用部分かのいずれか一方に属し，それ以外のものは（① ある・ない）。

＜㊩令和 3 年第37問改題＞

　区分所有法第 4 条第 2 項の規定により規約共用部分とすることができるものは，（㋭ 団地内にある集会場に使われている建物・建物横に設置した屋根のない駐輪場・区分所有者全員が利用可能な専有部分・エントランスホール）である。

① ＿＿＿＿＿＿＿＿　② ＿＿＿＿＿＿＿＿　③ ＿＿＿＿＿＿＿＿　④＿＿＿＿＿＿＿＿

㋐＿＿＿＿＿＿＿　㋑＿＿＿＿＿＿＿　㋒＿＿＿＿＿＿＿　㋓＿＿＿＿＿＿＿　㋔＿＿＿＿＿＿＿

---

①規約　②法定　③錠　④内部　　㋐専有部分　㋑できる　㋒できる　㋓ない
㋔区分所有者全員が利用可能な専有部分

5 | 区分所有建物

(1)　共用部分の権利関係

① 使 用 （区分所有法13条）	法定共用部分		共用部分の構造・位置等から定まり，用方（法）に従って使用（数個の専有部分に通じる廊下について，各共有者は，基本的に，通行のためにだけ使用し，物品を置いてはいけない）(※1)。
	規約共用部分		規約の内容によって定まり，用方（法）に従って使用（規約で定めた使用目的等に従う）。
② 持分の割合 （14条）	全体共用部分	原則	各共有者の持分は，その有する（①　　　）部分の床面積の割合による。
		例外	規約で別段の定めができる(※2)。
	一部共用部分	原則	床面積を有するものがあるときは，その一部共用部分の床面積は，これを共用すべき各区分所有者の専有部分の（②　　　）の割合により配分して，それぞれその区分所有者の専有部分の（②　　　）に算入して計算する。
		例外	規約で別段の定めができる(※2)。
	床面積の算定	原則	床面積は，壁その他の区画の（③　　　）で囲まれた部分の水平投影面積による。つまり，壁の厚みは床面積に含まれない。
		例外	規約で別段の定めができる(※3)。

※1　民法では，各共有者は共有物について持分に応じた使用ができるとしている。

　　しかし，区分所有建物の共用部分については，この考え方は適当でない。たとえば，エレベーターの使用頻度が，共用部分の共有部分の共有持分に応じて異なることは問題である。よって，「その用法に従って」使用とする。

※2　たとえば，各区分所有者の共有持分の割合自体を定める。

※3　たとえば，「壁心計算」にする。

(2)　敷地利用権の割合

各専有部分に係る敷地利用権の割合 （22条2項）	原則	上記(1) ②（14条1・2・3項）に定める割合による。
	例外	（④　　　）でこの割合と異なる割合が定められているときは，その割合によるので，共用部分の共有持分と一致させる必要はない。

過去問に チャレンジ！

＜🔽平成26年第7問＞

　甲マンションには，4つの専有部分があり，101号室と102号室はAが，201号室はBが，202号室はCがそれぞれ所有している。甲の敷地は，AおよびBが敷地利用権（AとBの共有）を有しているが，Cは敷地利用権を有していない。この場合，Aの所有する101号室に係る敷地利用権と102号室に係る敷地利用権の割合は，その割合が規約に定められているときはその割合によるが，規約に定められていないときは（⑦ 等しい割合・専有部分の床面積の割合）による。

過去問に チャレンジ！

＜🔽令和3年第32問改題＞

1　共用部分の管理に関する事項である場合で，それが専有部分の使用に特別の影響を及ぼすべきとき，その専有部分の所有者の承諾を（④ 得なければならない・得なくてもよい）。

2　共用部分の持分の割合と管理費等の負担割合は，（⑦ 必ず一致する・一致しないこともある）。

3　区分所有者が数個の専有部分を所有する場合の各敷地利用権の割合は，共用部分の持分の割合と同一であり，規約で別段の定めをすることが（④ できる・できない）。

①_____　②_____　③_____　④_____

⑦_____　④_____　⑦_____　④_____

①専有　②床面積　③内側線　④規約
⑦専有部分の床面積の割合　④得なければならない　⑦一致しないこともある　④できる

横断整理 ②

6 分離処分の禁止

(1) 共用部分持分の分離処分の禁止

① 共用部分の共有者の持分（区分所有法15条1項）		専有部分が処分[※1]された場合は，それに伴い，その共用部分上の持分は処分（① される・されない）。（② 強行・任意）規定であり，別段の定めは存在しない。
② 分離処分の禁止（15条2項）	原則	共用部分の持分は，専有部分と分離して処分することが（③ できる・できない）。共用部分共有持分のみの譲渡や抵当権の設定等は（④ 許される・許されない）。
	例外	（⑤ 規約・法律）に別段の定めがある場合[※2]はできる。

※1 「専有部分の処分」とは，専有部分の譲渡，抵当権の設定などをいう。専有部分が賃貸された場合，共用部分共有持分の賃貸借を考慮しなくてもよい。

※2 規約で共用部分の所有者を定めた場合，規約の設定・変更で共用部分の持分を変えた場合など。

(2) 敷地利用権の分離処分の禁止

③ 分離処分の禁止（22条1項）	原則	敷地利用権は，専有部分と分離して処分（譲渡・抵当権の設定等）することは（⑥ できる・できない）。
	例外	（⑦ 規約・法律）で別段の定めがある場合はできる。【例】敷地利用権について，規約に分離処分を認める別段の定めがあれば，先取特権の対象から除かれる。
④ 分離処分の無効主張の制限（23条）	原則	上記③ に違反する専有部分または敷地利用権の処分については（⑧ 有効・無効）。（⑨　　　）の第三者には主張することができない。
	例外	分離して処分することができない専有部分および敷地利用権であることを（⑩　　　）していた場合は，無効主張することができる。なぜなら，敷地権の（⑩　　　）があれば，分離処分禁止について知らずに取引したという言い訳は通じないからである。
⑤ 民法255条（持分の帰属）の適用除外（24条）		分離処分の禁止がなされている場合，敷地利用権は， (ア) 共有者の1人が持分を放棄したとき (イ) 相続人なしで死亡したとき 他の共有者に帰属しない。

過去問に チャレンジ！ ＜▽平成26年第7問＞

　甲マンションには，4つの専有部分があり，101号室と102号室はAが，201号室はBが，202号室はCがそれぞれ所有している。甲の敷地は，AおよびBが敷地利用権（AとBの共有）を有しているが，Cは敷地利用権を有していない。この場合，Bが死亡して相続人がないときは，Bの敷地利用権は，敷地の他の共有者であるAに帰属（㋐ する・しない）。

過去問に チャレンジ！ ＜▽令和3年第5問＞

1 　敷地利用権が数人で有する所有権その他の権利である場合には，規約に別段の定めがない限り，区分所有者は，その有する専有部分とその専有部分に係る敷地利用権とを分離して処分することが（㋑ できる・できない）。

2 　敷地利用権が数人で有する所有権その他の権利である場合には，一筆の土地の一部について専有部分とその専有部分に係る敷地利用権とを分離して処分することを認める規約を設定することが（㋒ できる・できない）。

3 　敷地利用権が数人で有する所有権その他の権利である場合の専有部分とその専有部分に係る敷地利用権との分離処分禁止に違反する処分は，分離処分禁止の登記がなされていない場合，その無効を善意の相手方に主張することが（㋓ できる・できない）。

①_____　②_____　③_____　④_____　⑤_____

⑥_____　⑦_____　⑧_____　⑨_____　⑩_____

㋐_____　㋑_____　㋒_____　㋓_____

①される　②強行　③できない　④許されない　⑤法律　⑥できない　⑦規約　⑧無効　⑨善意　⑩登記
㋐しない　㋑できない　㋒できる　㋓できない

7 ｜組合の比較と法人

(1) 組合の比較

		区分所有法	建替え等円滑化法
①	対象	管理組合法人	マンション建替組合
②	成立	管理組合は，以下の要件を備えることによって法人となることができる。 ㋐ 区分所有者および議決権の各（①　　　　）以上の多数による集会の決議（特別決議）で，法人となる旨およびその名称・事務所^(※1)を定める^(※2)。 ※1　法人の事務所は，区分所有建物の所在地でも，それ以外でもよく，数個あってもよい。この場合，そのうち1つを主たる事務所とする必要がある。 ※2　定款の作成は（② 必要・不要）である。 ㋑ （③　　　　）の所在地^(※3)で，法人登記^(※4)をする。 ※3　区分所有建物の所在地で法人登記をするのではない。 ※4　営利法人・公益法人のいずれでもなく，一般社団法人である。主たる事務所の所在地で設立の登記をする必要がある。	知事は，申請が認可基準に適合していると認める場合はその認可をしなければならず，認可をしたときは，（④ 遅滞なく・一週間以内に）公告をする。なお，組合は，（⑤　　　　）によって成立する。
③	役員	理事および監事（管理者でない）を必ず置かなければならない。員数に制限は（⑥ ある・ない）。また，選任については，特別決議によらなくてよい。	㋐ 理事を（⑦　　　　）人以上設置 ㋑ 監事を（⑧　　　　）人以上設置 ※ 原則として，組合員（法人ならその役員）のうちから総会で選挙により選任。ただし，特別の事情があるときは，組合員以外の者のうちから総会で選任可。 ㋒ 理事長を1人設置➡理事の互選による。

④　解　散	管理組合法人は，次の事項で解散する。 ㋐　建物（一部共用部分と共用すべき区分所有者で構成する管理組合法人にあっては，その共用部分）の（⑨　全部・一部）の滅失 ㋑　建物に専有部分がなくなったとき ㋒　集会の決議〈区分所有者および議決権の各（⑩　　　　）以上の多数で決する〉	組合は，次の理由により解散する。 ㋐　設立についての認可の取消し ㋑　総会の議決 ・権利変換期日前に限る。 ・借入金あれば債権者の同意が必要。 ・知事の認可が必要。 ㋒　事業の（⑪　　　　）またはその（⑪　　　　）の不能 ・借入金あれば債権者の同意が必要。 ・知事の認可が必要。

(2)　法　人

	区分所有法	マンション管理適正化法	
	管理組合法人	管理業者の団体	マンション管理適正化推進センター
⑤　対　象		管理業者の業務の改善向上を図ることを目的とし，管理業者を社員とする一般社団法人で，国土交通大臣から指定されたものをいう。	管理組合によるマンションの管理の適正化の推進に寄与することを目的として設立された一般財団法人で，国土交通大臣から指定されたものをいう（全国で1つだけ）。
⑥　事務・業務等	建物・敷地・附属施設の管理を行う上で，区分所有者の団体として必要な一切の事務をいい，集会の決議内容に従って行う。	・指導，勧告 ・（⑫　　　　） ・（⑬　　　　） ・調査，研究 ・改善向上を図るため必要な業務 ・保証業務（任意）	・情報・資料の収集・整理と提供 ・技術的支援 ・管理者等講習の実施（マンション管理士の講習を含む） ・指導・助言 ・調査・研究 ・啓発活動・広報活動 ・管理適正化推進業務

①_____　②_____　③_____　④_____　⑤_____

⑥_____　⑦_____　⑧_____　⑨_____　⑩_____

⑪_____　⑫_____　⑬_____

---

①$\frac{3}{4}$　②不要　③主たる事務所　④遅滞なく　⑤認可　⑥ない　⑦3　⑧2　⑨全部　⑩$\frac{3}{4}$　⑪完成
⑫・⑬苦情解決，研修（順不同）

8 代理と委任

	民　法	区分所有法
代理	1　代理制度とは，実際に行動するのが代理人でありながら，その代理人の行為の結果はすべて本人に及ぶものである。 　㋐　顕　名 　　代理人が代理行為を行うときは，相手方に「本人のためにする」ことを示して（これを顕名という）行う必要がある。これにより，その効果が「本人」に帰属することになる。 　㋑　代理行為の意思表示の瑕疵 　　実際に行為するのは代理人であるから，意思表示に問題があったかどうか，行為時において善意か悪意かということについては，（①　　　　）を基準に決めるのが原則である。 　　ただし，特定の法律行為の委託がある場合は，本人が悪意や有過失であれば，代理人の善意・無過失を主張（②　できる・できない）。 2　**無権代理と表見代理** 　㋐　代理権のない者（無権代理人）が，誰かの代理人と称して代理行為を行った場合，その無権代理行為の効果は，原則として「本人」に帰属（③　する・しない）。 　㋑　次の3つのいずれかに該当し，かつ，相手方が「善意無過失」（権限があると信じる正当な理由がある）であれば，相手方を保護するために，無権代理人の行った行為の効果が「本人」に帰属する場合がある。これを（④　　　　）という。 <table><tr><td>ⓐ　（⑤ 　）の表示 による表見 代理</td><td>本人が相手方に対し，他人の代理権を与えたかのような表示をしたが，実際には与えていなかったケース</td></tr><tr><td>ⓑ　（⑥ 　）の行為 の表見代理</td><td>代理人が，与えられた代理権の範囲を越えて代理行為をしたケース</td></tr><tr><td>ⓒ　（⑦ 　）の表見 代理</td><td>代理権がなくなったにもかかわらず，代理人だった者が代理行為を行ったケース</td></tr></table> 　※　ⓐとⓑ，ⓑとⓒは重ねて適用される。	1　**管理者の職務権限** 　　管理者は，俗にいう管理人とは異なり，その職務に関し，区分所有者全員を（⑧　　　　）する。共用部分についての損害保険契約に基づく保険金額ならびに共用部分等について生じた損害賠償金および不当利得による返還金の請求および受領も同様である。 　※　管理者は，区分所有者の代理人として法律行為を行い，この法律行為の効果は，区分所有者の全員に帰属する。管理者は代理行為の際，「管理組合等」の名を示す必要がある。 2　**管理者の行為の効果** 　　管理者がその職務の範囲内で第三者とした行為の効果は，区分所有者に帰属（⑨　する・しない）。規約で管理者の代理権に制限を加えた場合であっても，これを善意の第三者に対抗することは（⑩　できる・できない）。 3　**管理組合法人** 　　管理組合法人は，区分所有者を（⑪　　　　）して，損害保険契約に基づく保険金額ならびに共用部分等について生じた損害賠償金および不当利得による返還金を請求し，受領することが（⑫　できる・できない）。

委任	**3 善管注意義務** 　受任者は，善良なる管理者としての注意をもって委任事務を処理しなければならない。 **4 割合に応じた報酬請求権** （ア）履行割合型の委任の場合 　事務処理を行ったことに対して報酬が支払われるもの （イ）（⑬　）完成型の委任の場合 　事務処理により得られた（⑬　）に対して報酬が支払われるもの **5 費用前払請求権** 　受任者が委任事務のため費用を要する場合（専門誌の購読料・専門家の相談料等）は，受任者からの（⑭　）があったときは，委任者である管理組合は，前払いをもって受任者に支払わなければならない。 **6 告知による契約解除** 　委任契約は相手方に債務不履行等がなくても，委任者，受任者双方からいつでも自由に解除することが（⑮　）。この場合，原則として相手方に生じた損害を賠償する必要はない。 **7 委任者，受任者に一定の事由が生じた場合** 　次の事由が生じると委任契約は終了する。

委任者	（⑯　）	（⑰　）	
受任者	（⑯　）	（⑰　）	後見開始の審判

4 管理者は，善管注意義務があり，違反した場合には，法的な責任を問われる。管理者の責に帰すべき事由がない場合には，法的責任を負う必要がない。

5 管理者が訴訟等に「要する費用」・「要した費用」は，弁護士費用を含めて，各区分所有者に対し，「前払い」・「償還」請求ができる。

6 任期途中の管理者を集会によって解任するためには，正当事由の存在を必要としない。なぜなら，民法上，委任は各当事者がいつでも解除（⑮　）からである。

7 管理者が，（⑯　）・（⑰　）・後見開始の審判を受けると，委任契約は終了する。

過去問にチャレンジ！　＜マ平成24年第8問＞

　（ア 管理組合法人・管理組合法人の理事）は，共用部分についての損害保険契約に基づく保険金額の請求および受領について（イ 区分所有者・管理組合法人）を代理する。

① ＿＿　② ＿＿　③ ＿＿　④ ＿＿　⑤ ＿＿
⑥ ＿＿　⑦ ＿＿　⑧ ＿＿　⑨ ＿＿　⑩ ＿＿
⑪ ＿＿　⑫ ＿＿　⑬ ＿＿　⑭ ＿＿　⑮ ＿＿
⑯ ＿＿　⑰ ＿＿　ア ＿＿　イ ＿＿

①代理人　②できない　③しない　④表見代理　⑤代理権授与　⑥権限外　⑦代理権消滅後　⑧代理　⑨する　⑩できない　⑪代理　⑫できる　⑬成果　⑭請求　⑮できる　⑯・⑰死亡，破産手続開始の決定（順不同）　ア管理組合法人　イ区分所有者

9 契約の分類

(1) 契約の種類

契約の種類	内　容	分類・補足
① 売買契約	財産権を相手方に移転することを約束し，相手方がそれに代金を支払う契約	（①　　　），（②　　　），（③　　　）契約
② 交換契約	財産権を相互に交換する契約	諾成，双務，有償契約
③ 贈与契約	財産権を無償で与える契約	諾成，片務，無償契約
④ 賃貸借契約	物を使用収益させることを約束し，相手方がそれに賃料を支払う契約	（④　　　），（⑤　　　），（⑥　　　）契約
⑤ 使用貸借契約	無償で使用収益をした後に返すということを約束し，貸主から借りる物を受け取る契約	諾成，片務，無償契約
⑥ 委　任	法律行為をすることを相手方に委託し，相手方が承諾する契約	（⑦　　　），（⑧　　　），原則（⑨　　　）契約 特約があれば有償で後払い 　⇒　この場合は双務契約
⑦ 寄　託	保管することを約束して，物を受け取る契約	諾成，片務，原則無償契約 特約で有償　⇒　この場合は双務契約
⑧ 請　負	仕事を完成することを約束して，相手方がその仕事の結果に対して報酬を与える契約	（⑩　　　），（⑪　　　），（⑫　　　）契約
⑨ 和　解	法律関係について存する紛争をその当事者が互いに譲歩して解消することを目的とする契約	諾成，双務，有償契約
⑩ 雇　用	被用者が労務に服することを約し，使用者がこれに報酬を支払うことによって成立する契約	諾成，双務，有償契約
⑪ 組　合	数人の者が出資して共同事業を遂行することを約することによって成立する契約	諾成，双務，有償契約

(2) 契約の分類

⑫ 諾成契約・要物契約

	諾　成　契　約	要　物　契　約
内　容	当事者の合意だけで成立する契約	合意の他に物の引渡し等の行為がないと成立しない契約

13 **双務契約・片務契約**

	双 務 契 約	片 務 契 約
内　容	契約の当事者双方がそれぞれ義務を負う契約	契約の当事者の一方だけが義務を負う契約

14 **有償契約・無償契約**

	有 償 契 約	無 償 契 約
内　容	契約の内容に対価等の支払いのあるもの	契約の内容に対価等の支払いのないもの

過去問にチャレンジ！　＜▽平成23年第13問＞

　甲マンションの管理組合は，各戸の専有部分に立ち入り，専用使用権の設定されたベランダを修繕する予定であったが，301号室の区分所有者である一人住まいのAが，工事予定時期に長期に出張することになった。Aは，管理組合と協議し，301号室の鍵を出張期間中管理組合に預けることとした。この場合において，ベランダの工事の最中，管理組合は，301号室の鍵を側溝に落とし紛失してしまったが，その鍵を無償で預かっているとき，管理組合は鍵の交換等に要する費用は負担（㋐ すべきである・しなくてよい）。

①_____　②_____　③_____　④_____　⑤_____

⑥_____　⑦_____　⑧_____　⑨_____　⑩_____

⑪_____　⑫_____

㋐_____

---

①～③諾成，双務，有償（順不同）　④～⑥諾成，双務，有償（順不同）　⑦・⑧諾成，片務（順不同）　⑨無償

⑩～⑫諾成，双務，有償（順不同）　　㋐すべきである

10 集会（総会）の招集

			招　集
① 区 分 所 有 法 (34条)	(ア) 集会の招集義務		管理者等（管理組合法人については，「理事」をいう。以下同じ）は，少なくとも毎年（①　　　）回集会を招集しなければならない。
	(イ) 集会の招集義務	管理者等あり 原則	管理者等
		管理者等あり 例外	区分所有者の（②　　　）以上で議決権の（②　　　）以上を有する者は，原則として，管理者等に対し，会議の目的たる事項を示して，集会の招集を請求することができる。ただし，この定数(※1)は，規約で減じることが（③ できる・できない)(※2)。
		管理者等なし	区分所有者の（②　　　）以上で議決権の（②　　　）以上を有する者は，原則として，集会を招集することができる。ただし，この定数は，規約で減じることが（③ できる・できない)。
	※1　「この定数」とは，区分所有者の（②　　　）および議決権の（②　　　）を指すので，規約により，両方の（②　　　）の割合を減じてもよいし，区分所有者の人数のみでよいとすることもできる。 ※2　2週間以内にその請求の日から4週間以内の日を会日とする集会の招集の通知が発せられなかったときは，その請求をした区分所有者は，集会を招集することができる。		
② 被災マンション法 (3条1項)	(ア) 議決権の（④　　　）以上を有する（⑤　　　）は，管理者に対し，会議の目的たる事項を示して，敷地共有者等集会の招集を請求できる。 (イ) 管理者がないときは，議決権の（④　　　）以上を有する（⑤　　　）は，自ら敷地共有者等集会を招集できる。		
③ 標準管理規約 (単棟型42条)	(ア) 総会は，（⑥　　　）総会および（⑦　　　）総会とし，区分所有法に定める（⑧　　　）とする。 (イ) （⑨　　　）は，「通常総会」を，毎年1回新会計年度開始以後（⑩　　　）ヵ月以内に招集しなければならない。 (ウ) （⑨　　　）は，必要と認める場合には，（⑪　　　）の決議を経て，いつでも「臨時総会」を招集することができる。		

4 建替え等円滑化法 （28条1項〜5項， 129条）	㈦ （⑫　　　）は，毎事業年度1回通常総会を招集しなければならない。 ㈣ （⑫　　　）は，必要があると認めるときは，いつでも，臨時総会を招集することができる。 ㈦ 組合員が総組合員の（⑬　　　）以上の同意を得て，会議の目的である事項および招集の理由を記載した書面を組合に提出して総会の招集を請求したときは，理事長は，その請求のあった日から起算して（⑭　　　）日以内に臨時総会を招集しなければならない。 ㈥ 招集請求があった場合において，理事長が正当な理由がないのに総会を招集しないときは，（⑮　　　）は，㈦の期間経過後（⑯　　　）日以内に臨時総会を招集しなければならない。 ㈭ 組合設立認可を受けた者（組合の設立発起人）は，その認可の公告があった日から起算して（⑰　　　）日以内に，最初の理事および監事を選挙し，または選任するための総会を招集しなければならない。

① _____ ② _____ ③ _____ ④ _____ ⑤ _____

⑥ _____ ⑦ _____ ⑧ _____ ⑨ _____ ⑩ _____

⑪ _____ ⑫ _____ ⑬ _____ ⑭ _____ ⑮ _____

⑯ _____ ⑰ _____

---

①1　②$\frac{1}{5}$　③できる　④$\frac{1}{5}$　⑤敷地共有者等　⑥・⑦通常，臨時（順不同）　⑧集会　⑨理事長　⑩2

⑪理事会　⑫理事長　⑬$\frac{1}{5}$　⑭20　⑮監事　⑯10　⑰30

11 集会（総会）の招集通知

			招集の通知
1 区分所有法 (35条)	建替え以外	原則	集会の招集通知は，会日より少なくとも（①　　　）週間前に「会議の目的たる事項（集会の議題）」を示して，各区分所有者に発しなければならない。
		例外	（①　　　）週間という期間は，規約で伸縮（伸長・短縮）することができる。
	建替え	原則	集会の招集通知は，会日より少なくとも（②　　　）ヵ月前に区分所有者に発しなければならない。
		例外	（②　　　）ヵ月という期間は，規約で（③ 伸長・短縮）することができる。
		説明会開催	建替え決議を会議の目的とする集会を招集した者は，集会の会日より少なくとも（④　　　）ヵ月前までに，区分所有者に対し，説明を行うための説明会を開催しなければならない。
		原則	説明会開催の招集通知は，会日より少なくとも（⑤　　　）週間前に発しなければならない。
		例外	（⑤　　　）週間という期間は，規約で（⑥ 伸長・短縮）することができる。
2 被災マンション法（3条1項）			敷地共有者等集会の招集の通知は，会日より少なくとも（⑦　　　）週間前に，会議の目的たる事項を示して，各（⑧　　　）に発しなければならない。
3 標準管理規約（単棟型43条）			(ア) 総会を招集するには，少なくとも会議を開く日の（⑨　　　）週間前までに，会議の日時，場所および目的を示して，組合員に通知を発しなければならない。 (イ) 緊急を要する場合には，理事長は，理事会の（⑩　　　）を得て，5日間を下回らない範囲において，通知期間を（⑪ 伸長・短縮）することができる。
4 建替え等円滑化法（28条6項，129条）			総会を招集するには，少なくとも会議を開く日の（⑫　　　）日前までに，会議の日時，場所および目的である事項を組合員に通知しなければならない。ただし，緊急を要するときは，（⑬　　　）日前までにこれらの事項を組合員に通知して，総会を招集することができる。

過去問にチャレンジ！　＜⑦平成23年第4問改題＞

1 「管理者がないときは，区分所有者の $\frac{1}{6}$ 以上で議決権の $\frac{1}{6}$ 以上を有するものは，集会を招集することができる。」という規約の定めは，その効力が（⑦ 生じる・生じない）。

2 「集会の招集の通知は，会日より少なくとも5日前に，会議の目的たる事項を示して，各区分所有者に発する。」という規約の定めは，その効力が（⑦ 生じる・生じない）。

過去問にチャレンジ！　＜⑦平成27年第26問＞

標準管理規約によれば，区分所有者（組合員）が専有部分の賃貸借を行う場合において，当該組合員が総会招集通知のあて先の届出をしなかったときは，招集通知の内容をマンション内の掲示板に掲示すれば足り（⑦ る・ない）。

過去問にチャレンジ！　＜⑦平成27年第28問＞

1 管理組合の理事長から総会の運営に関する助言を求められ，マンション管理士が「総会での会議の目的につき専有部分の賃借人が利害関係を有する場合には，賃借人にも総会招集通知を発し，遅滞なくその通知の内容を所定の掲示場所に掲示しなければなりません。」という発言を行ったことは，標準管理規約によれば，適切で（⑤ ある・ない）。

2 管理組合の理事長から総会の運営に関する助言を求められ，マンション管理士が「建替え決議を目的とする総会を招集する場合には，少なくとも総会開催日の1ヵ月前までに，招集の際に通知すべき事項について，組合員に対し，説明会を開催する必要があります。」という発言を行ったことは，標準管理規約によれば，適切で（⑤ ある・ない）。

① _____ ② _____ ③ _____ ④ _____ ⑤ _____
⑥ _____ ⑦ _____ ⑧ _____ ⑨ _____ ⑩ _____
⑪ _____ ⑫ _____ ⑬ _____
⑦ _____ ⑦ _____ ⑦ _____ ⑤ _____ ⑤ _____

①1　②2　③伸長　④1　⑤1　⑥伸長　⑦1　⑧敷地共有者等　⑨2　⑩承認　⑪短縮　⑫5　⑬2
⑦生じる　⑦生じる　⑦る　⑤ない　⑤ある

12 集会（総会）の議事等

		決議事項の要件		
1 区分所有法 （39条1項）	原則	区分所有者および議決権の各（① 　　　）の賛成で決める。		
	例外	規約に別段の定めがある。		
		この法律による。	(ｱ)　区分所有者および議決権の各 $\frac{3}{4}$ 以上の賛成で決める。	
			(ｲ)　区分所有者および議決権の各 $\frac{4}{5}$ 以上の賛成で決める。	
2 被災マンション法（3条1項）	敷地共有者等集会の議事は，特別措置法に別段の定めがない限り，議決権の（② 　　　）で決する。			
3 標準管理規約 （単棟型47条）	(ｱ)　総会の「会議」（WEB会議システム等を用いて開催する会議を含む）は，議決権総数の（③ 　　　）以上を有する組合員が出席しなければならない。 (ｲ)　総会における「議事」は，出席組合員の議決権の（④ 　　　）で決する。 (ｳ)　次の事項に関する総会の議事は，上記(ｲ)にかかわらず，組合員総数の（⑤ 　　　）以上および議決権総数の（⑤ 　　　）以上で決する。特に慎重を期すべき事項を特別の決議によるものとしている。 ・規約の制定，変更または廃止 ・敷地および共用部分等の変更（その形状または効用の著しい変更を伴わないもの，および耐震改修法25条2項に基づく認定を受けた建物の耐震改修を除く） ・使用禁止の請求，競売の請求または引渡し請求の訴えの提起 ・建物の価格の $\frac{1}{2}$ を超える部分が滅失した場合の滅失した共用部分の復旧 ・その他総会において本項の方法により決議することとした事項 (ｴ)　建替え決議は，上記(ｲ)にかかわらず，組合員総数の（⑥ 　　　）以上および議決権総数の（⑥ 　　　）以上で行う。			
4 建替え等円滑化法 （29条，30条，129条，130条）	(ｱ)　総会は，総組合員の（⑦ 　　　）以上の出席がなければ議事を開くことができず，その議事は，この法律に特別の定めがある場合を除くほか，出席者の議決権の過半数で決し，可否同数のときは，（⑧ 　　　）の決するところによる。 (ｲ)　「定款の変更」，「事業計画の変更」のうち重要な事項，「施行者による管理規約」，「組合の解散」は，組合員の議決権および持分割合[※]の各（⑨ 　　　）以上で決する。 (ｳ)　権利変換計画およびその変更は，組合員の議決権および持分割合[※]の各（⑩ 　　　）以上で決する。 ※　組合の専有部分が存しないものとして算定した施行マンションについての割合をいう（区分所有法14条）。			

過去問にチャレンジ！　＜▽平成25年第19問＞

　マンション建替組合は，権利変換計画の認可を申請しようとするときは，権利変換計画について，あらかじめ，（㋐ 組合員全員の同意・組合員の議決権および持分割合の各 $\frac{4}{5}$ 以上）を得なければならない。

過去問にチャレンジ！　＜▽平成27年第29問＞

1　管理組合で行う「防犯カメラの設置工事」は，標準管理規約によれば，総会で組合員総数及び議決権総数の各 $\frac{3}{4}$ 以上の決議が必要で（㋑ ある・ない）。

2　管理組合で行う「集会室の延べ床面積を2倍に増築する工事」は，標準管理規約によれば，総会で組合員総数および議決権総数の各 $\frac{3}{4}$ 以上の決議が必要で（㋒ ある・ない）。

3　管理組合で行う「不要となった高置水槽の撤去工事」は，標準管理規約によれば，総会で組合員総数および議決権総数の各 $\frac{3}{4}$ 以上の決議が必要で（㋓ ある・ない）。

4　管理組合で行う「耐震改修工事に関し，柱やはりに炭素繊維シートや鉄板を巻き付けて補修する工事」は，標準管理規約によれば，総会で組合員総数および議決権総数の各 $\frac{3}{4}$ 以上の決議が必要で（㋔ ある・ない）。

5　管理組合で行う「玄関扉の一斉交換工事」は，標準管理規約によれば，総会で組合員総数および議決権総数の各 $\frac{3}{4}$ 以上の決議が必要で（㋕ ある・ない）。

6　管理組合で行う「バリアフリー化工事に関し，階段室部分を改造し，エレベーターを新たに設置する工事」は，標準管理規約によれば，総会で組合員総数および議決権総数の各 $\frac{3}{4}$ 以上の決議が必要で（㋖ ある・ない）。

7　管理組合で行う「計画修繕工事で行う給水管更生・更新工事」は，標準管理規約によれば，総会で組合員総数および議決権総数の各 $\frac{3}{4}$ 以上の決議が必要で（㋗ ある・ない）。

①＿＿＿＿　②＿＿＿＿　③＿＿＿＿　④＿＿＿＿　⑤＿＿＿＿

⑥＿＿＿＿　⑦＿＿＿＿　⑧＿＿＿＿　⑨＿＿＿＿　⑩＿＿＿＿

㋐＿＿＿＿　㋑＿＿＿＿　㋒＿＿＿＿　㋓＿＿＿＿　㋔＿＿＿＿

㋕＿＿＿＿　㋖＿＿＿＿　㋗＿＿＿＿

①過半数　②過半数　③半数　④過半数　⑤ $\frac{3}{4}$　⑥ $\frac{4}{5}$　⑦半数　⑧議長　⑨ $\frac{3}{4}$　⑩ $\frac{4}{5}$

㋐組合員の議決権および持分割合の各 $\frac{4}{5}$ 以上　㋑ない　㋒ある　㋓ない　㋔ない　㋕ない　㋖ある　㋗ない

13 建替え・再建

	建替え決議の要件
① 区分所有法 （62条）	㋐　集会において，区分所有者および議決権の各（①　　　）以上の多数で，建物を取り壊し，かつ，当該建物の敷地もしくはその一部の土地または当該建物の全部もしくは一部を含む土地に新たに建物を建築する旨の決議（以下「建替え決議」という）をすることができる。 ㋑　建替え決議を会議の目的とする集会を招集するときは，集会の招集の通知は，集会の会日より少なくとも（②　　　）ヵ月前に発しなければならない。ただし，この期間は規約で（③　　　）することができる。 ㋒　建替え決議を会議の目的とする集会の招集通知には，議案の要領のほか，次の事項をも通知しなければならない。 　・建替えを必要とする理由 　・建物の建替えをしないとした場合における当該建物の効用の維持または回復（建物が通常有すべき効用の確保を含む）をするのに要する費用の額およびその内訳 　・建物の修繕に関する計画が定められているときは，当該計画の内容 　・建物につき修繕積立金として積み立てられている金額 ㋓　建替え決議を会議の目的とする集会を招集した者は，当該集会の会日より少なくとも（④　　　）ヵ月前までに，当該招集の際に通知すべき事項について，区分所有者に対し説明を行うための説明会を開催しなければならない。 　　この説明会の開催について，集会の招集通知に関する規定，区分所有者全員の同意があるときの招集手続きの省略の規定を準用する。ただし，招集通知は，会日より少なくとも（⑤　　　）週間前に発するのが原則であり，規約で（⑥ 伸長・短縮）することはできるが，（⑦ 伸長・短縮）することはできない。
② 被災マンション法　（4条1項）	敷地共有者等集会においては，敷地共有者等の議決権の（⑧　　　）以上の多数で，滅失した区分所有建物に係る建物の敷地もしくはその一部の土地または当該建物の敷地の全部もしくは一部を含む土地に建物を建築する旨の決議（以下「再建決議」という）をすることができる。
③ 標準管理規約 （単棟型47条）	組合員総数の（⑨　　　）以上および議決権総数の（⑨　　　）以上で行う。

	(ア) 定款・事業計画の策定 　　建替え決議（マンション敷地売却決議）の内容により建替え（マンション敷地売却）を行う旨の合意をしたものとみなされた者が，（⑩　　　）人以上共同して，定款および事業計画を策定する。 　※　マンションの区分所有権・敷地利用権を有する者であって，その後に当該建替え決議（マンション敷地売却決議）の内容により当該マンションの建替え（マンション敷地売却）を行う旨の同意をしたものを含む。以下「建替え合意者（マンション敷地売却合意者）」という。 (イ) 建替え合意者（マンション敷地売却合意者）の同意 　　組合の設立について，建替え合意者（マンション敷地売却合意者）の（⑪　　　）以上の同意を得なければならない。この場合，同意した者の議決権の合計が，建替え合意者（マンション敷地売却合意者）の議決権の合計の（⑫　　　）以上であるときに限られる。さらに，マンション敷地売却合意者については，この合意者の敷地利用権の持分の価格の合計の（⑬　　　）以上となる場合に限られる。
④ 建替え等円滑化法（9条，120条）	

**過去問に
チャレンジ！**　＜マ平成24年第19問＞

　マンション建替組合の設立の認可を申請しようとする者は，建替組合の設立について，建替え合意者の（ア $\frac{3}{4}$ ・ $\frac{4}{5}$ ）以上の同意（同意した者の区分所有法第38条の議決権の合計が，建替え合意者の同条の議決権の合計の（イ $\frac{3}{4}$ ・ $\frac{4}{5}$ ）以上となる場合に限る。）を得なければならない。

① _____　② _____　③ _____　④ _____　⑤ _____

⑥ _____　⑦ _____　⑧ _____　⑨ _____　⑩ _____

⑪ _____　⑫ _____　⑬ _____

ア _____　イ _____

①$\frac{4}{5}$　②2　③伸長　④1　⑤1　⑥伸長　⑦短縮　⑧$\frac{4}{5}$　⑨$\frac{4}{5}$　⑩5　⑪$\frac{3}{4}$　⑫$\frac{3}{4}$　⑬$\frac{3}{4}$
ア$\frac{3}{4}$　イ$\frac{3}{4}$

14 売渡し請求

			売渡し請求
1 区分所有法 (63条)	(ア) 売渡し請求	請求できる者	(i) 建替え決議に賛成した各区分所有者（承継人も含む） (ii) 建替えに参加する旨を回答した各区分所有者（承継人も含む） (iii) これらの者の全員の合意により，区分所有権および敷地利用権を買い受けることができる者として指定された者（買受指定者という）
		請求される者	建替えに参加（① する・しない）旨を回答した区分所有者（その承継人を含む）
		期間	建替えに参加するか否かの催告の回答期間満了日から2ヵ月以内（2ヵ月経過後2ヵ月以内）
		請求内容	区分所有権および敷地利用権を時価で売り渡すべきことを請求することができる。
	(イ) 再売渡し請求	状況	「正当な理由」がないにもかかわらず，建替え決議の日から（②　　　）年以内に「建物の取壊しの工事に着手」しないとき
		請求できる者	売渡し請求権を行使され，区分所有権または敷地利用権を売り渡した者
		請求される者	区分所有権または敷地利用権を現在有する者
		期間	建替え決議の日から（③　　　）年の期間満了日から（④　　　）ヵ月以内
		方法	買主（建替え参加者等）が支払った代金に相当する金銭を提供する。
		請求内容	売り渡した区分所有権および敷地利用権を売り渡すべきことを請求することができる。ただし，建物の取壊しの工事に着手しなかったことにつき，「正当な理由」があるときは，請求できない。

※　大規模滅失の復旧決議があった場合において，その決議の日から2週間を経過したときは，一定の場合を除き，決議反対者〈決議に賛成した区分所有者（承継人を含む。以下「決議賛成者」という）以外の区分所有者〉は，決議賛成者に対し，「建物およびその敷地に関する権利」を時価で買い取るべきことを請求できる。

② 被災マンション法　（４条９項）	(ア)　**区分所有権の売渡し請求手続** 　　再建決議があったときは，（⑤　　　　）集会を招集した者は，遅滞なく，再建決議に賛成しなかった（⑤　　　　）（その承継人を含む）に対し，再建決議の内容により再建に参加するか否かを回答すべき旨を（⑥　　　　）で催告しなければならない。 (イ)　**区分所有権の売渡し請求** 　　２ヵ月が経過したときは，再建決議に賛成した各（⑤　　　　）等もしくは再建決議の内容により再建に参加する旨を回答した各（⑤　　　　）（これらの者の承継人を含む）またはこれらの者の全員の合意により敷地共有持分等を買い受けることができる者として指定された者（以下「買受指定者」という）は，２ヵ月を経過した日から（⑦　　　　）以内に，再建に参加しない旨を回答した（⑤　　　　）（これらの者の承継人を含む）に対し，敷地共有持分等を時価で売り渡すべきことを請求できる。
③ 建替え等円滑化法（15条，124条）	(ア)　**売渡し請求** 　　建替組合（マンション敷地売却組合）は，認可の公告の日（その日がみなし不参加回答の期間の満了の日前であるときは，当該期間の満了の日）から（⑧　　　　）ヵ月以内に，建替え（マンション敷地売却）に参加しない旨を回答した区分所有者〔その承継人を含み，その後に建替え合意者等（マンション敷地売却合意者）となったものを除く〕に対し，区分所有権および敷地利用権を時価で売渡し請求ができる。建替え決議等（マンション敷地売却決議）があった後に当該区分所有者から敷地利用権のみを取得した者〔その承継人を含み，その後建替え合意者等（マンション売却合意者）となったものを除く〕の敷地利用権についても，同様である。 　　この請求は，正当な理由がある場合を除き，建替え決議等（マンション敷地売却決議）の日から（⑨　　　　）年以内にしなければならない。 (イ)　**再売渡し請求**（区分所有法63条６項・７項） 　　区分所有権等を売り渡した者は，次の期間内に建物の取壊しの工事に着手しない場合，再売渡しを請求できる。 　ⓐ　不着手に「正当な理由」なし➡決議の日から（⑩　　　　）年 　ⓑ　不着手に「正当な理由」あり➡着手を妨げる理由がなくなった日から（⑪　　　　）ヵ月

①_____　②_____　③_____　④_____　⑤_____

⑥_____　⑦_____　⑧_____　⑨_____　⑩_____

⑪_____

---

①しない　②２　③２　④６　⑤敷地共有者等　⑥書面　⑦２ヵ月　⑧２　⑨１　⑩２　⑪６

15 区分所有法の一般規定と団地規定

1	団地の管理に区分所有に関する規定が準用（① される・されない）もの
(ア)	・先取特権（7条） ・先取特権の特定承継人の責任（8条）
(イ)	共用部分の変更，管理等（17条〜19条）
(ウ)	・管理者の選任および解任（25条） ・管理者の権限（26条） ・管理者の権利義務に関する委任の規定の準用（28条）
(エ)	区分所有者の責任等（29条）
(オ)	規約および集会についての規定（30条1項・3項〜5項，31条1項，33条〜46条）
(カ)	管理組合法人（47条〜56条の7）

2	団地の管理に，区分所有に関する規定が準用（② される・されない）主なもの

　次に掲げる事項は，必ずしも団地全体に及ぼす必要がないので，団地内の区分建物についても，「区分所有建物ごと」に適用される。これらの事項に関する集会の決議は，団地管理組合の集会では決議することができない。

(ア)	**敷地利用権** ※ 団地内の区分所有建物以外の建物（戸建て）については，分離処分を禁止することはできないから。	・分離処分の禁止（22条） ・分離処分の無効主張の制限（23条） ・民法255条の適用除外（24条）

(イ)	**共用部分の管理所有**（11条2項，27条）
(ウ)	**共用部分の持分割合**（14条）
(エ)	**義務違反者に対する措置**（57条〜60条） ※ 義務違反者に対し，使用禁止・競売請求できるのは，一棟の建物内では区分所有者が相互に密接な関係があるからであり，これを団地内の区分所有者間にまで及ぼすのは適当ではないから。
(オ)	**復旧および建替え**（61条〜64条） ※ 建物の復旧・建替えについては，一棟の建物の区分所有者のみの決定に委ね，その費用負担についても，その者のみにさせるのが適当だから。
(カ)	**規約共用部分，規約敷地**（4条2項，5条1項）

過去問にチャレンジ！ ＜▽平成21年第11問＞

区分所有法第65条の団地建物所有者の団体の集会においては，区分所有法第57条の共同の利益に反する行為の停止等の訴訟を提起するための決議をすることが（⑦　できる・できない）。

過去問にチャレンジ！ ＜▽令和3年第10問＞

一団地内の附属施設たる建物を団地共用部分とする規約の設定は，団地建物所有者およびその議決権の各（④　　　）以上の多数による集会の決議によってする。

①_____　②_____　⑦_____　④_____

①される　②されない　⑦できない　④$\frac{3}{4}$

16 登　記

	登記の仕組み	登記申請
1 区分所有建物以外（土地・建物）	(ア) **一不動産一登記記録の原則** 登記簿とは，登記記録が記録される帳簿であって，磁気ディスク（これに準じる方法により一定の事項を確実に記録することができる物を含む）をもって調製されたものをいう。 登記記録は，表示に関する登記または権利に関する登記について，一筆の土地または一個の建物ごとに作成され，登記記録とは，コンピュータによる登記において，電磁的記録（電子的方式，磁気的方式その他人の知覚によっては認識することができない方式で作られる記録であって，電子計算機による情報処理の用に供されるものをいう）のことをいう。 (イ) **登記記録の構成** 登記記録は，表題部および権利部に区分して作成される。権利部は，甲区および乙区に区分される。 ⓐ　表題部 表題部とは，登記記録のうち，（①　　　）に関する登記が記録される部分をいう。 なお，表示に関する登記のうち，当該不動産について表題部に最初にされる登記を（②　　　）登記という。 以下のような不動産の物理的現況等が表示される。 ・土地➡所在，地番，地目，地積，所有者等 ・建物➡所在，家屋番号，種類，構造，床面積，附属建物（車庫等）の表示，所有者等 ⓑ　権利部 権利部とは，登記記録のうち，（③　　　）に関する登記が記録される部分をいう。 甲区には所有権に関する登記の登記事項が記録され，乙区には所有権以外の権利に関する登記の登記事項が記録される。	〔共同申請（原則）〕 権利に関する登記は，法令に別段の定めがある場合を除き，登記権利者および登記義務者が共同して申請しなければならない。 〔単独申請（例外）〕 ①　登記手続をすべきことを命ずる確定判決による登記 ②　相続または法人合併による権利移転の登記 ③　遺贈（相続人に対する遺贈に限る）による所有権移転の登記 ④　登記名義人の氏名・住所等の変更の登記または更正の登記 ⑤　所有権保存の登記 ⑥　買戻し特約に関する登記の抹消（契約日から10年経過のとき） ⑦　仮登記義務者の承諾があるときおよび仮登記を命ずる処分があるときの仮登記 ⑧　仮登記の抹消 ⑨　収用による所有権移転の登記 〔所有権保存登記〕 原則として（④　　　）またはその相続人その他の一般承継人・所有権を有することが確定判決によって確認された者・収用によって所有権を取得した者が申請することができる。

	登記の仕組み	登記申請
② 区分所有建物	区分建物の登記においても，一不動産一登記記録の原則がとられ，まず１棟全体の（⑤　　　）部，各専有部分の（⑥　　　）部・（⑦　　　）部（甲区・乙区）によって構成されている。 　不動産登記法にいう区分建物とは，１棟の建物の構造上区分された部分で独立して住居，店舗，事務所または倉庫その他建物としての用途に供することができるものであって，専有部分のことである。	〔所有権保存登記〕 　表題部所有者（原始取得者）から所有権を取得した者は，直接自己名義で所有権保存登記を申請することが（⑧　できる・できない）。

過去問にチャレンジ！

<㋜令和２年第18問>

1 区分建物を新築して所有者となった法人が，建物の表題登記の申請をする前に合併により消滅したときは，当該法人の承継法人は，（㋐ 承継法人・被承継法人）を表題部所有者とする当該建物についての表題登記の申請をしなければならない。

過去問にチャレンジ！

<㋚令和２年第40問>

2 （㋑ 表示・権利）に関する登記を申請する場合において，その申請情報と併せて登記原因を証する情報をその登記所に提供しなければならない。

3 登記記録の表題部には，土地または建物の固定資産税評価額が記録（㋒ される・されない）。

①＿＿＿＿＿＿　②＿＿＿＿＿＿　③＿＿＿＿＿＿　④＿＿＿＿＿＿　⑤＿＿＿＿＿＿

⑥＿＿＿＿＿＿　⑦＿＿＿＿＿＿　⑧＿＿＿＿＿＿

㋐＿＿＿＿＿＿　㋑＿＿＿＿＿＿　㋒＿＿＿＿＿＿

---

①表示　②表題　③権利　④表題部所有者　⑤表題　⑥表題　⑦権利　⑧できる　　㋐被承継法人　㋑権利
㋒されない

17 費用の負担

<table>
<tr>
<td rowspan="7">① 管理費等（標準管理規約（単棟型）25条～27条）</td>
<td>㋐ 管 理 費</td>
<td>次の「通常の管理に要する経費」に充当される。
・管理員人件費
・公租公課
・共用設備の保守維持費および運転費
・備品費，通信費その他の事務費
・共用部分等に係る火災保険料，地震保険料その他の損害保険料
・経常的な補修費
・清掃費，消毒費およびごみ処理費
・委託業務費
・専門的知識を有する者の活用に要する費用
・管理組合の運営に要する費用
　※　これには「役員活動費」も含まれる。
・その他32条に定める業務（建物ならびにその敷地および付属施設の管理のための業務）に要する費用</td>
</tr>
<tr>
<td>㋑ 修 繕 積 立 金</td>
<td>・特別の管理に要する経費に充当される。
・借入金の償還に充当される。</td>
</tr>
<tr>
<td>㋒ 管 理 費 等 の 額 の 算 出</td>
<td>各区分所有者の共用部分の（①　　　）に応じて算出するものとする。</td>
</tr>
<tr>
<td>㋓ 借 入 金 の 償 還</td>
<td>特別の管理に要する経費に充てるため借入れをしたとき，（②　　　）をもって償還に充てることができる。</td>
</tr>
<tr>
<td>㋔ 区 分 経 理</td>
<td>修繕積立金については，（③　　　）とは区分して経理しなければならない。</td>
</tr>
<tr>
<td>㋕ 承継人に対する債権の行使</td>
<td>管理組合が管理費等について有する債権は，区分所有者の特定承継人に対しても行うことが（④ できる・できない）。</td>
</tr>
<tr>
<td rowspan="2">② 修繕積立金（28条）</td>
<td>㋐ 積 立 て 目 的</td>
<td>管理組合は，各区分所有者が納入する（⑤　　　）を積み立てるものとする。
※　対象物件の経済的価値を適正に維持するためには，一定期間ごとに行う計画的な維持修繕工事が重要であるので，修繕積立金を必ず積み立てることとしたものである。</td>
</tr>
<tr>
<td>㋑ 取 崩 し

　※　特別の管理に要する経費に充当する場合に限る。</td>
<td>・一定年数の経過ごとに計画的に行う修繕
　※　外壁改修工事費等
・不測の事故等により必要となる修繕
　※　自然災害等
・敷地および共用部分等の変更・処分
　※　駐車場等の増設・新施費用等
・建物の建替えおよびマンション敷地売却に係る合意形成に必要となる事項の調査
・その他敷地および共用部分等の管理に関し，区分所有者全体の利益のために特別に必要となる管理</td>
</tr>
</table>

			※　衛星放送受信用共同アンテナ設置等 ※　管理組合は，上記の経費に充てるため借入れをしたときは，修繕積立金をもってその償還に充てることができる。 ・一定期間の建物の建替えに係る計画または設計等の経費
③ 使用料 （29条）	㈦　種　　　　類		・駐車場使用料 ・敷地および共用部分等に係る使用料
	㈡　徴　収　目　的		・それらの（⑥　　　）に要する費用に充てる。 ・（⑦　　　）として積み立てる。 ※　大規模修繕工事のための修繕積立金をより多く確保するためである。

過去問に チャレンジ！　＜㋫平成26年第27問＞

　駐車場使用契約により駐車場を使用している区分所有者は，駐車場使用細則等で定められている使用料を管理組合に納入（㋐ しなければならない・しなくてもよい）。また，管理組合は，当該使用料を駐車場の管理に要する費用に充てるほか，修繕積立金として（㋑ 積み立てる・積み立てなくてもよい）。

①_____　②_____　③_____　④_____　⑤_____

⑥_____　⑦_____

㋐_____　㋑_____

---

①共有持分　②修繕積立金　③管理費　④できる　⑤修繕積立金　⑥管理　⑦修繕積立金　　㋐しなければならない
㋑積み立てる

18 | 不法行為責任と共用部分の瑕疵

① 民法	㋐　専有部分の瑕疵による場合	当該専有部分の区分所有者または占有者は，賠償責任を（① 負う・負わない）。 ※　区分所有建物以外の建物においては，瑕疵が建物のどの部分に存するか明らかにされなくても，その瑕疵によって損害が立証されれば，被害者はその建物の占有者や所有者にその損害賠償を請求できる。
	㋑　共用部分の瑕疵による場合	区分所有者等全員（共用部分の所有者または占有者）で賠償責任を（② 負う・負わない）。
② 区分所有法（9条）	瑕疵が不明の場合	共用部分に瑕疵があるものと（③ みな・推定）^(※1) され，区分所有者全員で賠償責任を（④ 負う・負わない）^(※2)。 ※1　専有部分の範囲については，その上塗り部分（内装的部分）のみが専有部分であるという考え方が有力であり，この考え方に立てば，大半は共用部分に属すると考えられる。よって，このような推定が相当と考えられる。 ※2　相手方は，当該瑕疵が特定の専有部分の設置または保存にあることを立証しない限り，責任を免れることはできない。

過去問に
チャレンジ！
　　　　＜㋭平成22年第3問改題＞

1　他人に生じた損害が専有部分の瑕疵によるものか，共用部分の瑕疵によるものか，不明であっても，マンションの設置または保存の瑕疵によるものであることは，他人である被害者が立証（㋐ しなくてもよい・しなくてはならない）。

2　マンションの設置または保存の瑕疵が特定の専有部分にあることが証明されない場合，区分所有者全員が共同して他人に対して責任を（㋑ 負う・負わなくてもよい）。

3　マンションの共用部分の設置または保存の瑕疵により当該マンションの区分所有者が損害を被った場合，その区分所有者は，（㋒ 他人には該当せず損害賠償請求ができない・他人に該当し損害賠償請求ができる）。

過去問にチャレンジ！

＜(主)平成29年第２問＞

1 甲マンション管理組合法人の防災担当理事Ａが，過失により防災訓練実施中に区分所有者Ｂにけがをさせた場合，甲の管理組合法人とともにＡも，Ｂに対して，損害賠償責任を（㋓ 負う・負わない）。

2 甲マンション管理組合法人から設備点検を受託している設備会社Ｃの従業員が，過失により甲の施設を点検中に設備を損傷した場合，Ｃは，その従業員の選任および監督について過失がなかったとき，甲に生じた損害について損害賠償責任を（㋔ 負う・負わない）。

3 甲マンションの区分所有者Ｄが，過失により浴室から漏水させ，階下の区分所有者Ｅに損害を与えた場合，ＥがＤに対して（㋕ 損害賠償請求をした時・損害の発生の時）から，Ｄは遅滞の責任を負う。

4 甲マンションの大規模修繕工事に際し，同工事を請け負った建設会社の従業員が，過失により建築資材を地上に落下させ，通行人が負傷した場合，甲の管理組合法人は，注文または指図について過失がないとき，当該通行人に対して損害賠償責任を（㋖ 負う・負わない）。

①＿＿＿＿　②＿＿＿＿　③＿＿＿＿　④＿＿＿＿

㋐＿＿＿＿　㋑＿＿＿＿　㋒＿＿＿＿　㋓＿＿＿＿　㋔＿＿＿＿

㋕＿＿＿＿　㋖＿＿＿＿

---

①負う　②負う　③推定　④負う　㋐しなくてはならない　㋑負う
㋒他人に該当し損害賠償請求ができる　㋓負う　㋔負わない　㋕損害の発生の時　㋖負わない

19 | 主な物的担保

(1) 抵当権

1 抵当権の関係図

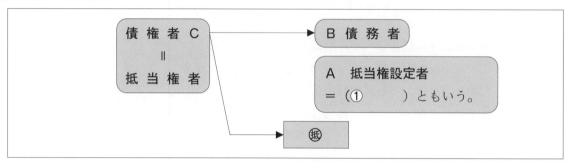

※　上図において，土地の使用収益権を有するのは（②　　　　）である。この（②　　　　）は，
Cの同意なくして，土地を売却したり賃貸したりすることが（③　できる・できない）。

2 抵当権の効力の及ぶ範囲

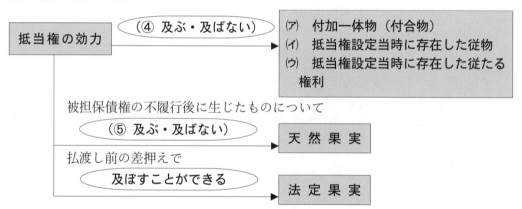

3 抵当不動産の第三取得者の保護

(ア)　（⑥　　　　　）

　　抵当権者の請求に応じて代価を弁済することによって第三取得者のために抵当権は消滅する。

(イ)　（⑦　　　　　）

　　抵当不動産について所有権を取得した第三取得者は，自ら代価または一定の金額を支払うから抵当権を消滅させるよう抵当権者に請求し，登記したすべての債権者の承諾を得た額を支払うことにより，抵当権を消滅させることができる。

④ 賃貸借の保護

抵当権が設定された土地や建物を賃貸借の対象とするときに，その賃貸借についての保護は，どのようになっているのだろうか。

(ア)　「**抵当権設定登記前**」に，土地や建物について賃借権が設定され，その賃借権に対抗要件が備えられている場合，賃借人は，抵当権者や競売による買受人に対抗することが（⑧　できる・できない）。

(イ)　「**抵当権設定登記後**」の賃貸借は，その期間の長短を問わず，対抗要件を備えている場合でも，原則として抵当権者や買受人に対抗することが（⑨　できる・できない）。そこで，次の(ウ)(エ)のような規定が置かれている。

(ウ)　**抵当権者の同意の登記がある場合の賃貸借の対抗力**

ⓐ　登記された賃貸借であり，賃貸借の登記前に登記したすべての抵当権者が同意し，かつ，その同意の登記があるときは，その同意した抵当権者や競売による買受人に対抗することが（⑩　できる・できない）。

ⓑ　抵当権者が，上記ⓐの同意をするには，その抵当権を目的とする権利を有する者や抵当権者の同意により，不利益を受けるべき者の（⑪　　　　）を得る必要がある。

(エ)　**建物明渡し猶予制度**

ⓐ　抵当権者に対抗することができない賃貸借により，抵当権の目的である建物の使用または収益をする者で，次の建物使用者に該当する者は，その建物の競売の場合に，買受人の買受時より6ヵ月を経過するまでは，その建物を買受人に引き渡す必要はない。

・　競売手続きの開始前から，使用または収益をする者（抵当建物使用者）

・　強制管理または担保不動産収益執行の管理人が，競売手続の開始後に行った賃貸借により，使用または収益をする者

ⓑ　明渡猶予期間中の1ヵ月以上の使用の対価について，買受人が抵当建物使用者に対して，相当の期間を定めて支払いを催告したにもかかわらず，その相当の期間内に履行がないときは，明渡猶予を受けることができない。

①_____　②_____　③_____　④_____　⑤_____

⑥_____　⑦_____　⑧_____　⑨_____　⑩_____

⑪_____

---

①物上保証人　②A　③できる　④及ぶ　⑤及ぶ　⑥代価弁済　⑦抵当権消滅請求　⑧できる　⑨できない
⑩できる　⑪承諾

(2) 先取特権

　先取特権とは，法律の定めた特殊な債権（管理費等）を有する者が，債務者の一定の財産（家財道具等）から優先弁済を受ける担保物権である（優先弁済的効力）。

　先取特権には，次のように一般の先取特権，動産の先取特権，不動産の先取特権がある。

5　一般の先取特権（4種類）
債務者の全財産から優先弁済を受けることができるものであり，これには4つあり，優先順位の高いものから（⑫　　　　　）（マンションの管理費等），雇用関係，葬式費用，日用品供給となっている。
【例】債務者Aに対し，B・Cが債権を有する場合，原則は，対等の立場でそれぞれ債権額の割合に応じ分配を受けるのだが，たとえば，Bの債権が貸金債権であり，CがAの雇人で，Cの給料債権が比較的少額の場合，Aの借金のためCが片隅に追いやられるのは気の毒である。また給料の支払いがないことによるその人や家族の生存をおびやかすことにもなりかねない。このような人に優先的地位を与える。

6　動産の先取特権（8種類）
債務者の所有する特定の動産から優先弁済を受けることができるものであり，不動産賃貸等がある。
【例】賃借人が家賃を滞納している場合，不動産賃貸の先取特権に基づいて，家主は，賃借人が家屋に備えつけてある家具類・賃借人が家屋内に持ち込んだ時計・宝石等の動産を競売し，その代金について他の債権者に優先して滞納した家賃の弁済を受けることができる。

7　不動産の先取特権（3種類）
不動産の先取特権は，債務者の所有する特定の不動産から優先弁済を受けることができるものであって，優先順位から不動産（⑬　　　　）の先取特権，不動産（⑭　　　　）の先取特権，不動産（⑮　　　　）の先取特権がある。
【例】マンション建築の注文者が，請負人に代金を支払わないとき，請負人はマンションを競売し，その代金の中から他の債権者に優先して請負代金の弁済を受けることができる。

過去問にチャレンジ！

＜㊤平成19年第4問改題＞

1　Aが区分所有しているマンションの専有部分（以下本問において「本件専有部分」という。）をBに賃貸している場合におけるAの賃料債権の先取特権に関し，Aの賃料についての先取特権は，Bが本件専有部分に備え付けた動産について存在（㋐　する・しない）。

2　Aが区分所有しているマンションの専有部分（以下本問において「本件専有部分」という。）をBに賃貸している場合におけるAの賃料債権の先取特権に関し，Bが本件専有部分をAの承諾を得てCに転貸した場合に，Aの賃料についての先取特権は，Cの動産に（㋑　及ぶ・及ばない）。

＜⬇平成28年第３問＞

1　区分所有法第７条の先取特権は，共益費用の先取特権とみなされ，他の一般の先取特権と競合する場合には，それらに（⬇ 優先・劣後）する。

2　管理者に対して支払うべき報酬が定められ，管理者が，管理組合に対して報酬請求権を有する場合には，管理者の報酬請求権は，区分所有法第７条に規定する先取特権によって担保（⬇ される・されない）。

3　店舗を経営する区分所有者が，管理組合の承諾を得て，共用部分である廊下に自らの所有する動産であるショーケースを備え付けていた場合，このショーケースに対しては，区分所有法第７条に規定する先取特権の効力は（⬇ 及ぶ・及ばない）。

⑫_____　⑬_____　⑭_____　⑮_____

⑦_____　⑦_____　⑦_____　⑦_____　⑦_____

⑫共益費用　⑬保存　⑭工事　⑮売買　　⑦する　⑦及ぶ　⑦優先　⑦されない　⑦及ぶ

20 主な人的担保

(1) 不可分債権・不可分債務

1 不可分債権の効力

(ア) 相対的効力

不可分債権者の1人に，弁済等・請求・相殺以外の事由が生じた場合，その事由は他の債権者に影響を（① 及ぼす・及ぼさない）。

(イ) 絶対的効力

ⓐ 請　求

各不可分債権者は，単独で自己への全部の履行を請求（② できる・できない）ので，不可分債権者のうちの1人が単独で行った請求は，他の債権者へ影響を（③ 及ぼす・及ぼさない）。

ⓑ 弁　済

債務者は，不可分債権者のうちの任意の1人に弁済（④ できる・できない）ので，債務者が不可分債権者のうちの1人に対して行った弁済は，他の債権者へも影響を（⑤ 及ぼす・及ぼさない）。

2 不可分債務の効力

(ア) 対外的効力

不可分債務者の対外的効力については，後述の連帯債務の規定が準用されているので，債権者は，各不可分債務者のうちの1人に対して，または，同時にもしくは順次に全ての不可分債務者に対して，全部または一部の履行を請求（⑥ できる・できない）。

(イ) 相対的効力

不可分債務者のうちの1人に，弁済等・相殺・更改以外の事由が生じた場合，その事由は他の債務者に影響を（⑦ 及ぼす・及ぼさない）。

(ウ) 絶対的効力

弁　済

不可分債務者のうちの1人が弁済した場合，すべての不可分債務者の債務は消滅（⑧ する・しない）から，不可分債務者のうちの1人が債権者に対して行った弁済は，他の債務者に影響を（⑨ 及ぼす・及ぼさない）。

過去問に
チャレンジ！　　＜✓平成20年第15問改題＞

　以下は，共有者間および賃貸借契約において別段の定めはな
いものとする。

1　Aおよびその弟Bが，甲マンションの301号室の区分所有
権を各 $\frac{1}{2}$ の割合で共有している場合，301号室に水漏れに
よる被害が発生し，その原因者に対して損害賠償を請求する
とき，Aは，その損害賠償金の全額を請求することが（⑦
できる・できない）。〈共有物の損害賠償請求権は分割債権〉

2　Aおよびその弟Bが，甲マンションの301号室の区分所有
権を各 $\frac{1}{2}$ の割合で共有している場合，甲マンションの管理
者は，AまたはBのいずれに対しても，301号室の管理費の
全額を請求することが（④ できる・できない）。〈不可分債
務の対外的効力〉

3　Aおよびその弟Bが，甲マンションの301号室の区分所有
権を各 $\frac{1}{2}$ の割合で共有している場合，301号室をAおよび
BからCおよびDが共同で購入したとき，Dは，単独では同
室の引渡しを請求することが（⑦ できる・できない）。〈引
渡請求権は保存行為〉

4　Aおよびその弟Bが，甲マンションの301号室の区分所有
権を各 $\frac{1}{2}$ の割合で共有している場合，301号室を共同賃借
人であるEおよびFに貸したとき，A及びBは共同で，Eに
対し，賃料の全額を請求することが（② できる・できない）。
〈賃料債務は不可分債務〉

①＿＿＿＿＿＿　②＿＿＿＿＿＿　③＿＿＿＿＿＿　④＿＿＿＿＿＿　⑤＿＿＿＿＿＿

⑥＿＿＿＿＿＿　⑦＿＿＿＿＿＿　⑧＿＿＿＿＿＿　⑨＿＿＿＿＿＿

⑦＿＿＿＿＿＿　④＿＿＿＿＿＿　⑦＿＿＿＿＿＿　②＿＿＿＿＿＿

①及ぼさない　②できる　③及ぼす　④できる　⑤及ぼす　⑥できる　⑦及ぼさない　⑧する　⑨及ぼす
⑦できない　④できる　⑦できる　②できる

⑵　連帯債務

【例】Ａ・Ｂ・ＣがＤに対して，1,200万円の連帯債務を負っている場合（負担部分等しい）。

③　相対的効力

原則として，1人の連帯債務者について生じた事由は，他の連帯債務者に**影響を与えない**（民法441条）。

➡ 取消し・無効・請求・承認・免除・期限の猶予・時効の完成等

④　絶対的効力

例外として，次の(ｱ)〜(ｴ)のように，1人の連帯債務者について生じた事由の効力が，他の連帯債務者に対して**影響を与える**。

ただし，債権者および他の連帯債務者の1人が別段の意思を表示したときは，その意思に従い，絶対的効力とすることができる。

(ｱ)　**弁済・代物弁済・供託等**

　　連帯債務者の1人が弁済等をして債務を消滅させると，他の連帯債務者は債務を（⑩ 免れる・免れない）。

(ｲ)　**相殺**

　　連帯債務者の1人が債権者に対して反対債権を有する場合，次のように分類できる。

　ⓐ　連帯債務者の1人が債権者に対して債権を有する場合，その連帯債務者が相殺を援用したときは，債権は，全ての連帯債務者の利益のために消滅（⑪ する・しない）。

　ⓑ　連帯債務者の1人が債権者に対して債権を有する場合，その連帯債務者が相殺を援用しない間は，その連帯債務者の負担部分の限度において，他の連帯債務者は，債権者に対して債務の履行を拒むことが（⑫ できる・できない）。

(ｳ)　**更改**

　　前述の【例】において，ＡがＤとの間で，この代金支払いの連帯債務を，特定の土地所有権移転債務に更改すると，代金支払いの連帯債務は消滅（⑬ する・しない）。Ｂ・Ｃは連帯債務を（⑭ 免れる・免れない）。

(ｴ)　**混同**

　　前述の【例】において，ＡがＤを相続すると，混同によりＡの負っていた債務は消滅（⑮ する・しない）。他の連帯債務者Ｂ・Ｃは，この連帯債務について債務を（⑯ 免れる・免れない）。あとは，ＡがＢ・Ｃに対して負担部分を（⑰　　　）することになる。

<＊平成24年第5問＞

　AのBに対する金銭債務について，Cが連帯債務者となった場合に，Cは，Bに対して（⑦ 自己の負担部分についてのみ・全額）弁済の責任を負う。

⑩＿＿＿＿＿＿＿　⑪＿＿＿＿＿＿＿　⑫＿＿＿＿＿＿＿　⑬＿＿＿＿＿＿＿　⑭＿＿＿＿＿＿＿

⑮＿＿＿＿＿＿＿　⑯＿＿＿＿＿＿＿　⑰＿＿＿＿＿＿＿

⑦＿＿＿＿＿＿＿

⑩免れる　⑪する　⑫できる　⑬する　⑭免れる　⑮する　⑯免れる　⑰求償　⑦全額

221

(3) 保証・連帯保証

5 保証と連帯保証の相違点

	分別の利益	催告の抗弁権	検索の抗弁権
保　　証	○	○	○
連帯保証	×	×	×

6 主たる債務者または保証人について生じた事由の効力

(○→絶対的効力，×→相対的効力)

	弁済等	請　求	更　改	免　除	混　同	時　効	承認等の時効中断
主たる　保　証　人 債務者→連帯保証人	○	○	○	○	○	○	○
保証人→主　た　る 　　　　債　務　者	○	×	○	×	×	×	×
連　帯→主　た　る 保証人　債　務　者	○	(⑱　　　）	○	×	○	×	×

(ア) 主たる債務者について生じた事由の効力

> 主たる債務者について生じた事由は，原則として保証人に効力を及ぼす。
> 【例】主たる債務者に対する履行の請求その他の事由による時効の完成猶予および更新は，保証人に対して，その効力を (⑲ 生ずる・生じない)。

(イ) 保証人について生じた事由の効力

> 保証人について生じた事由は，
> ⓐ その主たる債務を消滅させる行為 (弁済・代物弁済・相殺・更改等) のみ，主たる債務者に効力を (⑳ 及ぼす・及ぼさない)。
> ⓑ それ以外は，(㉑ 及ぼす・及ぼさない)。
> 【例】保証人に対する履行の請求その他の事由による時効の完成猶予および更新は，主たる債務者に対して，その効力を (㉒ 生ずる・生じない)。

(ウ) 連帯保証人について生じた事由の効力

> 連帯保証人について生じた一定の事由は，主たる債務者にも効力を及ぼす。
> 保証人と同様，主たる債務を消滅させる (弁済・代物弁済・相殺・更改等) の他に，「混同」について主たる債務者に効力を (㉓ 及ぼす・及ぼさない)。
> ※ 連帯保証人には，連帯債務の絶対効の規定が準用される。

過去問にチャレンジ！　＜㊟平成24年第5問＞

　　AのBに対する金銭債務について，Cが連帯保証人となった場合に，Cは，Bからの請求に対して催告および検索の抗弁権を行使することが（㋐ できる・できない）。

7　**主たる債務の履行状況に関する情報の提供義務（458条の2）**

　保証人が債権者から請求を受けるまで，主たる債務の履行状況がわからないのは，保証人にとって不測の損害を受けるリスクがある。そこで，保証人が主たる債務者の委託を（㉔ 受けて・受けたか否かにかかわらず）保証をした場合，保証人の請求があったときは，債権者は，保証人に対し，遅滞なく，主たる債務の元本および主たる債務に関する利息・違約金・損害賠償その他その債務に従たる全てのものについての不履行の有無ならびにこれらの残額およびそのうち弁済期が（㉕ 到来しているものの・到来していないものも含めた）額に関する情報を提供しなければならない。

8　**個人根保証契約（465条の2）**

(ア)　根保証契約とは，一定の範囲に属する不特定の債務を主たる債務とする保証契約をいう。そして，この契約は，保証人が法人ではない「個人」根保証契約に限り，貸金等根保証契約に適用される。賃貸借契約等の根保証契約に適用（㉖ される・されない）。

(イ)　「個人」根保証契約は，極度額を定めない場合，その効力を（㉗ 生じる・生じない）。

---

⑱_____　⑲_____　⑳_____　㉑_____　㉒_____

㉓_____

㋐_____

㉔_____　㉕_____　㉖_____　㉗_____

---

⑱×　⑲生ずる　⑳及ぼす　㉑及ぼさない　㉒生じない　㉓及ぼす　㋐できない
㉔受けて　㉕到来しているものの　㉖される　㉗生じない

21 貸主と借主の関係

	民法の賃貸借	借地借家法（借家）	借地借家法（借地）
1 期間	(ア)　期間を定めた場合 　　最長➡（　①　　）年 (イ)　期間を定めない場合解約 　　申入れから 　　土地➡１年　　｜経過後に終了 　　建物➡（　②　）ヵ月 　　動産➡１日	(ア)　期間を定めた場合 　　最長➡（　③　　） 　　１年未満➡期間の定めのな 　　　　　　い契約となる (イ)　期間を定めない場合解約 　　申入れから 　　賃貸人から（正当事由必要） 　　➡（　④　）ヵ月後終了 　　賃借人から（正当事由不要） 　　➡３ヵ月後終了	(ア)　最初の契約 　　30年以上（法定年数30年） (イ)　初回の更新 　　20年以上（法定年数20年） (ウ)　２回目以降の更新 　　10年以上（法定年数10年）
2 終了	(ア)　目的物の滅失 (イ)　期間の満了等	(ア)　目的物（建物）の滅失 (イ)　期間満了の（　⑤　　） 　　ヵ月前から１年前までの間 　　に更新拒絶をした場合（賃 　　貸人は正当事由必要）	(ア)　目的物（土地）の滅失 (イ)　期間満了時に地主が正当 　　事由をもって異議を述べた 　　場合
3 更新	(ア)　当事者の合意 (イ)　期間満了後，賃借人が引 　　続き使用を継続，賃貸人が 　　異議を述べない 　　➡更新と推定	(ア)　当事者の合意 (イ)　上記 2(イ)の通知がない 　　場合 (ウ)　期間満了後，賃借人が引 　　続き使用を継続，賃貸人が 　　異議を述べない。 　　➡更新とみなす。	(ア)　当事者の合意 (イ)　借地権者の更新請求 (ウ)　同左 　※　(イ)(ウ)は，借地上に建物 　　が残存していることが必 　　要
4 対抗要件	(ア)　賃借権の登記	(ア)　賃借権の登記 (イ)　建物の（　⑥　　）	(ア)　賃借権・地上権の登記 (イ)　借地上の建物の登記
5 譲渡・転貸	(ア)　承諾を得ない場合　賃貸人は契約解除できる。 　　ただし，賃貸人との信頼関係を破壊しない場合は解除不可 (イ)　承諾を得た場合 　・譲渡の場合 　　譲受人と賃貸人の間に新たな賃貸借関係成立 　・転貸の場合 　　従来の賃貸借関係は存続し，新たな賃貸借関係成立， 　　転借人は，賃貸人に対して，直接に義務を負うが，権利 　　は有しない。	(ア)　原則　左の規定による (イ)　借地借家法上の保護規定 ・借地権者は地主の承諾に 　代わる許可を裁判所へ申 　立てできる。 ・建物の譲受人から地主へ 　建物買取請求ができる。 　※　借地権が地上権の場合 　　は地主の承諾不要

6 費用の償還等	(ア)（⑦　　　）費 直ちに償還請求可 (イ)（⑧　　　）費 賃貸借契約終了時，賃貸人の選択によりいずれかを償還 ・支出額 ・現存利益	(ア) 同左 (イ) 同左 (ウ)（⑨　　　）買取請求権 次の要件を満たすこと ・賃貸人の同意を得て付加した造作 ・賃貸人から買い受けたもの ※　特約で排除可	(ア) 同左 (イ) 同左 (ウ) 建物買取請求権 借地権の存続期間が満了した場合で，契約の更新がないときに請求できる。 ※　債務不履行による解除の場合は不可

過去問にチャレンジ！　<Ⓜ平成26年第15問>

Aの所有する甲マンションの301号室をAから賃借して居住しているBは，Aの承諾を得て，301号室の賃借権をCに譲渡し，301号室をCに引き渡した。この場合，賃借権の譲渡後，台風による暴風雨の影響で301号室の窓が破損した場合には，Cは，その修繕の請求を（㋐ Bに対してしなければならず，Aに対してすることはできない・Aに対してしなければならない）。

①________　②________　③________　④________　⑤________

⑥________　⑦________　⑧________　⑨________

㋐________________

①50　②３　③制限はない　④６　⑤６　⑥引渡し　⑦必要　⑧有益　⑨造作
㋐Ａに対してしなければならない

22│区分所有者と占有者の関係

		区分所有者	占有者
① 権利義務等 （区分所有法 6 条）		建物の保存に有害な行為その他，建物の（①　　　　）または（②　　　　）に関し，区分所有者の共同の利益に反する行為をしてはならない。	
		その専有部分または共用部分を保存し，または改良するため必要な範囲内において，他の区分所有者の専有部分または自己の所有に属しない共用部分の（③　　　　）を請求することができる。この場合において，他の区分所有者が損害を受けたときは，その償金を支払わなければならない。	
② 規約・集会の決議の効力　（46条）		特定承継人に対しても，その効力を生じる。	(ア)　建物またはその敷地もしくは附属施設の（④　　　　）方法につき，区分所有者が規約または集会の決議に基づいて負う義務と同一の義務を負う。 (イ)　（⑤　　　　）権 　　占有者が建物等の使用に関し直接の義務を負ったり，影響を受ける集会の決議をする場合，占有者は集会に出席して意見を述べることができる。
③ 集会招集の通知 （35条 1 項）		通知する必要が（⑥　ある・ない）。	通知する必要が（⑦　ある・ない）。
④ 義務違反者に対する措置の方法 （57条〜60条）		行為の停止等の請求 (ア)　裁判外…各区分所有者が（⑧　　　　）でできる。 (イ)　裁判上…区分所有者および議決権の各（⑨　　　　）の決議でできる。	
	使用禁止・競売請求	訴えを提起するにあたって，区分所有者および議決権の各 $\frac{3}{4}$ 以上の多数による集会の決議を要する。	契約解除・引渡し請求
			訴えを提起するにあたって，区分所有者および議決権の各 $\frac{3}{4}$ 以上の多数による集会の決議を要する。
⑤ 弁明の機会 （58条 3 項，59条 2 項，60条 2 項）	使用禁止請求	必要が（⑩　ある・ない）。	契約解除・引渡し請求
	競売請求	必要が（⑪　ある・ない）。	必要がある。 ※　占有者に弁明の機会を与えればよく，区分所有者には与えなくてもよい。

＜(マ)平成21年第10問改題＞

　管理者が共同利益背反行為を行った専有部分の占有者に係る次のA〜Dの訴訟と訴訟の相手方となるべき者（ア，イ）の組合せについて，Aとアの組合せは，((ア) 正しい・誤っている)。Bとイ・Cとア・Dとイの組合せは，((イ) 正しい・誤っている)。

　A　不法占拠者たる占有者が占有する専有部分の引渡し
　B　不法占拠者たる占有者に対する共同利益背反行為の結果の除去
　C　賃借人たる占有者が占有する専有部分の使用を目的とする契約の解除
　D　賃借人たる占有者に対する共同利益背反行為の予防
　ア　占有者および専有部分の所有者
　イ　占有者

①_____　②_____　③_____　④_____　⑤_____

⑥_____　⑦_____　⑧_____　⑨_____　⑩_____

⑪_____

(ア)_____　(イ)_____

①・②管理，使用（順不同）　③使用　④使用　⑤意見陳述　⑥ある　⑦ない　⑧単独　⑨過半数　⑩ある　⑪ある
(ア)誤っている　(イ)正しい

23 アフターサービスと他の契約責任 主

		アフター サービス	民 法		品確法 （新築住宅の 売買契約・ 請負契約）	宅建業法 （宅地建物取引 業者が自ら売主 となる売買契約）
			売買契約	請負契約		
1	責任の 性質	（① 法定・ 契約）責任 契約の定めに よる。	契約責任	契約責任	契約責任	契約責任
2	責任を 負う期間	（② 法律・ 契約）で定め た一定期間 （部位別に異 なることが多 い）	買主が種類・ 品質の不適合 を知った時か ら（③　　） 年以内に通知	注文者が種 類・品質の不 適合を知った 時から（④ 　　）年以内に 通知	（⑤　　　） から（⑥ 　　）年〈（⑦ 　　）年まで 伸長できる〉	（⑧　　　） から（⑨ 　　）年以上と する通知特約 以外は，民法 の売買契約と 同じ。
3 責任の内容	損害賠償請求		○	○	○	○
	解 除		○	（⑩　　）	○	○
	修補請求・ 履行追完 請求	○	○	○	○	○
4	責任の 対象	（⑪ 法律・ 契約）で定め た期間内に生 じた一定の部 位の契約不適 合	契約不適合	契約不適合	基本構造部 分（住宅の構 造耐力上主要 な部分および 雨水の浸入を 防止する部分 で政令で定め るもの）の契 約不適合	民法の売買 契約と同じ。
5	買主・ 注文者に 不利な特 約	契約による	有効	有効	無効	無効

（○→できる）

<楽平成24年第40問改題>

　マンションの分譲業者が，民法上売主として負う担保責任と，売買契約の特約として行うアフターサービスに関し，アフターサービスの対象部位を，マンションの専有部分および共用部分の一定範囲とした場合，それにより契約不適合責任の及ぶ範囲を同一と（㋐ しなければならない・しなくてもよい）。

①＿＿＿＿＿　②＿＿＿＿＿　③＿＿＿＿＿　④＿＿＿＿＿　⑤＿＿＿＿＿

⑥＿＿＿＿＿　⑦＿＿＿＿＿　⑧＿＿＿＿＿　⑨＿＿＿＿＿　⑩＿＿＿＿＿

⑪＿＿＿＿＿

㋐＿＿＿＿＿

①契約　②契約　③1　④1　⑤引渡し　⑥10　⑦20　⑧引渡し　⑨2　⑩○　⑪契約
㋐しなくてもよい

24 重要事項の説明

		マンション管理適正化法（72条）			宅建業法（35条）
① 内容		(ア)　新規の場合			**説明義務者・相手方・時期**
	原則	義務者	マンション管理業者		(ア)　重要事項の説明義務者 　　宅地建物取引士をして説明させることが，宅地建物取引業者に義務づけられている。
		時期	管理受託契約を締結しようとするとき，あらかじめ		
		相手方	区分所有者等および管理者等全員		(イ)　説明の相手方 　　権利を取得しようとする者（宅地建物取引業者を除く）に対して行う。
		方法	・説明会を開催し，（①　　　）をして，重要事項の説明をさせなければならない。 ・マンション管理業者は，一定の場合を除き，説明会の日の（②　　　）週間前までに，重要事項ならびに説明会の日時および場所を記載した書面を交付しなければならない。		
	例外		管理受託契約には，新築マンションの分譲に通常要すると見込まれる期間その他の管理組合を構成する区分所有者等が（③　　　）ことが見込まれる期間として国土交通省令で定める期間中（1年間）に，契約期間が満了するものは（④　含まれる・除かれる）。		**売　買** 当事者 / 代理 / 媒介　買主になろうとする者 **交　換** 当事者 / 代理 / 媒介　取得しようとする者 **貸　借** 当事者 / 代理 / 媒介　借主になろうとする者
	(イ)　更新の場合		従前の管理受託契約と同一の条件で，管理組合との管理受託契約を更新しようとするとき		
	義務者		マンション管理業者		
	・重要事項の説明	管理者等	なし	説明が（⑤　必要・不要）	(ウ)　説明時期 　　契約が成立するまでの間に行う。
			あり	管理者等に説明する	
	・重要事項書面の交付（一定の場合を除く）	管理者等	なし	区分所有者等全員に交付が（⑥　必要・不要）	
			あり	区分所有者等全員および管理者等に交付が（⑦　必要・不要）	
② 主任者・取引士証の（⑧　　）		管理業務主任者は，重要事項の説明をするときには，説明の相手方に対し，管理業務主任者証を（⑧　　　）しなければならない。			宅地建物取引士は，重要事項の説明をするときには，説明の相手方に対し，宅地建物取引士証を（⑧　　　）しなければならない。
		相手方から請求がなくても，主任者証を（⑧　　　）しなければならない。			

		宅地建物取引業者は，重要事項を記載した書面を作成するときは，宅地建物取引士をして，（⑨　　　）させなければならない。
③　書面への（⑨　　　）	マンション管理業者は，重要事項を記載した書面を作成するときは，管理業務主任者をして，（⑨　　　）させなければならない。	

④　マンション管理業者は，書面の交付に代えて，当該管理組合を構成する区分所有者等または当該管理組合の管理者等の（⑩　　　）を得て，当該書面に記載すべき事項を電子情報処理組織を使用する方法その他の情報通信の技術を利用する方法であって，「管理業務主任者による書面への記名」による措置に準ずる措置を講ずるものとして国土交通省令で定めるものにより提供（⑪　　　）。

過去問にチャレンジ！
＜㋭平成25年第49問＞

　マンション管理業者は，管理事務の委託を受けた管理組合に管理者等が置かれているときは，当該管理者等に対し，管理業務主任者をして，当該管理事務に関する報告をさせなければならないが，この説明をするときに当該管理業務主任者は，管理者等からの（㋐　請求がなければ・請求の有無にかかわらず）管理業務主任者証を（㋑　提示することを要さない・提示しなければならない）。

①＿＿＿＿＿＿　②＿＿＿＿＿＿　③＿＿＿＿＿＿　④＿＿＿＿＿＿　⑤＿＿＿＿＿＿

⑥＿＿＿＿＿＿　⑦＿＿＿＿＿＿　⑧＿＿＿＿＿＿　⑨＿＿＿＿＿＿　⑩＿＿＿＿＿＿

⑪＿＿＿＿＿＿

㋐＿＿＿＿＿＿　㋑＿＿＿＿＿＿

①管理業務主任者　②1　③変動する　④除かれる　⑤不要　⑥必要　⑦必要　⑧提示　⑨記名
⑩承諾　⑪できる
㋐請求の有無にかかわらず　㋑提示しなければならない

25 | 交付すべき書面

		マンション管理適正化法（73条）		宅建業法（37条）		
義務者		マンション管理業者		宅地建物取引業者		
時　期		管理事務委託契約を締結したときは（①　　　）交付		契約が成立したときは，（②　　　）交付		
1 内容	相手方	(ア) 管理者等 ➡あり	管理者等に交付が必要	※ 交付の相手方は，重要事項説明書と異なり，契約の両当事者である。		
		(イ) マンション管理業者が管理組合の管理者等である場合	（③　　　）に 交付が必要		売　買	
				当事者	取引の相手方	
				代　理	依頼者とその相手方 （契約の両当事者）	
				媒　介	成立した契約の両当事者	
					交　換	
				当事者	取引の相手方	
		(ウ) 管理者等 ➡なし		代　理	依頼者とその相手方 （契約の両当事者）	
				媒　介	成立した契約の両当事者	
					貸　借	
				当事者		
				代　理	依頼者とその相手方 （契約の両当事者）	
				媒　介	成立した契約の両当事者	
2 書面への記名		マンション管理業者は，交付すべき書面を作成するときは，（④　　　）をして，書面に記名させなければならない。		宅地建物取引業者は，交付すべき書面を作成するときは，（⑤　　　）をして，書面に記名させなければならない。		

3 マンション管理業者は，書面の交付に代えて，当該管理組合の管理者等または当該管理組合を構成する区分所有者等の（⑥　　　）を得て，当該書面に記載すべき事項を電子情報処理組織を使用する方法その他の情報通信の技術を利用する方法であって，「管理業務主任者による書面への記名」による措置に準ずる措置を講ずるものとして国土交通省令で定めるものにより提供（⑦　　　）。

過去問にチャレンジ！

＜⊕平成23年第47問改題＞

　マンション管理業者は，管理組合から管理事務の委託を受けることを内容とする契約を締結したときは，管理組合の管理者等（マンション管理業者が管理者等である場合または管理者等が置かれていない管理組合にあっては区分所有者等全員）に，一定の場合を除き，契約締結後（⑦　遅滞なく・2週間以内に）管理受託契約の成立時の書面の交付をしなければならない。

①_____　②_____　③_____　④_____　⑤_____

⑥_____　⑦_____

⑦_____

---

①遅滞なく　②遅滞なく　③区分所有者等全員　④管理業務主任者　⑤宅地建物取引士　⑥承諾　⑦できる
⑦遅滞なく

26 損害賠償額の予定等の制限／手付

(1) 損害賠償額の予定等の制限

民　法（420条）	宅建業法（宅地建物取引業者自ら売主）
① 当事者間で，あらかじめ債務不履行等により損害賠償請求権が発生した場合に備えて，（①　　　）の額を定めておくことができる。 ② 損害賠償額の予定をした場合に，履行の請求や解除権の行使をすることが（② できる・できない）。 　なお，損害賠償の額を予定しない場合は，実損額となる。	① 額の制限 　損害賠償の予定額と違約金の合算額について，代金額（消費税含む）の（③　　　）を超える定めをしてはならない。 ② 上記① に反する特約をした場合 　代金の額の（④　　　）を超える部分について無効となる。

(2) 手　付

民　法（557条）	宅建業法（宅地建物取引業者自ら売主）
① 手付の目的 　(ア) 証約手付➡契約が成立したことの証拠とする手付 　(イ) 違約手付➡相手方に債務不履行があったときに備えて交付する手付 　(ウ) 解約手付➡相手方が履行に着手するまでの間，契約を解除できるようにするために交付される手付 ※ 当事者に手付の目的についての取り決めがない場合は，（⑤　　　）と推定される。 ② 解約手付 　相手方が契約の履行に着手するまでの間であれば， 　(ア) 買主から➡手付を（⑥　　　）し， 　(イ) 売主から➡手付の（⑦　　　）を現実に提供することにより，契約の解除ができる。	① 手付の目的 　宅地建物取引業者が自ら売主となって，宅地建物取引業者でない者から受領する手付金は，たとえ当事者でどのように定めた場合であっても，（⑧　　　）とみなされる。 ② 手付の額の制限 　手付金の額は，代金額の（⑨　　　）を超えてはならない。 　これに反する特約で買主に不利なものは，無効となる。

<㊏平成24年第45問改題>

　宅地建物取引業者Ａが自ら売主として，宅地建物取引業者でない買主Ｂに代金4,000万円で中古マンションを売却する場合，Ａは，Ｂとの売買契約書に基づき証約手付金の名目で600万円を受領したが，解約手付として受領したものではなかったため，ＡＢ双方が履行に着手する前だったにもかかわらず，Ｂからの契約解除に（㋐ 応じなくてもよい・応じなければならない）。

①_____　②_____　③_____　④_____　⑤_____

⑥_____　⑦_____　⑧_____　⑨_____

㋐_____

---

①損害賠償　②できる　③$\frac{2}{10}$　④$\frac{2}{10}$　⑤解約手付　⑥放棄　⑦倍額　⑧解約手付　⑨$\frac{2}{10}$
㋐応じなければならない

27 登録事項

	1　マンション管理士 （マンション管理適正化 法30条1項）	2　管理業務主任者 （59条2項）	3　マンション管理業者 （45条1項）
登録事項	(ア)　（①　　　　） (イ)　生年月日 (ウ)　（②　　　　） (エ)　（③　　　　）（日本の国籍を有しない者にあっては，その者の有する国籍）および性別 (オ)　試験の合格年月日および合格証書番号 (カ)　登録番号および登録年月日	(ア)　登録番号および登録年月日 (イ)　（④　　　　） (ウ)　生年月日 (エ)　（⑤　　　　）（日本の国籍を有しない者にあっては，その者の有する国籍）および性別 (オ)　（⑥　　　　） (カ)　試験の合格年月日および合格証書番号 (キ)　実務の経験を有する者である場合は，申請時現在の実務経験の期間およびその内容，従事していたマンション管理業者の商号または名称および登録番号 (ク)　国土交通大臣から能力を有すると認められた者である場合は，当該認定の内容および年月日 (ケ)　マンション管理業者の業務に従事する者にあっては，当該管理業者の商号または名称および登録番号	(ア)　商号，名称・氏名，住所 (イ)　事務所の名称，所在地，当該事務所が「成年者である専任の管理業主任者をおかなくてもよい」事務所であるかどうかの別 (ウ)　法人である場合においては，その役員の（⑦　　　　） (エ)　未成年者である場合においては，その法定代理人の（⑧　　　　） (オ)　事務所ごとに置かれる成年者である専任の管理業務主任者（その者とみなされる者を含む）の氏名

<マ平成26年第48問>

　マンション管理士は，氏名，住所，本籍（日本の国籍を有しない者にあっては，その者の有する国籍）その他のマンション管理士登録簿の登載事項に変更があったときは，（㋐ 遅滞なく・30日以内に），その旨を届け出なければならない。

①＿＿＿＿＿＿　②＿＿＿＿＿＿　③＿＿＿＿＿＿　④＿＿＿＿＿＿　⑤＿＿＿＿＿＿

⑥＿＿＿＿＿＿　⑦＿＿＿＿＿＿　⑧＿＿＿＿＿＿

㋐＿＿＿＿＿＿

①氏名　②住所　③本籍　④氏名　⑤本籍　⑥住所　⑦氏名　⑧氏名・住所　　㋐遅滞なく

28 登録事項の変更届出

	① マンション管理士 （マンション管理適正化 法32条）	② 管理業務主任者 （62条）	③ マンション管理業者 （48条1項）
変更の届出	マンション管理士は，登録に変更があったときは，（①　　　　），その旨を（②　　　　）に届け出なければならない。 　変更の届出をするときは，当該届出に登録証を添えて提出し，その（③　　　　）を受けなければならない。	管理業務主任者の登録を受けた者は，登録を受けた事項に変更があったときは，（④　　　　），その旨を国土交通大臣に届け出なければならない。 　この際，（⑤　　　　）の記載事項に変更があったときは，（⑤　　　　）を添えて提出し，その訂正を受けなければならない。	マンション管理業者は，登録を受けた事項に変更があったときは，その日から（⑥　　　　）日以内に，その旨を国土交通大臣に届け出なければならない。

> **過去問に チャレンジ！**
>
> <⊽平成19年第47問改題>
>
> 　マンション管理士は，住所を移転した場合は，遅滞なくマンション管理士登録証を添えて国土交通大臣に届け出て，その訂正を（⑦ 受けなければならない・受けなくてもよい）。

> **過去問に チャレンジ！**
>
> <㊩平成20年第48問改題>
>
> 　管理業務主任者は，登録を受けている事項のうち，転職によりその業務に従事していたマンション管理業者に変更があったときは，遅滞なく，その旨を国土交通大臣に届け出なければならないが，この場合において，管理業務主任者証を添えて提出し，その訂正を受ける必要（⑦ はある・はない）。

<マ平成20年第49問改題>

　マンション管理業者は，登録申請書の内容に変更があったときは，その日から30日以内に，その旨を国土交通大臣に届け出（⑦ なければならない・なくてもよい）。

① ＿＿＿＿＿＿　② ＿＿＿＿＿＿　③ ＿＿＿＿＿＿　④ ＿＿＿＿＿＿　⑤ ＿＿＿＿＿＿

⑥ ＿＿＿＿＿＿

⑦ ＿＿＿＿＿＿　④ ＿＿＿＿＿＿　⑨ ＿＿＿＿＿＿

①遅滞なく　②国土交通大臣　③訂正　④遅滞なく　⑤管理業務主任者証　⑥30　⑦受けなければならない
④はない　⑨なければならない

29 | 登録拒否事由

		マンション管理士 （マンション管理適正化法 30条1項ただし書）	管理業務主任者 （59条1項ただし書）	マンション管理業者 （47条）
①	心身の故障 ・破産者	心身の故障で業務を適正に行えない者として国土交通省令で定めるもの	(ア)　心身の故障で事務を適正に行えない者・管理業を適正に営めない者として国土交通省令で定めるもの (イ)　（①　　　　　　）	
②	一定の刑に処せられた場合	(ア)　禁錮以上の刑に処せられ，その執行を終わり，または執行を受けることがなくなった日から（②　　　　）年を経過しない者 (イ)　マンション管理適正化法違反により罰金の刑に処せられ，その執行を終わり，または執行を受けることがなくなった日から（③　　　　）年を経過しない者		
③	マンション管理士の登録を取り消された場合	次のいずれかに該当し登録を取り消され，取消しの日から（④　　　　）年を経過しない者 (ア)　偽りその他不正の手段により登録を受けたとき (イ)　信用失墜行為の禁止規定に違反したとき (ウ)　講習受講義務規定に違反したとき (エ)　秘密保持義務規定に違反したとき		
④	管理業務主任者の登録を取り消された場合		(ア) 管理業務主任者　次のいずれかに該当し登録を取り消され，取消しの日から（⑤　　　　）年を経過しない者 ⓐ　偽りその他不正の手段により登録を受けたとき ⓑ　偽りその他不正の手段により管理業務主任者証の交付を受けたとき ⓒ　指示処分事由に該当し情状が特に重いとき ⓓ　事務の禁止処分に違反したとき	
			(イ) 管理業務主任者登録者　次のいずれかに該当し登録を取り消され，取消しの日から（⑥　　　　）年を経過しない者 ⓐ　偽りその他不正の手段により登録を受けたとき ⓑ　管理業務主任者としてすべき事務を行い，情状が特に重いとき	
		(ア)　次のいずれかに該当し登録を取り消され，取消しの日から（⑦　　　　）年を経過しない者		(ア)　登録を取り消され，取消しの日から（⑧　　　　）年を経過しない者

5	マンション管理業者が登録を取り消された場合	ⓐ　偽りその他不正の手段により登録を受けたとき ⓑ　業務停止命令事由に該当し情状が特に重いとき ⓒ　業務停止命令に違反したとき (イ)　法人が(ア)の登録取消処分を受けた場合に，取消しの日前（⑨　　　）日以内にその法人の役員であった者で取消しの日から（⑩　　　）年を経過しない者	(イ)　法人が(ア)の登録取消処分を受けた場合に，取消しの日前（⑨　　　）日以内にその法人の役員であった者で，取消しの日から（⑩　　　）年を経過しない者
6			マンション管理業者の業務の停止を命じられ，その停止の期間が経過しない者
7			暴力団員不当行為防止法でいう暴力団員または暴力団員（「暴力団員等」という）でなくなった日から5年を経過しない者
8			マンション管理業に関し「成年者と同一の能力を有しない未成年者」で，その法定代理人が上記①②⑤〜⑦のいずれかに該当する場合
9			法人の役員のうち，上記①②⑤〜⑦のいずれかに該当する者がいる場合
10			暴力団員等がその事業活動を支配する者
11			事務所について，「成年者である専任の管理業務主任者の設置」の要件を欠く者
12			マンション管理業を行うために必要と認められる国土交通省令で定める基準に合う財産的基礎〈基準資産額（⑪　　　）万円以上〉を有しない者
13			登録申請書・添付書類の重要な事項について虚偽の記載があり，または重要な事実の記載が欠けている場合

①_____ ②_____ ③_____ ④_____ ⑤_____

⑥_____ ⑦_____ ⑧_____ ⑨_____ ⑩_____

⑪_____

①破産者で復権を得ないもの　②2　③2　④2　⑤2　⑥2　⑦2　⑧2　⑨30　⑩2　⑪300

30 主任者証・取引士証と従業者証明書

マンション管理適正化法	宅建業法
㈦　**管理業務主任者証の交付申請** 　　登録を受けている者は，国土交通大臣に対し，次の事項を記載した管理業務主任者証の交付を申請することができる。 　・氏名 　・生年月日 　・登録番号および登録年月日 　・管理業務主任者証の交付年月日 　・管理業務主任者証の有効期間の満了する日 ㈠　**講習の受講** 　　管理業務主任者証の交付を受けようとする者は，国土交通大臣の登録を受けた者（「登録講習機関」という）が国土交通省令で定めるところにより行う講習で，交付の申請の日前（①　　）ヵ月以内に行われるものを受けなければならない。 　　ただし，試験に合格した日から（②　　）年以内に管理業務主任者証の交付を受けようとする者については，講習を受講する義務はない。 ㈡　**管理業務主任者証の有効期間** 　　主任者証の有効期間は，（③　　）年である。 ㈢　**管理業務主任者証の返納・提出** 　ⓐ　返納 　　　管理業務主任者は，次のいずれかに該当したときは，（④　　　），管理業務主任者証を国土交通大臣に返納しなければならない。 　　・登録が消除されたとき 　　・管理業務主任者証がその効力を失ったとき 　　・管理業務主任者証の亡失によりその再交付を受けた後において，亡失した管理業務主任者証を発見したとき	㈦　**宅地建物取引士証の交付申請** 　　宅地建物取引士証の交付申請は，登録をしている（⑤　　　）に対して行う。 ㈠　**講習の受講** 　ⓐ　交付時における講習受講の義務 　　　宅地建物取引士証の交付を受けようとする者は，登録をしている都道府県知事が指定する講習で，交付申請前（⑥　　）ヵ月以内に行われるものを受講しなければならない。 　ⓑ　講習受講の免除 　　　次のいずれかの要件に該当する場合の宅地建物取引士証の交付時には，都道府県知事の指定する講習の受講が免除される。 　　・試験合格後，（⑦　　）年以内に宅地建物取引士証の交付を受けようとする者 　　・宅地建物取引士証の交付された後に，登録の移転申請と共に宅地建物取引士証の交付申請をした者で，移転先の都道府県知事から宅地建物取引士証の交付を受けるとき ㈡　**宅地建物取引士証の有効期間と更新** 　　宅地建物取引士証の有効期間は，（⑧　　）年である。 ㈢　**宅地建物取引士証の返納・提出** 　ⓐ　返納 　　　次の事由に該当したときは，（⑨　　　），その交付を受けた都道府県知事に返納しなければならない。 　　・登録が消除されたとき 　　・宅地建物取引士証が効力を失ったとき（有効期間の満了等） 　ⓑ　提出 　　　宅地建物取引士が事務の禁止処分を受けたときは，（⑩　　　），宅地建物取引士証をその交付を受けた都道府県知事に提出しなければならない。

（左欄外）① 主任者証・取引士証

⑥	提出 　管理業務主任者は，事務の禁止の処分を受けたときは，（⑪　　　），管理業務主任者証を国土交通大臣に提出しなければならない。 　なお，国土交通大臣は，事務の禁止の期間が満了した場合において，提出者から返還の請求があったときは，（⑫　　　）に返還しなければならない。	なお，事務の禁止期間満了後，提出者から返還の請求があったときは，（⑭　　　）に返還しなければならない（当然に返還されるわけではない）。
② 従業者証明書	㋐　携帯させる義務 　マンション管理業者は，国土交通省令で定めるところにより，使用人その他の従業者に，その従業者であることを証する証明書を携帯させなければ，その者をその業務に従事させてはならない。 ※　管理業者が管理事務を委託した，別の管理業者における管理事務の従業員も含まれる。 ㋑　提示義務 　マンション管理業者の使用人その他の従業者は，マンションの管理に関する事務を行うに際し，マンションの区分所有者等その他の関係者から（⑬　　　）があったときは，この証明書を提示しなければならない。	㋐　携帯させる義務 　宅地建物取引業者は，従業者に，その従業者であることを証する証明書を携帯させなければ，その者を業務に従事させてはならない。 ㋑　提示義務 　宅地建物取引業者の従業者は，取引の関係者から（⑮　　　）があったときは，従業者証明書を提示しなければならない。

過去問にチャレンジ！　＜㋐平成22年第48問＞

　管理業務主任者は，その登録が消除されたとき，または管理業務主任者証がその効力を失ったときは，速やかに，管理業務主任者証を国土交通大臣に返納（㋐　しなければならない・しなくてもよい）。

①＿＿　②＿＿　③＿＿　④＿＿　⑤＿＿
⑥＿＿　⑦＿＿　⑧＿＿　⑨＿＿　⑩＿＿
⑪＿＿　⑫＿＿　⑬＿＿　⑭＿＿　⑮＿＿
㋐＿＿

①6　②1　③5　④速やかに　⑤都道府県知事　⑥6　⑦1　⑧5　⑨速やかに　⑩速やかに　⑪速やかに　⑫直ち　⑬請求　⑭直ち　⑮請求　㋐しなければならない

31 罰　則

(1) 区分所有法

① （①　　）万円以下の過料（71条）

　次に該当する場合には，その行為をした管理者・理事・規約を保管する者・議長・清算人は，過料に処せられる。　※監事は，過料対象者でない。
- (ア)　規約，議事録または書面決議による合意書面（団地において準用される場合を含む。以下同じ）・電磁的記録の保管をしなかったとき
- (イ)　正当な理由がないのに，上記(ア)の書類・電磁的記録に記録された情報の内容を一定方法により表示したものの閲覧を拒んだとき
- (ウ)　議事録を作成せず，記載・記録すべき事項を記載・記録せず，虚偽記載・記録をしたとき
- (エ)　事務の報告をせず，または虚偽報告をしたとき
- (オ)　管理組合法人についての政令で定める登記を怠ったとき
- (カ)　管理組合法人に関する財産目録を作成せず，または財産目録に不正の記載・記録をしたとき
- (キ)　理事・監事が欠けた場合，規約で定めた員数が欠けた場合，その選任手続きを怠ったとき
- (ク)　管理組合法人において，債権申出・破産の公告を怠り，または不正の公告をしたとき
- (ケ)　管理組合法人において，破産手続開始の決定の請求を怠ったとき
- (コ)　管理組合法人において，裁判所が行う解散・清算の監督に必要な検査を妨げたとき

② （②　　）万円以下の過料（72条）

　管理組合法人でないものは，その名称中に管理組合法人という文字を用いてはならないが（48条2項），この規定に違反した者は，過料に処せられる。

(2) 被災マンション法

　次のいずれかに該当する場合には，その行為をした者は，（③　　）万円以下の過料に処せられる。

- ③　規約，議事録または書面決議による合意書面・電磁的記録の保管をしなかったとき
- ④　議事録等の保管をする者が，利害関係人からの請求があったにもかかわらず，正当な理由がないのに，議事録等の閲覧を拒んだとき
- ⑤　敷地共有者等集会または団地建物所有者等集会の議事が，議事録を作成せず，または議事の経過の要領およびその結果を議事録に記載・記録すべきであるにもかかわらず，それらの事項を記載・記録せず，虚偽記載・記録をしたとき

(3) マンション管理適正化法

6 1年以下の懲役または（④　　　）万円以下の罰金（106条）

(ア) 偽りその他不正の手段によりマンション管理業の登録（更新の登録を含む）を受けた者

(イ) 無登録で，マンション管理業を営んだ者

(ウ) 名義貸しの禁止規定に違反して，他人にマンション管理業を営ませた者

(エ) マンション管理業者が，業務の停止の命令に違反して，マンション管理業を営んだ者

7 1年以下の懲役または（⑤　　　）万円以下の罰金（107条）

秘密保持義務の規定に違反したマンション管理士（告訴がなければ公訴を提起できない）

8 （⑥　　　）万円以下の罰金（109条）

(ア) 計画作成知事等に対する管理計画認定マンションの管理状況についての報告をしない認定管理者等や，国土交通大臣に対する報告をせず，虚偽報告をした管理業務主任者・マンション管理業を営む者

(イ) マンション管理士の名称の使用の停止を命ぜられた者で，当該停止を命ぜられた期間中に，マンション管理士の名称を使用したもの

(ウ) マンション管理士・これに紛らわしい名称を使用したマンション管理士でない者

(エ) 登録事項の変更の届出をせず，または虚偽の届出をしたマンション管理業者

(オ) 成年者である専任の管理業務主任者の設置義務規定に抵触するに至った場合で，2週間以内に必要な措置をとらなかったマンション管理業者

(カ) 契約成立時の書面の交付義務規定に違反して，書面を交付せず，または法定事項を記載しない書面・虚偽記載のある書面を交付したマンション管理業者

(キ) 契約成立時に書面を交付すべき者に対して，管理業務主任者による記名のない書面を交付したマンション管理業者

(ク) 秘密保持義務の規定に違反したマンション管理業者・使用人その他の従業者（告訴がなければ公訴を提起できない）

(ケ) 立入検査の規定による立入り・検査を拒み・妨げ・忌避し，または質問に対して陳述をせず・虚偽の陳述をした者

(コ) 従業者証明書の不携帯者を業務に従事させたマンション管理業者

(サ) 保証業務に係る契約の締結の制限規定に違反して契約を締結した指定法人　等

9 （⑦　　　）万円以下の過料（113条）

(ア) 廃業等の届出を怠ったマンション管理業者

(イ) 標識の掲示義務に違反したマンション管理業者

(ウ) 管理業務主任者証の返納・提出義務に違反した管理業務主任者

(エ) 重要事項の説明時に，管理業務主任者証を提示しなかった管理業務主任者

(オ) 管理事務に関する報告の説明時に，管理業務主任者証を提示しなかった管理業務主任者

①_____　②_____　③_____　④_____　⑤_____

⑥_____　⑦_____

---

①20　②10　③20　④50　⑤30　⑥30　⑦10

32 管理組合会計の一般会計原則

　管理組合会計には，「予算主義」，「目的別会計」のほかに，「一般会計原則」という重要な事項がある。

　この一般会計原則は，会計に関する基本的な事項であり，次のものから構成されている。

1 真実性の原則	取引や発生事象に基づいて，整然かつ正確にして真実な内容の報告書を作成しなければならない。
2 （①　　　　）の原則	会計帳簿は，形式にはとらわれないが，整然・明瞭に記帳しなければならない。「複式簿記」によるのがよい。
3 （②　　　　）の原則	利害関係者に対し，必要な会計事実を財務諸表によって適正・公正・明瞭に表示しなければならない。
4 （③　　　　）の原則	会計処理の原則・手続き・計算書類の表示方法は，毎事業年度これを継続し，みだりに変更してはならない。
5 （④　　　　）の原則	財政に不利益な影響を及ぼす可能性がある場合は，これに備えて健全な会計処理をしなければならない。
6 （⑤　　　　）の原則	会計報告の内容は，会計帳簿に基づいて作成されるものであり，政策等により事実の変更はできない。 　二重帳簿は禁止されている。

過去問に
チャレンジ！

<＋平成19年第13問改題＞

1　企業会計原則の一般原則である（⑦　　　　）の原則は，整
然，明瞭な会計帳簿を作成することを要求しており，必ずし
も複式簿記によることを要求していないが，管理組合の会計
においては，複式簿記による会計帳簿を作成することが望ま
しく，また，適している。

2　企業会計原則の一般原則である（①　　　　）の原則は，財
務諸表が明瞭に表示されており，利害関係者に財務諸表に関
する判断を誤らせないよう要求したものである。

3　企業会計原則の一般原則である（⑦　　　　）の原則は，財
務諸表の形式は各種利害関係者への報告目的によって異なる
ことを容認しているが，1つの正確な会計帳簿から作成され
たものでなければならず，いわゆる二重帳簿を禁止している
ものである。

4　企業会計原則の一般原則である継続性の原則は，財務諸表
の複数年度にわたる期間比較を可能とさせるため，会計処理
の原則や手続を継続して適用することを要求しており，（⑤
正当な理由があれば変更を認めている・いかなる場合でも変
更を認めていない）。

① _____ ② _____ ③ _____ ④ _____ ⑤ _____

⑦ _____ ① _____ ⑦ _____ ⑤ _____

①正規の簿記　②明瞭性　③継続性　④保守主義　⑤単一性
⑦正規の簿記　①明瞭性　⑦単一性　⑤正当な理由があれば変更を認めている

33 資産科目と負債科目

1 資産科目	（①　　）	徴収方法の関係上，区分所有者から徴収した管理費・修繕積立金等（たとえば，管理費等の収納を集金代行会社等に委託しているケースで，区分所有者の口座から引き落とした管理費等）で，管理組合の預金口座に入金されるまでの間のその金額を計上する。	
	（②　　）	管理費・修繕積立金等，発生主義で収入として計上したものに対し，入金されていないものを計上する。	
	（③　　）	次年度に計上すべき費用で，当年度内に支払った額を計上する。	
2 負債科目	（④　　）	会計期間中に役務の提供が行われたが支払いが翌期になるものを計上する。	
	（⑤　　）	将来返還すべき債務（駐車場敷金等）の年度末残高を計上する。	
	（⑥　　）	次年度に計上すべき収入（翌月分の管理費等を当月に収納している場合）で，当年度内に徴収された管理費等（実入金額）を計上する。	

過去問にチャレンジ！

＜㊕平成19年第14問改題＞

令和6年3月分の仕訳。ただし，この管理組合の会計年度は，4月1日から翌年3月31日までとし，期中の取引において，企業会計原則に基づき厳格な発生主義によって経理しているものとする。

（取　引）

令和6年4月1日以降，管理組合以外の第三者に，駐車場の一部である3台分を1台当たり月額30,000円，敷金1箇月分にて貸し付けることとし，令和6年3月31日に4月分として3台分の使用料90,000円と敷金90,000円を現金で受け取った。

（借方）		（貸方）	
現　金	180,000	（⑦　　）	90,000
		預り金	90,000

＜㊦平成27年第14問改題＞

　令和6年3月分の仕訳。ただし，この管理組合の会計年度は，毎年4月1日から翌年3月31日までとし，期中の取引において，企業会計原則に基づき厳格な発生主義によって経理しているものとする。

（取　引）

> 　令和6年2月に，増圧直結給水ポンプ設置工事を工事業者Aに依頼し，同年3月末をもって工事が完了した。なお，工事代金は4,000,000円であり，同年2月に代金の一部800,000円を普通預金から支払い，残額については，同年4月末日に振込により支払うことになっている。また，同年4月に実施する予定の外壁塗装補修工事に関し，工事費用総額3,000,000円の一部1,000,000円を同年3月31日に工事業者Bに対し普通預金から支払った。

（借　方）		（貸　方）	
建物附属設備	4,000,000	前払金	800,000
前払金	1,000,000	（㋑　　　）	3,200,000
		普通預金	1,000,000

①_____　②_____　③_____　④_____　⑤_____

⑥_____

㋐_____　㋑_____

①預け金　②未収入金　③前払金　④未払金　⑤預り金　⑥前受金　㋐前受金　㋑未払金

34 滞納処理（法的な措置）

（○→できる・ある，×→できない・ない）

	㈠ 先取特権の実行	㈡ 支払督促	㈢ 少額訴訟制度	㈣ 普通訴訟
① 請求額	――――	――――	（① 　　　）万円以下	――――
② 管轄裁判所	マンションの所在地を管轄する地方裁判所	滞納者の住所地を管轄する簡易裁判所	原則，滞納者の住所地を管轄する簡易裁判所〈同一の簡易裁判所で，同一年内に（② 　　　）回以内〉	140万円以下　簡易裁判所／140万円超　地方裁判所
③ 異議申立て	――――	異議申立て可➡通常訴訟に移行する。	異議申立て可➡審理が開始されるまで，通常訴訟に移行できる。	――――
④ 滞納者が行方不明の場合の利用	○	×	×	○
⑤ 強制執行手続の必要性	×	○	○	○

過去問にチャレンジ！

＜㊩平成21年第10問改題＞

　少額訴訟制度（民事訴訟法の「少額訴訟に関する特則」）によって訴えを提起する場合，その上限額は（㋐ 30万・60万）円である。

過去問にチャレンジ！　＜(主)平成26年第11問改題＞

マンションの管理費の滞納に関して，管理業務主任者が管理者等に対して，「管理費を滞納している区分所有者が，行方不明であっても，裁判所に滞納管理費を請求する訴えを提起することができます。」と説明したことは，（㋑ 適切・不適切）である。

過去問にチャレンジ！　＜(主)令和２年第10問＞

[1] マンション甲の管理組合の理事長兼管理者Aは，甲の管理費を滞納する区分所有者Bに対して，滞納管理費の請求訴訟を提起する前に，Bに対して内容証明郵便による催告を行うことが（㋒ 必要・不要）である。

[2] マンション甲の管理組合の理事長兼管理者Aが，甲の管理費を滞納する区分所有者Bに対して，滞納管理費の請求訴訟を提起した場合に，Bが甲とは別の場所を生活の本拠としているときは，裁判所からのBへの訴状は，Bが生活の本拠としている住所に送達（㋓ される・されない）。

[3] マンション甲の管理組合の理事長兼管理者Aが，甲の管理費を滞納する区分所有者Bに対して，滞納管理費の請求訴訟を提起した場合に，Bの滞納額が140万円を超えないときは，Aは，（㋔ 簡易・地方）裁判所に対して訴えを提起することができる。

①________　②________

㋐________　㋑________　㋒________　㋓________　㋔________

---

①60　②10　㋐60万　㋑適切　㋒不要　㋓される　㋔簡易

35 地域地区

　土地の使い方を分け，計画的な「住みよい街づくり」を実現するため，いろいろな地域地区を定めている。

1 **用途地域**

2 **特別用途地区**（都市計画法8条1項2号，9条14項）

　（①　　　　　）内の一定の地区における当該地区の特性にふさわしい土地利用の増進，環境の保護等の特別の目的の実現を図るため当該用途地域の指定を補完して定める地区とする。

　たとえば，学校等を優先的に建築しそれにふさわしい環境を設備するために指定することがある。

3 **特定用途制限地域**（8条3項2号ニ，9条15項）

　用途地域が定められて（②　いる・いない）土地の区域〈市街化調整区域を（③　含む・除く）〉内において，その良好な環境の形成または保持のため当該地域の特性に応じて合理的な土地利用が行われるように，制限すべき特定の建築物等の用途の概要を定める地域とされている。

　たとえば，パチンコ店などの建築物が乱立したため，騒音などの問題が起きないように，特定の用途の建築物の立地だけを規制できるようにする地域。

4 **特例容積率適用地区**（8条3項2号ホ，9条16項）

(ア)　建築物の高さの最高限度（当該地区における市街地の環境を確保するために必要な場合に限る）を定める地区とされている。

(イ)　第一種中高層住居専用地域，第二種中高層住居専用地域，第一種住居地域・第二種住居地域・準住居地域・（④　　　　　）地域，（⑤　　　　）地域，準工業地域または（⑥　　　　）地域内の適正な配置および規模の公共施設を備えた土地の区域において，建築物の容積率の限度からみて未利用となっている建築物の容積の活用を促進して土地の高度利用を図るため定める地区とされている。

5 **高層住居誘導地区**（8条3項2号ヘ，9条17項）

　住居と住居以外の用途とを適正に配分し，利便性の高い高層住宅の建設を誘導するため，（⑦　　　　）地域，（⑧　　　　）地域，準住居地域，（⑨　　　　）地域，または（⑩　　　　）地域で，これらの地域に関する都市計画において，容積率が $\frac{40}{10}$ または $\frac{50}{10}$ 定められたもののうちにおいて，建築物の容積率の最高限度，建築物の建蔽率の最高限度および建築物の敷地面積の（⑪　最高・最低）限度を定める地区とする。

6　その他の地域地区

定める場所		地域地区の名称	目　的	都市計画に定める内容
用途地域	準都市計画区域	高度地区	ⓐ　市街地の環境を維持する ⓑ　土地利用の増進	・建築物の（⑫　　　）の最高限度 　　　　または ・建築物の（⑫　　　）の最低限度 ※　準都市計画区域では，高さの最高限度のみ
		高度利用地区	土地の合理的かつ健全な高度利用と都市機能の更新	・容積率の最高限度および最低限度 ・建蔽率の（⑬ 最高・最低）限度 ・建築面積の（⑭ 最高・最低）限度 ・（必要な場合）壁面の位置の制限
都市計画区域		特定街区	市街地の整備改善を図るため，街区の整備または造成が行われる地区	・容積率 ・高さの（⑮ 最高・最低）限度 ・壁面の位置の制限
		防火地域 準防火地域	市街地における火災の危険を防止	建築基準法で規制
	準都市計画区域	風致地区	都市の風致を維持する	地方公共団体の（⑯　　　）で規制
		その他	臨港地区，歴史的風土特別保存地区，歴史的風土保存地区（第一種・第二種），特別緑地保全地区・緑化地域，流通業務地区，生産緑地地区，航空機騒音障害防止地区，航空機騒音障害防止特別地区，都市再生特別地区，特定防災街区整備地区，駐車場整備地区，居住調整地域・居住環境向上用途誘導地区・特定用途誘導地区
	準都市計画区域			景観地区 伝統的建造物群保存地区，緑地保全地域

①_____　②_____　③_____　④_____　⑤_____

⑥_____　⑦_____　⑧_____　⑨_____　⑩_____

⑪_____　⑫_____　⑬_____　⑭_____　⑮_____

⑯_____

①用途地域　②いない　③除く　④〜⑥近隣商業，商業，工業（順不同）

⑦〜⑩第一種住居，第二種住居，近隣商業，準工業（順不同）　⑪最低　⑫高さ　⑬最高　⑭最低　⑮最高　⑯条例

36 各種設備等

(1) 昇降機設備

① フルメンテナンス契約	(ア) POG契約より割（① 高・安）である。 (イ) 高額部品の取替えを含むが，乗場扉，三方枠の塗装，意匠変更による改造等一定のものは含まない。 (ウ) 所有者側の不注意等による損傷や故障の修理は含まない。
② POG契約	(ア) フルメンテナンス契約より割（② 高・安）である。 (イ) 定期点検，管理仕様範囲内の（③　　　）交換は含まれるが，それ以外の部品（高額部品）の取替えや修理を含まない。

(2) 消防用設備等

共同住宅における消防用設備等の設置基準（主なもの）

種　　類	規　　模　　等
③ 消火器・簡易消火用具	延べ面積≧（④　　　）㎡
④ 屋内消火栓設備	(ア) 延べ面積≧700㎡（準耐火で内装不燃1,400㎡，耐火で内装不燃2,100㎡） (イ) 地階，無窓階または4階以上の階➡床面積≧150㎡
⑤ 屋外消火栓設備	床面積（地階を除く階数が1➡1階の床面積，地階を除く階数が2以上➡1階および2階の部分の床面積の合計）が， (ア) 耐火建築物➡（⑤　　　）㎡以上 (イ) 準耐火建築物➡6,000㎡以上 (ウ) その他の建築物➡3,000㎡以上
⑥ スプリンクラー設備	（⑥　　　）階以上の階
⑦ 自動火災報知設備	(ア) 延べ面積≧500㎡ (イ) 地階，無窓階または3階以上の階➡床面積≧300㎡
⑧ 漏電火災警報器	延べ面積≧150㎡
⑨ 消防機関へ通報する火災報知設備	延べ面積≧1,000㎡

⑩ 非常ベル・自動式サイレン・放送設備	(ア)　収容人員≧50人
	(イ)　地階・無窓階の収容人員≧20人
⑪ 非常ベルと放送設備・自動式サイレンと放送設備	(ア)　地階を除く階数≧11または地階の階数≧3
	(イ)　収容人員≧800人
⑫ 避　難　器　具	2階以上の階または地階で，収容人員≧30人
⑬ 排　煙　設　備	設置義務なし
⑭ 避難口誘導灯・通路誘導灯・誘導標識	地階，無窓階，11階以上の階
⑮ 消　防　用　水	敷地の面積≧20,000㎡，かつ，床面積が， (ア)　耐火建築物➡15,000㎡以上 (イ)　準耐火建築物➡10,000㎡以上 (ウ)　その他の建築物➡5,000㎡以上
⑯ 連　結　散　水　設　備	地階の床面積の合計≧（⑦　　　）㎡
⑰ 連　結　送　水　管	(ア)　地階を除く階数≧7 (イ)　地階を除く階数≧5で，延べ面積≧（⑧　　　）㎡

(3) 給水方式

⑱ 水 道 直 結 方 式	受水槽・圧力タンク・高置水槽➡不要
⑲ 増 圧 直 結 方 式	
⑳ （⑨　　　）方式〈（⑨　　　）まで増圧直結〉	高置水槽・増圧給水ポンプ➡必要，受水槽・圧力タンク➡不要
㉑ （⑨　　　）方式（重力方式）	高置水槽・受水槽・揚水ポンプ➡必要
㉒ （⑩　　　）方式	受水槽・加圧ポンプ・圧力タンク➡必要，高置水槽➡不要
㉓ ポンプ直送方式	受水槽・加圧ポンプ➡必要，高置水槽➡不要，小流量時用の圧力タンク➡一般に設置

①＿＿＿　②＿＿＿　③＿＿＿　④＿＿＿　⑤＿＿＿
⑥＿＿＿　⑦＿＿＿　⑧＿＿＿　⑨＿＿＿　⑩＿＿＿

①高　②安　③消耗品　④150　⑤9,000　⑥11　⑦700　⑧6,000　⑨高置水槽　⑩圧力タンク

⑷　各種の管の特徴等

	特　徴　等
24　鋼　管	①　塩化ビニルライニング鋼管 　　赤水対策として，磁気工法，膜脱気工法，カルシウム防錆工法等がある。 ②　（⑪　　　　）塩化ビニルライニング鋼管 　㋐　直管部よりも継手の接合部（管端部）に集中して，腐食が起きることがある。 　㋑　管内面に（⑪　　　　）塩化ビニル管をライニングした製品で，塩化ビニルの耐食性と鋼管の剛性との長所を併せ持っている。 ③　（⑫　　　　）鋼管 　㋐　給水管として多用されてきた。 　㋑　水道管内部や継手の腐食により錆が赤水として溶け出すことがある。 　㋒　内部が（⑫　　　　）されており，これにより腐食を防ぐが，水内の酸・塩素の作用により，めっきがなくなり腐食してしまう。そのため，現在では，給水用にはほとんど用いられていない。 ④　土中埋設の鋼管では，電位差が生ずることにより，鋼管外面に腐食が起きることがある。
25　銅　管	①　水道メーター周りで青銅製バルブと鋼管を直接つなぐと，鋼管に腐食が起きることがある。 ②　給湯管に使用される銅管では，管内の流速が速い場合，局部的に酸化皮膜が破壊されて腐食が起きることがある。
26　耐熱性硬質塩化ビニル管	①　耐食性に優れ，接着接合で施工が容易である。 ②　直射日光・衝撃・凍結に（⑬　弱い・強い）。
27　水道用架橋ポリエチレン管	①　施工が容易であり，耐熱・耐寒・耐食性に優れている。 ②　スケール〈水に含まれるカルシウム・マグネシウム・シリカ（ケイ酸）など〉も付きにくく，水圧低下も少ない。 ③　高温でも高い強度を持ち，給湯用配管に用いることができる。
28　水道用ポリブテン管	高温でも高い強度を持ち，給湯用配管に用いることが（⑭　できる・できない）。

⑸　排水設備

マンションの排水───┬─**汚水**
　　　　　　　　　　├─**雑排水**
　　　　　　　　　　└─**雨水**

29	重力式排水方式	高所から低所に勾配を利用して自然流下させる方式	
30	連結方式による分類	（⑮　　）式	(ア)　敷地内の排水系統 　　汚水・雑排水を同じ排水系統にし，雨水を別の排水系統にする。 　　↓ (イ)　公共下水道 　　汚水・雑排水・雨水を合流させ，終末処理場に排水する。
		（⑯　　）式	(ア)　敷地内の排水系統 　　汚水・雑排水・雨水を別々の排水系統にする。 　　↓ (イ)　公共下水道 　　汚水・雑排水を終末処理場に排水し，雨水を都市下水路・公共用水路へ放流する。
31	排水の配管設備	排水トラップ，通気管等を設置する等衛生上必要な措置を講じなければならない。	

過去問にチャレンジ！

＜㋲平成26年第44問＞

　マンションの排水方式の分流式とは，「汚水」と「雑排水」とが別々の排水系統であることをいい，公共下水道の分流式とは，（㋐「汚水」と「雑排水および雨水」・「汚水および雑排水」と「雨水」）とが別々の下水系統であることをいう。

⑪＿＿＿＿＿＿＿　⑫＿＿＿＿＿＿＿　⑬＿＿＿＿＿＿＿　⑭＿＿＿＿＿＿＿　⑮＿＿＿＿＿＿＿

⑯＿＿＿＿＿＿＿　㋐＿＿＿＿＿＿＿

⑪硬質　⑫亜鉛めっき　⑬弱い　⑭できる　⑮合流　⑯分流　　㋐「汚水および雑排水」と「雨水」

(6)　給湯設備等

<table>
<tr>
<td rowspan="2">32　給　湯　方　式</td>
<td>箇所</td>
<td>
(ｱ)　(⑰　　　)式
　　必要な給湯箇所に小型給湯器を設ける方式。配管が短く，維持管理が簡単である。
(ｲ)　住戸内中央（セントラル）方式
　　加熱装置を1ヵ所に集中して設け，各住戸に設けられた給湯機器から，台所・ふろ・洗面等へ配管で給湯する方式である。
(ｳ)　(⑱　　　)式
　　共用の機械室等に大型ボイラーや貯湯タンクを設けて配管・給湯する方式であり，住棟単位で給湯や暖房を行う大規模建物で利用される。
</td>
</tr>
<tr>
<td>使用目的</td>
<td>
(ｱ)　(⑲　　　)式
　　浴槽，シャワー，洗面台，流し等独立した箇所にガス瞬間式給湯機器等を設置して，直接に水を熱して給湯するもので，即座に湯を供給する方式。
(ｲ)　(⑳　　　)式
　　貯湯する加熱機を設置し，配管により必要箇所へ給湯する方式。
(ｳ)　気水混合式
　　蒸気と水を混合して湯にする方式。
　　※　(ｱ)(ｲ)はマンションで多く用いられる方式で，(ｳ)は病院や工場で用いられるケースが多い。
</td>
</tr>
<tr>
<td>33　瞬間式局所給湯方式
（ガス瞬間湯沸器）</td>
<td colspan="2">
(ｱ)　ガス給湯器の供給出湯能力は号数で表される。
　　※1号 ➡ 入水温度を（㉑　　　）℃上昇させた湯を毎分1 L出湯できる能力をいう。
(ｲ)　常に最良の空気やガスの比率で燃焼させる「空燃比制御方式」や種火のない「ダイレクト着火方式」のものがある。
(ｳ)　ガス給湯機の給排気方式には，密閉式で送風機を用いない自然給排気式（BF式）や，密閉式で送風機を用いる強制給排気式（FF式）がある。
(ｴ)　元止め式と先止め式がある。住戸セントラル方式に用いられるのは先止め式である。
(ｵ)　自動湯温安定式のガス瞬間式給湯器には，60℃以上の固定された出湯温が得られる固定湯温式と，出湯温度の設定が可変の可変湯温式がある。
</td>
</tr>
<tr>
<td>34　貯湯式局所給湯方式
（電気温水器）</td>
<td colspan="2">
(ｱ)　一般電灯配線とは別に，200Vの深夜電力を使用し一定時間（8時間または5時間程度）通電し，タンク内に一日分の給湯量を85～90℃に加熱して貯湯する。
(ｲ)　一般的には水道用減圧弁を介して給水管に直結される。この減圧弁には，湯が逆流しないように逆止め機構が内蔵されている。逃がし弁（機体内の圧力が規定以上になった場合に作動して，中の蒸気等を放出し，減圧して容器の破壊を防止するための安全弁）は，出口側に設置する必要がある。
(ｳ)　湯が使用されると，常に水が補給される。容量が定まっているので，貯湯容量の選定に注意する必要がある。
</td>
</tr>
</table>

③⑤　さや管ヘッダー方式	マンションの給湯や給水の配管方式で，各種の器具への配管を途中で分岐させることなく，ヘッダーよりそれぞれの器具へ直接配管する方式である。これにより，仮にある配管に漏水があれば，ヘッダー部分のその配管のみ止めて修理すればよいことになる。 さや管ヘッダー方式 湯沸器など 給水ヘッダー　←給水 給湯ヘッダー 器具へ　　器具へ 器具へ 〔主な特徴〕 (ア)　ヘッダーで分岐するため，従来の先分岐方式の配管と比較して，同時使用時の流量変動・温度変化が（㉒　小さい・大きい）。 (イ)　湯待ち時間が短い。 (ウ)　架橋ポリエチレンパイプを使用するため，従来の先分岐方式の配管と比較して，漏水・ネジ切り部の腐食・赤水の発生がない。 (エ)　配管部材は，熱伝導率が（㉓　低い・高い）樹脂製でできている。また，さや管内の空気層が断熱効果を高め，従来の金属配管と比較して，給水配管では結露が発生しにくく，給湯配管では保温効果がある。 (オ)　接続部が，ヘッダー部と水栓のみのため，点検・管理が容易である。
③⑥　省エネ対応の給湯器	(ア)　**自然冷媒ヒートポンプ式の給湯器（例：エコキュート）** 大気の熱を吸収した冷媒（二酸化炭素）を圧縮し高熱にして熱源とするため，加熱効率が（㉔　低い・高い）。割安な深夜電力を利用して，夜間に高温の温水を沸かし，貯湯タンクに蓄えて，それ以外の時間帯の給湯をまかなう。 (イ)　**潜熱回収型のガス給湯器（例：エコジョーズ）** 排ガスの熱で給水をあらかじめ温めて，予熱された水から湯を作り出す給湯器である。したがって，加熱効率が（㉕　低い・高い）。 「潜熱」とは，排気ガス中の水蒸気が水に状態変化（凝縮）する際に放出する熱のことをいう。この熱を回収することで，高効率化が実現できる。

⑰＿＿＿　⑱＿＿＿　⑲＿＿＿　⑳＿＿＿　㉑＿＿＿

㉒＿＿＿　㉓＿＿＿　㉔＿＿＿　㉕＿＿＿

⑰局所　⑱中央　⑲瞬間　⑳貯湯　㉑25　㉒小さい　㉓低い　㉔高い　㉕高い

⑺　換気設備

　換気方式には，主に次の方式がある。

37	自然換気	室内外温度差や圧力を利用する。
38	機械換気	強制的に換気を行う。 ㈠　**第一種機械換気** ➡ 給気，排気とも機械換気 ㈡　**第二種機械換気** ➡ 給気は（㉖　　　　　）換気，排気は（㉗　　　　　）換気 ㈢　**第三種機械換気** ➡ 給気は（㉘　　　　　）換気，排気は（㉙　　　　　）換気

⑻　照明設備と平均水平面照度

照　明　設　備	平　均　水　平　面　照　度
39　共用玄関ホール	床面においておおむね（㉚　　　　　）ルクス[※1]以上
40　共用玄関以外の共用出入口	床面においておおむね（㉛　　　　　）ルクス[※2]以上
41　共用廊下・共用階段	極端な明暗が生じないよう配慮しつつ，床面においておおむね （㉜　　　　　）ルクス以上
42　エレベーターホール	共用玄関の存する階 床面においておおむね（㉝　　　　　）ルクス以上 その他 床面においておおむね（㉞　　　　　）ルクス以上
43　共用メールコーナー	床面においておおむね（㉟　　　　　）ルクス以上
44　エレベーターのかご内	床面においておおむね（㊱　　　　　）ルクス以上
45　駐車場	極端な明暗が生じないよう配慮しつつ，床面においておおむね （㊲　　　　　）ルクス[※3]以上

※1　10m先の人の顔，行動が明確に識別でき，誰であるか明確にわかる程度の照度。

※2　10m先の人の顔，行動が識別でき，誰であるかわかる程度の照度。

※3　4m先の人の挙動，姿勢等が識別できる程度の照度。

過去問にチャレンジ！　＜㋭平成22年第24問＞

　共用玄関以外の共用出入口の照明設備は，床面において概ね（㋐ 10・20）ルクス以上を確保する。

過去問にチャレンジ！　＜㋭令和２年第24問＞

1　共用玄関には，玄関扉を設置することが望ましい。また，玄関扉を設置する場合には，外部から（㋑ 建物内部が見えないように・扉の内外を相互に見通せる構造に）するとともに，オートロックシステムを導入することが望ましい。

2　ゴミ置場は，道路等からの見通しが確保（㋒ された・されない）位置に配置する。また，住棟と別棟とする場合は，住棟等への延焼のおそれのない位置に配置する。

3　通路（道路に準ずるものを除く。以下同じ。）は，道路等，共用玄関または居室の窓等からの見通しが確保された位置に配置する。また，周囲環境，夜間等の時間帯による利用状況および管理体制等を踏まえて，道路等，共用玄関，屋外駐車場等を結ぶ特定の通路に動線が集中（㋓ するように・しないように）配置することが望ましい。

㉖＿＿＿＿＿　㉗＿＿＿＿＿　㉘＿＿＿＿＿　㉙＿＿＿＿＿　㉚＿＿＿＿＿

㉛＿＿＿＿＿　㉜＿＿＿＿＿　㉝＿＿＿＿＿　㉞＿＿＿＿＿　㉟＿＿＿＿＿

㊱＿＿＿＿＿　㊲＿＿＿＿＿

㋐＿＿＿＿＿　㋑＿＿＿＿＿　㋒＿＿＿＿＿　㋓＿＿＿＿＿

㉖機械　㉗自然　㉘自然　㉙機械　㉚50　㉛20　㉜20　㉝50　㉞20　㉟50　㊱50　㊲3
㋐20　㋑扉の内外を相互に見通せる構造に　㋒された　㋓するように

37│資格者の設置

1 マンション管理士		名称独占資格であり，設置義務の規定はない。
2 管理業務主任者（マンション管理適正化法56条，施行規則61条，62条）	原 則	マンション管理業者は，事務所ごとに，（① ）管理組合に1人以上（端数については1人と数える）の成年者である専任の管理業務主任者を置かなければならない。
	例 外	人の居住の用に供する独立部分が（② ）以下のマンション管理組合から委託を受けた管理事務を，その業務とする事務所については，成年者である専任の管理業務主任者の設置義務はない。このような事務所については，管理業務主任者の代わりに事務所の代表者等が事務を行えばよい。
3 宅地建物取引士（宅建業法施行規則6条の3）	事 務 所	宅建業者の業務に従事する者（③ ）人に1人以上
	国土交通省令で定める場所	最低（④ ）人以上（従業員数にかかわらず）
4 管 理 権 原 者		防火管理者を定め，当該防火対象物について，次のような業務を行わせなければならない。 ・（⑤ ）の作成 ・消防計画に基づく消火，通報および避難の訓練の実施 ・消防の用に供する設備，消防用水または消火活動上必要な施設の点検および設備 ・火気の使用または取扱いに関する監督，避難または防火上必要な構造および設備の維持管理ならびに収容人員の管理 ・その他管理上必要な業務
5 水道技術管理者（水道法34条，19条1項）		専用水道の設置者は，水道の管理について技術上の業務を担当させるため，これを（⑥ ）人置かなければならない。 設置者が自ら水道技術管理者となることもできる。

過去問にチャレンジ！　＜🏠平成20年第50問＞

　法人であるマンション管理業者の甲事務所では，166の管理組合の管理事務を受託しようと考えている。甲事務所には，未成年である管理業務主任者が2人と自ら主として業務に従事していない役員である管理業務主任者が1人置かれている場合において，当該管理業務主任者3人のほかに，あと（⑦　4・5）人の専任の管理業務主任者を置かなければならない。ただし，当該受託管理組合数166のうち，20は居住の用に供する独立部分の数が5以下のものとする。

①_____　②_____　③_____　④_____　⑤_____

⑥_____

⑦_____

---

①30　②5　③5　④1　⑤消防計画　⑥1　　⑦5

38 調査・検査等

(1) 建築基準法による定期調査・検査等

	特定建築物等 定 期 調 査	建 築 設 備 定 期 検 査	防 火 設 備 定 期 検 査	昇 降 機 等 定 期 検 査
1 定 期 報 告（原則）	おおむね6ヵ月～（①　　　）年間隔	おおむね6ヵ月～（②　　　）年間隔		
2 一級・二級建築士	（③　　　　　）			
3 建 築 物 調 査 員	○	（④　　　　　）		
4 建 築 設 備 検 査 員	×	○	×	
5 防 火 設 備 検 査 員	×		○	×
6 昇 降 機 等 検 査 員	×			○

(2) 水道法による定期調査・検査等

点検・検査等	期間等	対象設備等
7 専用水道の定期の水質調査	(ｱ) 毎日（⑤　　　）回 (ｲ) おおむね（⑥　　　）ヵ月ごと（または3ヵ月ごと）	次のいずれか ・給水人口（⑦　　　）人超える。 ・水道施設の1日最大給水量が（⑧　　　）m³を超える。
8 簡易専用水道の定期検査	（⑨　　　）年以内に1回	貯水槽の有効容量が（⑪　　　）m³を超える。
9 簡易専用水槽の定期清掃	（⑩　　　）年以内に1回	

過去問にチャレンジ！

＜▽平成27年第22問＞

1 貯水槽水道のうち，水道の有効容量の合計が100㎥を超えるものは，専用水道と（⑦ なる・ならない）。

2 水道事業の用に供する水道から供給を受ける水に加えて自家用の井戸を水源とし，水槽の有効容量の合計が10㎥以下のものは，貯水槽水道と（④ なる・ならない）。

過去問にチャレンジ！

＜▽令和3年第22問改題＞

簡易専用水道の設置者は，当該簡易専用水道の管理について，（⑦ 国土交通省令（簡易専用水道により供給される水の水質の検査に関する事項については，環境省令）・厚生労働省令）の定めるところにより，地方公共団体の機関または（① 国土交通大臣および環境大臣・厚生労働大臣）の登録を受けた者の検査を，毎年1回以上定期に受けなければならない。

① _____　② _____　③ _____　④ _____　⑤ _____

⑥ _____　⑦ _____　⑧ _____　⑨ _____　⑩ _____

⑪ _____

⑦ _____　④ _____　⑦ _____

① _____

---

①3　②1　③○　④×　⑤1　⑥1　⑦100　⑧20　⑨1　⑩1　⑪10
⑦ならない　④ならない　⑦国土交通省令（簡易専用水道により供給される水の水質の検査に関する事項については，環境省令）　①国土交通大臣および環境大臣

39 定期調査・検査における点検項目・方法

　定期調査と定期検査における点検の項目・方法等は，国土交通省告示で定められている（平成20年告示282〜285号）。

　なかでも，定期調査における点検の項目と方法には，主に次のようなものがある。

調　査　項　目		調　査　方　法
擁　　　壁	擁壁の劣化・損傷の状況	必要に応じて双眼鏡等を使用し，（①　　　　）により確認する
	擁壁の水抜きパイプの維持保全の状況	必要に応じて双眼鏡等を使用し，（②　　　　）により確認するとともに，手の届く範囲は必要に応じて鉄筋棒等を挿入し確認する
外装仕上げ材等	タイル，石貼り等（乾式工法によるものを除く），モルタル等の劣化・損傷の状況	開口隅部，水平打継部，斜壁部等のうち手の届く範囲を（③　　　　）による打診等により確認し，その他の部分は必要に応じて双眼鏡等を使用し，目視により確認し，異常が認められた場合は，落下により歩行者等に危害を加えるおそれのある部分を全面的に（③　　　　）による打診等により確認する。ただし，竣工後，外壁改修後もしくは落下により歩行者等に危害を加えるおそれのある部分の全面的な（③　　　　）による打診等を実施した後（④　　　　）年を超え，かつ（⑤　　　　）年以内に落下により歩行者等に危害を加えるおそれのある部分の全面的な（③　　　　）による打診等を実施していない場合は，落下により歩行者等に危害を加えるおそれのある部分を全面的に（③　　　　）による打診等により確認する〔（⑤　　　　）年以内に外壁改修等が行われることが確実である場合または別途歩行者等の安全を確保するための対策を講じている場合を除く〕
	乾式工法によるタイル，石貼り等の劣化・損傷の状況	必要に応じて双眼鏡等を使用し，（⑥　　　　）により確認する
窓サッシ等	サッシ等の劣化・損傷の状況	必要に応じて双眼鏡等を使用し，目視により確認しまたは開閉により確認する
	はめ殺し窓のガラスの固定の状況	（⑦　　　　）により確認する
防火設備（防火扉・防火シャッター等）	常閉防火設備の閉鎖・作動の状況	各階の主要な常閉防火設備の閉鎖または作動を確認する。ただし，（⑧　　　　）年以内に実施した点検の記録がある場合は，当該記録により確認することで足りる
照明器具等	照明器具等の落下防止対策の状況	必要に応じて双眼鏡等を使用し，目視により確認しまたは触診により確認する

非常用エレベーター	非常用エレベーターの作動の状況	非常用エレベーターの作動を確認する。ただし，（⑨　）年以内に実施した定期検査等の記録がある場合は，当該記録により確認することで足りる
非常用の照明装置	非常用の照明装置の設置の状況	目視および設計図書等により確認する
	非常用の照明装置の作動の状況	各階の主要な非常用の照明装置の作動を確認する。ただし，（⑩　）年以内に実施した定期検査等の記録がある場合は，当該記録により確認することで足りる
免震構造建築物の免震層・免震装置	免震装置の劣化・損傷の状況（免震装置が可視状態にある場合に限る）	目視により確認するとともに，（⑪　）年以内に実施した点検の記録がある場合は，当該記録により確認する
	上部構造の可動の状況	目視により確認する。ただし，（⑫　）年以内に実施した点検の記録がある場合は，当該記録により確認することで足りる
避雷設備	避雷針，避雷導線等の劣化・損傷の状況	必要に応じて双眼鏡等を使用し，（⑬　）により確認する

過去問にチャレンジ！

＜㊑平成27年第26問改題＞

1　外壁仕上げのタイルについて，手の届く範囲をテストハンマーによる打診等により確認し，その他の部分については必要に応じて双眼鏡等を使用して目視により，異常がないことを確認したことは（㋐　適切・不適切）である。

2　各階の主要な防火戸について，3年以内に実施した最新の点検記録があったため，閉鎖または作動の状況をその記録のみにより確認したことは（㋑　適切・不適切）である。

3　非常用照明装置の予備電源について，予備電源への切替えおよび器具の点灯の状況を確認したことは（㋒　適切・不適切）である。

4　可視状態にある免震装置について，3年以内に実施した最新の点検記録があったため，劣化および損傷の状況をその記録のみにより確認したことは（㋓　適切・不適切）である。

①＿＿＿＿　②＿＿＿＿　③＿＿＿＿　④＿＿＿＿　⑤＿＿＿＿

⑥＿＿＿＿　⑦＿＿＿＿　⑧＿＿＿＿　⑨＿＿＿＿　⑩＿＿＿＿

⑪＿＿＿＿　⑫＿＿＿＿　⑬＿＿＿＿

㋐＿＿＿＿　㋑＿＿＿＿　㋒＿＿＿＿　㋓＿＿＿＿

①目視　②目視　③テストハンマー　④10　⑤3　⑥目視　⑦触診　⑧3　⑨3　⑩3　⑪3　⑫3　⑬目視
㋐適切　㋑適切　㋒適切　㋓不適切

40 構造設計資格者

　建築士法に規定する構造設計図書による一定の建築物の工事は，構造設計一級建築士の構造設計または当該建築物が構造関係規定に適合することを構造設計一級建築士が確認した構造設計によらなければ，することができない。

対象建築物	具体的な構造
建築基準法20条1項1号に該当する建築物	高さが（①　　　）mを超える建築物
建築基準法20条1項2号・3号に該当する建築物	高さが（①　　　）m以下の建築物のうち，次の建築物 (ア)　建築基準法6条1項2号の建築物 　　　高さが（②　　　）mまたは軒高が（③　　　）mを超えるもの (イ)　建築基準法6条1項3号の建築物 　　　地階を除く階数が（④　　　）以上である鉄骨造の建築物 　　　高さ（⑤　　　）mを超える鉄筋コンクリート造または鉄骨鉄筋コンクリート造の建築物その他の構造の建築物

過去問にチャレンジ！　＜㊟平成22年第19問改題＞

　建築士法第3条第1項の規定により一級建築士でなければ設計等を行うことができない建築物のうち，高さが（㋐　　　）mを超える建築物はすべて該当し，高さが（㋐　　　）m以下の建築物であっても，鉄筋コンクリート造・鉄骨鉄筋コンクリート造にあっては高さが（㋑　　　）mを超えるものであって2以上の階数を有し，または延べ面積が200㎡を超えるものおよび鉄骨造にあっては地階を除く階数が（㋒　　　）以上であるものは該当する。

<☱平成21年第19問>

　建築基準法第20条により，政令で定める基準に従った構造計算によって確かめられる安全性を有しなければならないとされる建築物は，木造の建築物で（エ　　　）以上の階数を有し，または延べ面積が（オ　　　）㎡を超えるもののうち，高さが13mまたは軒の高さが９mを超えるものであり，木造以外の建築物で（カ　　　）以上の階数を有し，または延べ面積が（キ　　　）㎡を超えるもののうち，政令で定めるものである。

①＿＿＿＿＿＿　②＿＿＿＿＿＿　③＿＿＿＿＿＿　④＿＿＿＿＿＿　⑤＿＿＿＿＿＿

㋐＿＿＿＿＿＿　㋑＿＿＿＿＿＿　㋒＿＿＿＿＿＿　㋓＿＿＿＿＿＿　㋔＿＿＿＿＿＿

㋕＿＿＿＿＿＿　㋖＿＿＿＿＿＿

①60　②13　③9　④4　⑤20　　㋐60　㋑20　㋒4　㋓3　㋔500　㋕2　㋖200

41 各種劣化症状

(1) 外壁の劣化症状

劣化症状	定　　　　　　義
1 剥　　落	タイルが1枚でも剥落した場合は，多くの場合その周辺はもちろん，その他の部位でも剥離が発生していることがあり，タイル張り全体として性能低下を起こしていることが考えられ，続いて突然剥落することがあり，人身事故等の原因となり大変危険である。
2 (①　　　)	タイルが部分的に欠けた状態。原因は凍害，熱膨張，機械的原因（物が衝突するなど）等。剥落につながるので注意が必要である。
3 白華現象	（②　　　）ともいい，コンクリート中の水分や，ひび割れから浸入した雨水が，セメント中の石灰などを溶解し，この溶液が表面に出てきて炭酸化し，固まって白色の粉状等になったもの。
4 ひび割れ	躯体コンクリートのひび割れに伴って生じるひび割れと，仕上げ面の収縮によるひび割れがある。幅が（③　　　）mm以下のひび割れは一般に許容範囲内とされている。漏水のほか，コンクリートの中性化や鉄筋の腐食を促進させるため注意が必要である。
5 錆水の付着	建具，取付け金具，手すりの埋込み部，鉄筋コンクリート中の鉄筋等，鉄部の発錆により錆水が出る現象。コンクリートの剥離落下の原因になり，人身事故等の発生原因にもなる。鉄筋の錆が原因のときは，建物の耐久性に大きく影響することがある。
6 浮　　き	タイルとモルタルの境界面，モルタルと躯体コンクリートの境界面，または，仕上げモルタルと躯体コンクリートの境界面の接着が不良となり隙間が生じ，部分的に分離した状態。剥離ともいう。
7 ふくれ	タイル張り層，仕上げモルタル層の浮きが進行し，ある面積が凸状に変形し，肉眼で確認ができる状態になった浮き。
8 その他	ほこり，油脂分，大気汚染物の付着などは記載を要しないが，タイル裏面への漏水が原因のものや，タイル目地の汚れは故障の前兆であるので注意すること。吹付け仕上げではチョーキングが汚れに見えることがある。 降雨後，数日間タイル面が部分的に水漏れ状態となったままのときは，防水の損傷が考えられる。

⑵　鉄筋コンクリート造の劣化症状

劣化症状	定　　　　　　　義
⑨　剥　　　　落	㈎　仕上げ材がはがれ落ちた状態 ㈑　浮いていたコンクリートが，躯体からはがれ落ちた状態 　※　鉄筋の露出を伴うものと，伴わないものとがある。
⑩　錆 鉄 筋 露 出	腐食した鉄筋が表面のコンクリートを押し出し，剥離させ，露出した状態。点状，線状，網目状に露出することもあり，新築時のかぶり厚さ不足が主な原因とされている。
⑪　（②　　　　）	白色の粉状になる現象のこと
⑫　ひ び 割 れ	㈎　鉄筋に沿うもの　➡配筋の位置と思われる個所に発生するひび割れで，一般に鉛直または水平の直線上の場合が多い。 　※　鉄筋は主筋のほか補助鉄筋を含む。 ㈑　開口部周辺のもの➡外壁部・隅角部から発生する斜めのひび割れ。 ㈔　網目状のもの　　➡網目状のひび割れで，1m以内に近寄らないと判別できないような微細なものを除く。 ㈕　その他　　　　　➡規則性，不規則を問わず，上記以外のひび割れ
⑬　錆　汚　れ	腐食した鉄筋の錆がひび割れ部から流出して，仕上げ材またはコンクリートの表面に付着している状態。錆とは，一般的に赤錆をいう。コンクリートの中性化が原因の一つ。
⑭　（④　　　　）	コンクリート内部の部分的な膨張圧によって，コンクリート表面の小部分が円錐形のくぼみ状に破壊された状態
⑮　浮　　　　き	㈎　仕上げ材　　　➡躯体から剥離した状態。 ㈑　躯体コンクリート➡鉄筋のかぶり等が浮いている状態。 　※　仕上げ材だけか，コンクリート躯体を伴っているかは，打診による識別が困難である場合が多い。
⑯　脆弱化した表面	凍害，すり減りなどにより脆弱化したコンクリートの表面で，粉状化を含む。
⑰　その他の汚れ	カビ，煤煙，コケ類などによる汚れで，上記 ⑪ ⑬ を除く。
⑱　（⑤　　　　）	過去に漏水現象が生じた形跡。エフロレッセンスを伴うことが多い。これは，目視だけで識別しにくいので問診により確認する。
⑲　（⑥　　　　）	たわみ（コンクリート強度不足が原因の一つ），傾きにより生ずる異常感，床の振動，建具の開閉感覚などがある。これは，目視だけでは識別しにくいので，問診により確認する。

(3)　シーリング材の劣化症状

劣化症状	定　　　　　義
20　被着面からの剥離	シーリング材が被着面から剥離する現象
21　シーリング材の破断	シーリング材に発生したひび割れが被着体まで達し，完全に破断している状態。 　調査の際は，目視による劣化度の調査のほか，必要があればシーリング材の一部を切断して試験体を作り，引っ張り試験を行う。
22　被着体の破損	シーリング目地周辺の被着体にひび割れや欠落が発生する現象
23　白　　亜　　化	表面が粉状になる現象。（⑦　　　　）ともいう。 　調査の際は，指先や手のひらで塗装部分に触って付着する塗料の粉の状態で，劣化の程度を判断する。
24　ひ　び　割　れ	表面に発生した縦・横のひび割れ
25　汚　れ・変　色	飛散浮遊物や内部の成分が表面に付着したもの
26　軟　化・硬　化	（⑧　　　　）・熱などにより材質が変質すること
27　変　　　　　形	目地のムーブメントにより，シーリング材が外部方向へふくれたり，くびれたりすることによって生じるしわ，波打ち，ふくれ等

(4)　診断レベル等の用語

28　（⑨　　　　）診断

　現状把握・劣化の危険性の判断を目的とした1次診断のこと。

29　（⑩　　　　）診断

　劣化の要因を特定し，修繕工事の要否や内容等を判断する目的で行う2次診断および3次診断のこと。

30　（⑪　　　　）試験

　2次診断で行われる。被検体である材料あるいは製品の材質や形状・寸法に変化を与えないで，その健全性を調べる試験のこと。

31　（⑫　　　　）試験

　3次診断で行われる。鉄筋のはつり出し・コンクリートのコア抜き試験や配管の抜管試験等がある。

> **過去問にチャレンジ！**　＜▽平成28年第37問＞
>
> 　コンクリートのひび割れの補修をする場合，ひび割れ幅の挙動が大きいときは，（⑦　軟質・硬質）形のエポキシ樹脂を注入する。

過去問にチャレンジ！

<マ平成20年第37問改題>

　挙動があるひび割れを充てん工法により補修する場合は，可とう性のエポキシ樹脂やシーリング材を使用することが一般的で（⑦ ある・ない）。

過去問にチャレンジ！

<マ平成22年第38問改題>

　シーリング材の劣化状況の調査に当たって，目視による劣化度の調査のほか，必要に応じてシーリング材の一部を切断して試験体を作り，引張り試験を行ったことは適切で（⑦ ある・ない）。

過去問にチャレンジ！

<マ平成27年第38問>

1　（⑦ シリコーン系シーリング材・変成シリコーン系シーリング材）は，耐久性および接着性が高く，目地周辺を汚染しないので，使用箇所が限定されない。

2　ポリウレタン系シーリング材は，ガラスを透過した紫外線により接着性が低下し（⑦ やすい・にくい）ので，接着面にガラス越しの紫外線を受けるガラス面に用い（⑦ る・ない）。

① _____	② _____	③ _____	④ _____	⑤ _____
⑥ _____	⑦ _____	⑧ _____	⑨ _____	⑩ _____
⑪ _____	⑫ _____			
⑦ _____	⑦ _____	⑦ _____	⑦ _____	⑦ _____
⑦ _____				

①欠損　②エフロレッセンス　③0.2　④ポップアウト　⑤漏水痕跡　⑥異常体感　⑦チョーキング　⑧紫外線
⑨簡易　⑩詳細　⑪非破壊　⑫局部破壊
⑦軟質　⑦ある　⑦ある　⑦変成シリコーン系シーリング材　⑦やすい　⑦ない

42 届出・報告等

届出・報告等		届出・報告者	届出・報告先等	事項等
1	機械警備業務の届出	機械警備業者	（①　　　）	(ｱ)　氏名・名称，住所，法人にあっては，その代表者の氏名 (ｲ)　当該機械警備業務に係る基地局の名称，所在地，選任する機械警備業務管理者の氏名，住所 (ｳ)　その他，内閣府令で定める事項
2	軽自動車の場合の届出	自動車の保有者	（②　　　）	自動車の使用の本拠の位置，保管場所の位置その他政令で定める事項
3	昇降機（指針）	人身事故発生の連絡	所有者	消防および警察	応急手当その他必要な措置を（③　　　）に講じる。
		人身事故が昇降機における死亡・重傷・機器の異常等が原因である可能性のある場合の報告		特定行政庁	昇降機事故報告書により（④　　　）に行う。

| 4 | 消防法 | 防火管理者の選任・解任届出 | 管理権原者 | 消防長・消防署長 | （下表参照） |

	特定防火対象物			非特定防火対象物		
収容人員 （※1）	（⑤　　　）人以上		⑤ （　　）人未満	（⑥　　　）人以上		⑥ （　　）人未満
延べ面積	300㎡以上	300㎡未満		500㎡以上	500㎡未満	
区分	甲種防火対象物	乙種防火対象物	選任不要	甲種防火対象物	乙種防火対象物	選任不要
防火管理講習 （※2）	甲種	乙種		甲種	乙種	

※1　収容人員については，共同住宅の場合，居住者の数で割り出す。

※2　甲種防火管理講習の課程を修了した者は，乙種防火対象物の管理にも当たることができる。

4 **消防法**	統括防火管理者の選任・解任届出	管理権原者	消防長・消防署長	(ｱ)　高さ31m超の高層建築物その他一定の防火対象物等 (ｲ)　管理権原者は，統括防火管理者を，協議して定める。 (ｳ)　防火対象物全体の消防計画の作成，消防計画に基づく消火・通報・避難の訓練の実施，防火対象物の廊下・階段・避難その他の避難上必要な施設の管理その他，防火対象物全体の防火管理上必要な業務を行わせる。
	消防用設備等の点検・報告	防火対象物の関係者	消防長・消防署長	防火対象物が特定防火対象物（映画館・ホテル・病院・デパート等）の場合には，（⑦　　　）年に１回，非特定防火対象物（マンション・オフィス・事務所・工場・学校等）の場合には，（⑧　　　）年に１回，報告しなければならない。

過去問にチャレンジ！

＜⑦平成21年第23問＞

　一定の構造要件等を満たした共同住宅等において，通常用いられる消防用設備等に代えて，必要とされる防火安全性能を有する消防の用に供する設備等を用いた場合については，（⑦　1・3）年に１回，消防長または消防署長に点検結果の報告をしなければならない。

①＿＿＿＿＿＿＿　②＿＿＿＿＿＿＿　③＿＿＿＿＿＿＿　④＿＿＿＿＿＿＿　⑤＿＿＿＿＿＿＿

⑥＿＿＿＿＿＿＿　⑦＿＿＿＿＿＿＿　⑧＿＿＿＿＿＿＿　⑦＿＿＿＿＿＿＿

①都道府県公安委員会　②警察署長　③速やか　④速やか　⑤30　⑥50　⑦1　⑧3　　⑦3

43 書類保存・保管等

保存・保管規定のある項目	保存・保管者	保存・保管対象	期　間　等
① 区分所有法	管理者（管理者がないときは，建物使用の区分所有者またはその代理人で規約または集会の決議で定めるもの）	規約（33条1項）	（①　　　　）
		議事録（42条5項）	
		書面または電磁的方法による決議に係る書面（45条4項）	
② 昇降機（昇降機の適切な維持管理に関する指針）	所　有　者	過去の作業報告書等，定期検査報告書等の写し，保守点検業者が適切に保守・点検を行うために必要な文書等	（②　　　）年以上
		製造業者が作成した保守・点検に関する文書等および昇降機に係る建築確認・検査の関係図書等	（③　　　　）
③ 専用水道（水道法）	専用水道の設置者（水道事業者）	水質検査の記録	（④　　　）年間
		水道の管理に関する業務に従事する者について，定期（おおむね6ヵ月ごと）および臨時に行った健康診断の記録	（⑤　　　）年間
④ 水道法	水道事業者	水道施設台帳を作成・（⑥　　　　）	台帳は調書・図面をもって組成。必要事項は，厚生労働省令で定める。
⑤ マンション管理適正化法施行規則	マンション管理業者	帳簿（ファイルまたは磁気ディスク等を含む）（86条3項）	閉鎖後（⑦　　　）年間
		マンション管理業者の業務および財産の状況を記載した書類（90条4項）	事務所に備え置かれた日から（⑧　　　）年経過日まで

（ア 専用水道・簡易専用水道）の設置者の義務に関し，定期および臨時の水質検査を行ったときは，これに関する記録を作成し，水質検査を行った日から起算して 5 年間保存しなければならない。

① ＿＿＿＿＿＿＿＿　② ＿＿＿＿＿＿＿＿　③ ＿＿＿＿＿＿＿＿　④ ＿＿＿＿＿＿＿＿　⑤ ＿＿＿＿＿＿＿＿

⑥ ＿＿＿＿＿＿＿＿　⑦ ＿＿＿＿＿＿＿＿　⑧ ＿＿＿＿＿＿＿＿

⑦ ＿＿＿＿＿＿＿＿

①定めなし　②3　③昇降機の廃止まで　④5　⑤1　⑥保管　⑦5　⑧3　　ア専用水道

44 大規模修繕等の関連用語

		用　語	意　　　　味
1 建築士法	(ア)	設計図書	建築物の建築工事の実施のために必要な図面（現寸図その他これに類するものを（①　　　））および仕様書をいう（2条6項）。
	(イ)	（②　　　）設計	基礎伏図，構造計算書その他の建築物の構造に関する設計図書で，国土交通省令で定めるものの設計をいう（2条7項）。
	(ウ)	（③　　　）設計	建築設備の各階平面図および構造詳細図その他の建築設備に関する設計図書で国土交通省令で定めるものの設計をいう（2条7項）。
	(エ)	（④　　　）	その者の責任において，工事を設計図書と照合し，それが設計図書のとおりに実施されているかいないかを確認することをいう（2条8項）。
2 長期修繕計画	(ア)	修繕積立金	計画修繕工事に要する費用に充当するための積立金をいう。
	(イ)	（⑤　　　）修繕工事	長期修繕計画に基づいて計画的に実施する修繕工事および改修工事をいう。
	(ウ)	（⑥　　　）修繕工事	建物の全体または複数の部位について行う大規模な計画修繕工事をいう。
	(エ)	（⑦　　　）修繕工事	長期修繕計画において，計画期間内に見込まれる修繕工事（補修工事（経常的に行う補修工事を除く）を含む）および改修工事をいう。

過去問にチャレンジ！ ＜▽令和元年第36問＞

　「長期修繕計画作成ガイドラインおよび同コメント」（令和3年9月国土交通省公表）によれば，計画期間における推定修繕工事には，法定点検等の点検および経常的な補修工事を適切に盛り込むことは，適切で（⑦ ある・ない）。

過去問にチャレンジ！

＜㊤令和3年第26問＞

1　（イ　　　　）修繕工事とは，長期修繕計画に基づいて計画的に実施する修繕工事（補修工事（経常的に行う補修工事を除く。）を含む。以下本問において同じ。）および改修工事をいう。

2　（ウ　　　　）費とは，計画修繕工事の実施に要する費用をいう。

3　（エ　　　　）とは，推定修繕工事に要する費用に充当するための積立金をいう。

4　（オ　　　　）修繕工事とは，長期修繕計画において，計画期間内に見込まれる修繕工事および改修工事をいう。

①＿＿＿＿＿＿＿　②＿＿＿＿＿＿＿　③＿＿＿＿＿＿＿　④＿＿＿＿＿＿＿　⑤＿＿＿＿＿＿＿

⑥＿＿＿＿＿＿＿　⑦＿＿＿＿＿＿＿

㋐＿＿＿＿＿＿＿　㋑＿＿＿＿＿＿＿　㋒＿＿＿＿＿＿＿　㋓＿＿＿＿＿＿＿　㋔＿＿＿＿＿＿＿

①除く　②構造　③設備　④工事監理　⑤計画　⑥大規模　⑦推定

㋐ない　㋑計画　㋒修繕工事　㋓修繕積立金　㋔推定

45 構造による分類

(1) 材料・構造による分類

① S造（鉄骨造）

構造上主要な骨組部分に，形鋼，鋼板等の鋼材を用いて組み立てたもの。

② RC造（鉄筋コンクリート造）

鉄筋とコンクリートの長所を生かすように合理的に組み合わせたもので，鉄骨造より耐火性が（①　　）。

③ SRC造（鉄骨鉄筋コンクリート造）

鉄骨の骨組みを鉄筋コンクリートで覆ったものを主要な構造部材とする方式で，鉄筋コンクリート造より（②　　）。耐震性，耐火性を持ち，高層建物に適する。

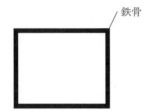
鉄骨

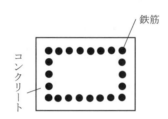
鉄筋
コンクリート

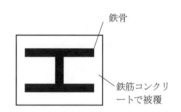
鉄骨
鉄筋コンクリートで被覆

(2) 構造形式による分類

種　類	特　徴	図
④ ラーメン構造	(ア) 部材が剛に接合されている骨組み (イ) 柱・梁は主として（③　　　）で外力に抵抗する構造方法である。 (ウ) 階を重ねる建物に適し，耐震壁をラーメンフレームに包含した耐震壁付きラーメン構造が最も多く見受けられる。	しっかり固定 外力にたわむ
⑤ （④　　）構造	(ア) 鉄筋コンクリートの壁・床を一体にして構成する構造方法である。 (イ) 補強コンクリートブロック造やプレキャストコンクリートパネルの組立構造も，これに類似する。	柱がなく，壁等のみの構造

(3)　施工法による分類

⑥（⑤　　）工法	(ア)　木構造・鉄骨構造等のように，その構造体を施工するにあたり，水を使用せず，乾いた材料の組立てによって構成されるものをいう。 (イ)　工場生産された材料（たとえば石膏ボード，ベニヤ板など）を使用して，現場では水を使用せず工期の短縮を図り，大量生産によって経済性を得る工法である。
⑦（⑥　　）工法	(ア)　れんが造，石造，ブロック造等の組積構造および鉄筋コンクリート造，鉄骨鉄筋コンクリート造のように，その施工にあたって多量の水を使用する工法をいう。 (イ)　水を使用することによって施工上の欠陥が生じやすい。 (ウ)　工期は長くかかる。 (エ)　形状寸法が比較的拘束されず，現場の状況に応じて，適切な納まりを得ることが簡単であり，特殊な仕上げ等では，欠かせない工法である。

過去問にチャレンジ！
＜マ平成23年第41問＞

1　（ア ラーメン・壁式）構造は，柱と梁をしっかり固定（剛接合）して建物の骨組みを構成し，荷重や外力に対応する構造形式である。

2　（イ ラーメン・壁式）構造は，壁や床等の面的な構造部材により荷重や外力に対応する構造形式で，中低層の建物に多く用いられる。

① _____　② _____　③ _____　④ _____　⑤ _____

⑥ _____

⑦ _____　④ _____

①高い　②強い　③曲げ　④壁式　⑤乾式　⑥湿式　⑦ラーメン　④壁式

46 コンクリート

---

1 コンクリート材料

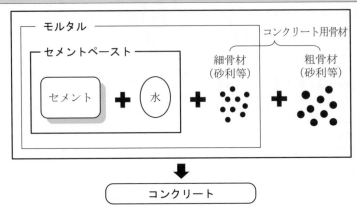

---

2 コンクリートの種類

(ア)	普通コンクリート ➡	川砂，川砂利，砕石等を骨材としたもの
(イ)	軽量コンクリート ➡	比重（①　　　　）以下のもので，骨材には天然軽量骨材，人工軽量骨材が用いられる。
(ウ)	重量コンクリート ➡	鉄粉・磁鉄鉱等の骨材を用いたもので，放射線の透過防止等の目的で使用される。

---

3 混和材料

(ア)	（②　　　　）剤 ➡	空気連行剤ともいわれ，コンクリートのワーカビリチーおよび耐久性を向上させるために用いる混和剤である。
(イ)	減　水　剤 ➡	セメントの粒子を分散作用させることによって，使用水量を減少させ，コンクリートの均質性，作業性を改善するとともに，強度，水密性を増進させる。
(ウ)	（③　　　　） ➡	石炭の排煙から出る粉じんの混合による効果 　・水酸化カルシウムの流失を防ぐ。 　・ワーカビリチーが改善される。 　・乾燥収縮を少なくする等

---

4 コンクリートの調合

(ア)	セメント・水・骨材の混合の割合を調合すること
(イ)	水セメント比（④　　　　） 　・水セメント比が大 ➡ コンクリート強度は（⑤ 高・低）くなる。 　・水セメント比が小 ➡ コンクリート強度は（⑥ 高・低）くなる。

過去問にチャレンジ！

＜㊤平成24年第22問＞

コンクリートから（㋐ 細骨材・粗骨材）を除いたものは，モルタルである。

過去問にチャレンジ！

＜㊤平成26年第18問改題＞

1　コンクリートの特徴として，引張強度が（㋑ 小さい・大きい）。

2　コンクリートの特徴として，剛性が（㋒ 低い・高い）。

3　コンクリートの特徴として，自由な成形が（㋓ できる・できない）。

4　コンクリートの特徴として，耐火性が（㋔ 劣る・優れている）。

①_____　②_____　③_____　④_____　⑤_____

⑥_____

㋐_____　㋑_____　㋒_____　㋓_____　㋔_____

---

①2.0　②ＡＥ　③フライアッシュ　④$\dfrac{W}{C}$　⑤低　⑥高

㋐粗骨材　㋑小さい　㋒高い　㋓できる　㋔優れている

【執筆】

吉田佳史（TACマンション管理士・管理業務主任者講座 主任講師）

2024年度版　30日間完成
マンション管理士・管理業務主任者　論点学習 ＋ 横断整理

(旧書籍名：マンション管理士・管理業務主任者　30日間完成書き込み式　直前まとめノート：
　　　　　　平成16年度版　2004年8月31日　初版　第1刷発行)

2024年6月25日　初版　第1刷発行

編 著 者　　Ｔ Ａ Ｃ 株 式 会 社
　　　　　（マンション管理士・管理業務主任者講座）
発 行 者　　多　　田　　敏　　男
発 行 所　　Ｔ Ａ Ｃ 株式会社　出版事業部
　　　　　　　　　　　　　　（ＴＡＣ出版）

〒101-8383
東京都千代田区神田三崎町3-2-18
電話 03 (5276) 9492 (営業)
FAX 03 (5276) 9674
https://shuppan.tac-school.co.jp

印　　　刷　　株式会社　ワ　　コ　　ー
製　　　本　　株式会社　常　川　製　本

© TAC 2024　　　Printed in Japan　　　　　　　ISBN 978-4-300-10948-9
　　　　　　　　　　　　　　　　　　　　　　　N.D.C. 673

本書は，「著作権法」によって，著作権等の権利が保護されている著作物です。本書の全部また
は一部につき，無断で転載，複写されると，著作権等の権利侵害となります。上記のような使い
方をされる場合，および本書を使用して講義・セミナー等を実施する場合には，小社宛許諾を求
めてください。

乱丁・落丁による交換，および正誤のお問合せ対応は，該当書籍の改訂版刊行月末日までといた
します。なお，交換につきましては，書籍の在庫状況等により，お受けできない場合もございま
す。
また，各種本試験の実施の延期，中止を理由とした本書の返品はお受けいたしません。返金もい
たしかねますので，あらかじめご了承くださいますようお願い申し上げます。

「TAC情報会員」登録用パスワード：025-2024-0943-25

マンション管理士・管理業務主任者

【好評開講中！】初学者・再受験者対象

Web講義フォロー
標準装備

マン管・管理業両試験対応	**W合格本科生S**（全42回：講義ペース週1〜2回）	マン管試験対応	**マンション管理士本科生S**（全36回：講義ペース週1〜2回）	管理業試験対応	**管理業務主任者本科生S**（全35回：講義ペース週1〜2回）

合格するには、「皆が正解できる問題をいかに得点するか」、つまり基礎をしっかりおさえ、
その基礎をどうやって本試験レベルの実力へと繋げるかが鍵となります。
各コースには**「過去問攻略講義」**をカリキュラムに組み込み、基礎から応用までを完全マスター
できるように工夫を凝らしています。じっくりと徹底的に学習をし、本試験に立ち向かいましょう。
※既に開講しているコースは途中入学が可能です。

5月・6月・7月開講　初学者・再受験者対象

Web講義フォロー
標準装備

マン管・管理業両試験対応	**W合格本科生**（全36回：講義ペース週1〜2回）	マン管試験対応	**マンション管理士本科生**（全33回：講義ペース週1〜2回）	管理業試験対応	**管理業務主任者本科生**（全32回：講義ペース週1〜2回）

毎年多くの受験生から支持されるスタンダードコースです。
基本講義・基礎答練で本試験に必要な基本知識を徹底的にマスターしていきます。
また、過去20年間の本試験傾向にあわせた項目分類により、
個別的・横断的な知識を問う問題への対策を行っていきます。
基本を徹底的に学習して、本試験に立ち向かいましょう。

8月・9月開講　初学者・再受験者対象

Web講義フォロー
標準装備

管理業務主任者速修本科生
（全21回：講義ペース週1〜3回）

管理業務主任者試験の短期合格を目指すコースです。
講義では難問・奇問には深入りせず、基本論点の確実な定着に主眼をおいていきます。
週2回のペースで無理なく無駄のない受講が可能です。

9月・10月開講　宅建士試験受験者対象

Web講義フォロー
標準装備

管理業務主任者速修本科生（宅建士受験生用）
（全14回：講義ペース週2〜3回）

宅建士試験後から約2ヵ月弱で管理業務主任者試験の合格を目指すコースです。
宅建士と管理業務主任者の試験科目は重複する部分が多くあります。
このコースでは宅建士試験のために学習した知識に加えて、
管理業務主任者試験特有の科目を短期間でマスターすることにより、
宅建士試験とのW合格を狙います。

7月開講 管理業務主任者試験合格者対象

マンション管理士ステップアップ講義（全4回 各回3時間）

管理業務主任者試験合格の知識を活かして、マンション管理士試験特有の出題内容を重点的に押さえる！

> マンション管理士試験受験経験者の方にも再受験対策としてオススメのコースです！

管理業務主任者試験を合格された後に、マンション管理士試験に挑戦される場合、
改めて基礎から学習するよりも、
管理業務主任者試験に合格した知識を活かした学習を行う方がより効率的です。
その効率的な学習をサポートするために、多くの受験生のご要望にお応えすべく作られたのが
TACオリジナルの「マンション管理士ステップアップ講義」です。
本講義は、5問免除対象科目の「適正化法」を省き、管理業務主任者試験との違いを把握し、
マンション管理士試験特有の出題内容を重点的に押さえます。
また、本講義を受講された後は、「マンション管理士攻略パック」を受講し、
問題演習をすることで得点力を高めることができます。

マンション管理士試験受験に向けた "おすすめルート"

「マンション管理士ステップアップ講義」と「マンション管理士攻略パック」セットでの受講がおすすめ！

必要最小限のINPUT	7月〜	**マンション管理士ステップアップ講義**	受講
過去問対策とOUTPUT	9月〜	**マンション管理士攻略パック**	受講
	11月下旬	**マンション管理士本試験**	受験

担当講師より受講のススメ

マンション管理士試験と管理業務主任者試験は、その試験範囲・科目の大半が共通しています。しかし、区分所有法・不動産登記法・建替え等円滑化法はもう一歩踏み込んだ対策が必要です。さらに都市計画法のように管理業務主任者試験では未出題であった科目もあります。管理業務主任者の知識に、これらの科目をプラスすることで、効率の良い学習が可能です。この「マンション管理士ステップアップ講義」で、効率良くマンション管理士試験の合格を目指しましょう。

小澤 良輔 講師

マンション管理士・管理業務主任者

2024年合格目標　再受験者・独学者対象　9月開講　学習期間 2ヶ月

Web講義フォロー標準装備

マン管・管理業両試験に対応	**W合格攻略パック**（全17回）
マン管試験に対応	**マンション管理士攻略パック**（全11回）
管理業試験に対応	**管理業務主任者攻略パック**（全10回）

ご注意ください！！ ▶▶ 本コースについては開講時期が本試験願書の提出期間となります。忘れずに各自で本試験受験申込みをしてください。

基本知識を再構築し、得点力アップ　講義ペース 週1〜2回

昨年度、あと一歩合格に届かなかった方のための講義付き問題演習コースです。基本的な内容が本当に理解できているのか不安な方、知識の総整理をしたい方、基本的な内容をしっかりとチェックして本試験に立ち向かいましょう。

詳細な分析データを提供！
個人別成績表のWEB掲載
パソコンで確認できます！ スマホ・タブレットもOK！
答練・全国公開模試については、個人別の詳細な成績表を作成し、インターネットサービス「TAC WEB SCHOOL」を通してPDFファイルとしてご提供します。これにより、平均点、正答率、順位、優先学習ポイント等がわかるので、弱点補強に役立つだけでなく、モチベーションの維持にもつながります。基本知識の理解度チェックにも活用してください。

カリキュラム

9月開講

オプション
「マンション管理士攻略パック」の受講前に！

| INPUT 講義 | OUTPUT 答練 |

過去問攻略講義（全6回）
★マン管過去問攻略講義　3回
☆管理業過去問攻略講義　3回
各回2時間30分

▼

総まとめ講義（全4回）
各回2時間30分

★**マン管直前答練（全3回）**
★**管理業直前答練（全2回）**
各回2時間答練・50分解説

11月中旬　★マンション管理士全国公開模試（1回）2時間
11月下旬　★管理業務主任者全国公開模試（1回）2時間
11月下旬　マンション管理士本試験
12月上旬　管理業務主任者本試験

★ W合格攻略パック・マンション管理士攻略パックのカリキュラムに含まれます。
☆ W合格攻略パック・管理業務主任者攻略パックのカリキュラムに含まれます。
※全国公開模試はビデオブース講座の場合、ご登録地区の教室受験（水道橋校クラス登録の方は新宿校）となります。

オプション
〔管理業務主任者試験合格者のためのマンション管理士試験対策！〕
●**マンション管理士ステップアップ講義（全4回）**
対象者：管理業務主任者試験合格者、マンション管理士試験受験経験者
通常受講料 **¥22,000**（教材費・消費税10%込）

開講一覧

W合格攻略パック　マン管攻略パック

教室講座 体験入学不可

| 新宿校 平日夜クラス | 渋谷校 土曜クラス | 八重洲校 水土クラス |
| 9/ 6(金)19:00 | 9/14(土)13:30 | 9/14(土) 9:00 |

ビデオブース講座 体験入学不可
◆講義視聴開始日　9/13(金)より順次視聴開始

Web通信講座
◆講義配信開始日　9/10(火)より順次配信開始
◆教材発送開始日　9/ 6(金)より順次発送開始

DVD通信講座
◆教材・DVD発送開始日　9/ 6(金)より順次発送開始

管理業攻略パック

教室講座 体験入学不可

| 新宿校 平日夜クラス | 渋谷校 土曜クラス | 八重洲校 水土クラス |
| 9/10(火)19:00 | 9/14(土)16:30 | 9/18(水)19:00 |

ビデオブース講座 体験入学不可
◆講義視聴開始日　9/17(火)より順次視聴開始

Web通信講座
◆講義配信開始日　9/13(金)より順次配信開始
◆教材発送開始日　9/ 6(金)より順次発送開始

DVD通信講座
◆教材・DVD発送開始日　9/ 6(金)より順次発送開始

通常受講料
下記受講料には教材費・消費税10%が含まれています。

学習メディア	通常受講料 W合格攻略パック	マン管攻略パック	管理業攻略パック
教室講座	¥72,000	¥50,000	¥45,000
ビデオブース講座	¥72,000	¥50,000	¥45,000
Web通信講座	¥72,000	¥50,000	¥45,000
DVD通信講座	¥77,500	¥55,500	¥50,500

※0から始まる会員番号をお持ちでない方は、受講料のほかに別途入会金（¥10,000・10%税込）が必要です。会員番号につきましては、TAC各校またはカスタマーセンター（0120-509-117）までお問い合わせください。

e受付 TACお申込みサイト
ネットで"かんたん" スマホも対応！

全国公開模試

マンション管理士　　管理業務主任者

11/9(土)実施(予定)　11/16(土)実施(予定)

詳細は2024年8月刊行予定の「全国公開模試専用リーフレット」をご覧ください。

全国規模

本試験直前に実施される公開模試は全国18会場(予定)で実施。実質的な合格予備軍が集結し、本試験同様の緊張感と臨場感であなたの「真」の実力が試されます。

高精度の成績判定

コンピュータによる個人成績表に加えて正答率や全受験生の得点分布データを集計。「全国公開模試」での成績は、本試験での合否を高い精度で判定します。

本試験を擬似体験

合格のためには知識はもちろん、精神力と体力が重要となってきます。本試験と同一形式で実施される全国公開模試を受験することは、本試験環境を体験する大きなチャンスです。

オプションコース ポイント整理、最後の追い込みにピッタリ！

マンション管理士/管理業務主任者対策

全4回(各回2.5時間講義) 10月開講　**マンション管理士/管理業務主任者試験対策**

総まとめ講義

Web講義フォロー標準装備

今まで必要な知識を身につけてきたはずなのに、問題を解いてもなかなか得点に結びつかない、そんな方に最適です。よく似た紛らわしい表現や知識の混同を体系的に整理し、ポイントをズバリ指摘していきます。まるで「ジグソーパズルがピッタリはまるような感覚」で頭をスッキリ整理します。使用教材の「総まとめレジュメ」は、本試験直前の知識確認の教材としても好評です。

日程等の詳細はTACマンション管理士・管理業務主任者講座パンフレットをご参照ください。

〈担当講師〉小澤良輔講師
〈使用教材〉総まとめレジュメ

マンション管理士試験・管理業務主任者試験は、民法・区分所有法・標準管理規約といったさまざまな法令等から複合問題で出題されます。これらの論点の相違をまとめ、知識の横断整理をすることは、複合問題対策に非常に重要となります。また、マンション管理士試験・管理業務主任者試験は、多くの科目が共通しています。この共通して重要な論点をしっかり覚えた上で、それぞれの試験で頻出の論点を確認することで、効率の良い学習が可能となります。「総まとめ講義」で知識の整理をし、効率よくマンション管理士試験・管理業務主任者試験の合格を目指しましょう。

各2回　11月開講(予定)　**マンション管理士/管理業務主任者試験対策**

ヤマかけ講義 問題演習＋解説講義

Web講義フォロー標準装備

TAC講師陣が、2024年の本試験を完全予想する最終講義です。本年度の"ヤマ"をまとめた『ヤマかけレジュメ』を使用し、論点別の一問一答式で本試験予想問題を解きながら、重要部分の解説をしていきます。問題チェックと最終ポイント講義で合格への階段を登りつめます。

詳細は8月刊行予定の全国公開模試リーフレット又はTACホームページをご覧ください。

●オプションコースのみをお申込みの場合に限り、入会金はいただいておりません。オプションコース以外のコースをお申込みの場合には、受講料の他に入会金が必要となる場合があります。予めご了承ください。●オプションコースの受講料には、教材費及び消費税10%の金額が含まれています。●各日程の詳細につきましては、マンション管理士・管理業務主任者講座パンフレットをご覧ください。

書籍の正誤に関するご確認とお問合せについて

書籍の記載内容に誤りではないかと思われる箇所がございましたら、以下の手順にてご確認とお問合せをしてくださいますよう、お願い申し上げます。

なお、正誤のお問合せ以外の**書籍内容に関する解説および受験指導などは、一切行っておりません。**
そのようなお問合せにつきましては、お答えいたしかねますので、あらかじめご了承ください。

1 「Cyber Book Store」にて正誤表を確認する

TAC出版書籍販売サイト「Cyber Book Store」の
トップページ内「正誤表」コーナーにて、正誤表をご確認ください。

URL：https://bookstore.tac-school.co.jp/

2 1の正誤表がない、あるいは正誤表に該当箇所の記載がない ⇒ 下記①、②のどちらかの方法で文書にて問合せをする

★ご注意ください★

お電話でのお問合せは、お受けいたしません。
①、②のどちらの方法でも、お問合せの際には、「お名前」とともに、
「対象の書籍名（○級・第○回対策も含む）およびその版数（第○版・○○年度版など）」
「お問合せ該当箇所の頁数と行数」
「誤りと思われる記載」
「正しいとお考えになる記載とその根拠」
を明記してください。
なお、回答までに１週間前後を要する場合もございます。あらかじめご了承ください。

① ウェブページ「Cyber Book Store」内の「お問合せフォーム」より問合せをする

【お問合せフォームアドレス】

https://bookstore.tac-school.co.jp/inquiry/

② メールにより問合せをする

【メール宛先　TAC出版】

syuppan-h@tac-school.co.jp

※土日祝日はお問合せ対応をおこなっておりません。
※正誤のお問合せ対応は、該当書籍の改訂版刊行月末日までといたします。

乱丁・落丁による交換は、該当書籍の改訂版刊行月末日までといたします。なお、書籍の在庫状況等により、お受けできない場合もございます。
また、各種本試験の実施の延期、中止を理由とした本書の返品はお受けいたしません。返金もいたしかねますので、あらかじめご了承くださいますようお願い申し上げます。

TACにおける個人情報の取り扱いについて
■お預かりした個人情報は、TAC(株)で管理させていただき、お問合せへの対応、当社の記録保管にのみ利用いたします。お客様の同意なしに業務委託先以外の第三者に開示、提供することはございません(法令等により開示を求められた場合を除く)。その他、個人情報保護管理者、お預かりした個人情報の開示等及びTAC(株)への個人情報の提供の任意性については、当社ホームページ(https://www.tac-school.co.jp)をご覧いただくか、個人情報に関するお問い合わせ窓口(E-mail:privacy@tac-school.co.jp)までお問合せください。

（2022年7月現在）